FLIPPED LEARNING

배움을 바로잡다

플립드
러 닝

교수설계와 수업전략

플립드 러닝
교수설계와 수업전략

2018. 10. 2. 초 판 1쇄 인쇄
2018. 10. 10. 초 판 1쇄 발행

저자와의
협의하에
검인생략

지은이 | 최정빈
펴낸이 | 이종춘
펴낸곳 | BM 주식회사 성안당
주소 | 04032 서울시 마포구 양화로 127 첨단빌딩 5층(출판기획 R&D 센터)
      | 10881 경기도 파주시 문발로 112 출판문화정보산업단지(제작 및 물류)
전화 | 02) 3142-0036
      | 031) 950-6300
팩스 | 031) 955-0510
등록 | 1973. 2. 1. 제406-2005-000046호
출판사 홈페이지 | www.cyber.co.kr
ISBN | 978-89-315-8294-9 (03370)
정가 | 23,000원

이 책을 만든 사람들
책임 | 최옥현
기획·진행 | 박남균
교정·교열 | 류지은
본문 디자인 | 에프엔
표지 디자인 | 에프엔
홍보 | 박연주
국제부 | 이선민, 조혜란, 김혜숙
마케팅 | 구본철, 차정욱, 나진호, 이동후, 강호묵
제작 | 김유석

■ **도서 A/S 안내**

성안당에서 발행하는 모든 도서는 저자와 출판사, 그리고 독자가 함께 만들어 나갑니다.
좋은 책을 펴내기 위해 많은 노력을 기울이고 있습니다. 혹시라도 내용상의 오류나 오탈자 등이 발견되면 **"좋은 책은 나라의 보배"**로서 우리 모두가 함께 만들어 간다는 마음으로 연락주시기 바랍니다. 수정 보완하여 더 나은 책이 되도록 최선을 다하겠습니다.
성안당은 늘 독자 여러분들의 소중한 의견을 기다리고 있습니다. 좋은 의견을 보내주시는 분께는 성안당 쇼핑몰의 포인트(3,000포인트)를 적립해 드립니다.
잘못 만들어진 책이나 부록 등이 파손된 경우에는 교환해 드립니다.

배 움 을 바 로 잡 다

플립드 러닝

교수설계와 수업전략

최 정 빈 지음

BM 성안당

추천사

최정빈 교수의 본 저서는 학습자중심의 교수법 전문가 및 실천가로 그간 전국을 오가며 얻은 강의와 컨설팅 경험의 결정체이다. Flipped Learning은 간단해 보이지만, 이를 이해하고 성공적으로 적용하는 데는 많은 노력과 시행착오가 뒤따른다. 본서는 플립드 러닝의 간결한 설명부터, 교수설계에 따른 수업운영사례, 더불어 학생들 입장에서의 학습전략 등을 상세히 다룸으로써 이론과 실제의 통합을 꾀하고 있다. 초 중 등 및 대학 교원, 기업체 교육전문가 등 교육종사자들에게 필독서로 추천하고자 한다.

- 변호승, 충북대학교 교육학과 교수, MOOC와 개방교육 역자 -

학습방법의 혁명 없이 지식창조의 혁명은 일어나지 않는다. 문제해결능력을 기르고 창의적 사고력을 배양하기 위해서 필요한 학습방법을 혁신적으로 바꿔나가는 주역이 바로 Flipped Learning이다. 이 책은 플립드 러닝에 대한 이론적 연구뿐만 아니라 실천적 경험을 체계화시킨 국내 최초의 저서이다. 학습혁명을 통해 창의적인 인재로 거듭나고 싶은 학습자나 교수자에게 이 책은 필독서이자 지침서가 아닐 수 없다.

- 유영만, 한양대학교 교육공학과 교수, 지식생태학 저자 -

연구와 강의를 다 잘하기가 쉽지 않은데, 최정빈 박사는 두 가지를 겸비한 학자다. '교수설계 전문가'답게 똑 소리 나는 강의로 효과적인 교수이론을 검증해 보인다. 내가 뒤늦게 그와 박사과정을 같이 하던 때, 그의 전문영역에서의 프레젠테이션 역량에 탐복해 자주 '엄지척'을 해 주곤 했다. 요즘 주변의 평판을 듣자니 내 안목이 적중한 것 같아 고맙고 흐뭇하다. 이번에 그가 심혈을 기울여 펴내는 <Flipped Learning 교수설계 및 수업전략>은 각급 학교 교수학습 활동에 혁신을 불러올 친절한 지침서가 될 것으로 기대가 크다.

- 김병우, 충청북도 교육감 -

머리말

　요즘같이 시대적 화두로 한결같은 메시지를 언급하는 일
도 드물 것 같습니다. 눈만 뜨면 다양한 매체에서 전해 들려
오는 제4차 산업혁명의 기회와 위기설이 바로 그것입니다. 산업
혁명은 이해가 되지만 네 번째의 의미가 정확히 무엇일지에 대
한 의문은 여전합니다. 불투명한 미래지를 예측하는 제4차 산
업혁명에 대해 혹자는 죽을 사死를 떠올린다고 할 만큼 우리 사
회 곳곳에 제4차 산업혁명의 키워드는 그 영향력이 대단한 것
같습니다. 저 역시 교육자의 한 사람으로 시대적 화두를 무시할
수는 없었습니다.

　더욱이 교수자는 시대가 요구하는 인재를 양성할 사회적 책
무를 지니고 있기 때문에 남다른 대안이 필요했습니다.

　여러분은 제4차 산업혁명과 지능정보사회를 맞이하는 현 시
점에 미래 교수학습 환경이 어떻게 변화될 것인지 예측해 보신
적이 있나요? 또 그것을 위해 우리에게 주어진 현안들과 해결점

은 무엇인지 적극적으로 고민해본 적이 있으신지요. 이 책을 통해 미약하지만 그 문제들을 하나씩 생각해보고 교육적 해법은 무엇일지에 대해 함께 공유하고자 합니다.

시대적 자원이 더 이상 동력 에너지원에 머물지 않고 창의와 감성, 융합과 연결의 키워드로 변모되고 있는 이 시대에 차세대 주역들에게 요구되는 핵심 역량 개발을 위한 가장 최적의 방법은 무엇일까요? 가능성을 열고 보면 많은 해법들이 나오겠지만 한 가지 분명한 것은 미래교육을 위한 방법론으로써 지난 2천 년간 지속되어오던 일방적인 강의식 교육은 분명 한계가 따른다는 점입니다. 이제는 학습자 스스로 동기부여 되어 깊이 사고하는 힘을 기르고 혼자가 아닌 타인과 함께 집단지성을 발휘할 수 있는 혁신적 교육체계가 요구됩니다. 그런데 여기서 잠시 우리 교육현실을 점검해볼 필요가 있습니다. 과연 우리나라 교육여건은 이상적인 미래교육을 구현하기 위한 교육운영체계가 마련되어 있을까요? 실제 교육 현장에서 교수자들의 인식은 사회현상을 따라갈 만큼 반응이 호전적이지 않습니다.

그도 그럴 것이 방대한 양의 수업지도에 따른 압박감과 무엇보다 학생들이 자발적 학습참여 의지를 보여주지 않기 때문입니다. 이러한 상황이 우려스럽긴 하지만 그렇다고 너무 낙담할 일도 아닙니다. 이미 우리는 지난 20세기 후반에 제3차 산업혁명이었던 정보화 사회를 경험하면서 창의적 인재를 양성하기 위해 시도했던 노력의 산물들이 존재합니다. 그러한 저력에 몇 가지 아이디어를 더하고 보완책을 마련한다면 얼마든지 유의미한 교육성과를 거둘 수 있습니다. 가령 수업의 구조를 재편하고 학습을 돕는 다양한 기재들, 특히 보다 발전된 ICT를 활용한 교육방법론들이 맞물리게 된다면 충분히 가능한 일이 될 수 있습니다.

실제 21세기에 접어들면서 정보기술의 비약적인 발달과 함께 교실 수업 방법의 혁신적인 변화를 통해 미래교육 패러다임을 충족하는 교육이 가능하게 되었습니다. 그러나 ICT를 활용한 교육방법 개선책의 일환으로 이러닝e-Learing이나 블랜디드 러닝Blended Learning 등이 활발하게 이루어 졌지만 아쉽게도 크게 성공적이지는 못했습니다. 특히 블랜디드 러닝은 On-line의 효율성과 Off-line의 교육적 효과성을 극대화하자는 취지에서 활용되었는데 실제로 학생들이 체감하는 블랜디드 러닝은 상당히 부담스러운 교육방식이었습니다.

On-line에서의 학습 양과 질에 대한 불만과 교수자와의 즉각적 상호

작용 부재, 그리고 Off-line에서는 맥락이 이어지지 않은 또 다른 교육
내용을 숙지해야하는 불편이 있었습니다.

　결국 교육현장에서 블랜디드 러닝의 성공사례가 부족하여 이렇다
할 특별한 해법을 찾지 못했습니다. 그러다 최근 교육계의 핫 이슈로 떠
오르고 있는 새로운 교육방법론에 대한 관심이 쏠리고 있습니다. 일명
'거꾸로 학습'이 그것인데 여기서 말하는 거꾸로 학습이란 바로 'Flipped
Learning'을 뜻합니다. Flipped Learning이란 블랜디드 러닝 혼합형 학습의
한 형태로 '학습자가 수업 전 자기주도 학습으로 사전지식을 습득하
고 학교수업 중에는 문제해결을 위해 동료학습자와 협업하고 교사
의 코칭을 통해 인성과 창의성을 길러내는 교수학습 방법론'입니다.
Flipped Learning은 기존의 강의식 수업과 비교해서 교육적 효과와
효율성이 높아지며 교수역량까지 향상시킨다는 보고가 다양한 교과
운영사례에서 입증되고 있습니다. 필자 역시 최근 5년 동안 다양한 교
육과정을 재설계하고 컨설팅하면서 느꼈던 Flipped Learning의 재발
견은 무궁무진했습니다. 가장 확연하게 경험했던 부분은 교육현장의
분위기가 바뀐 점입니다. 학생들의 성장을 지켜보는 것만큼 행복한 일
도 없는데 Flipped Learning은 교실의 활력과 학생들의 미소를 되
찾아 주기에 충분했습니다.

　새로운 교육방법을 숙련하기 위해서는 교수자와 학습자
모두 많은 정보를 받아들이고 학습하여 활용해야 하는 부
담감이 있겠지만 걱정보다는 시대 패러다임에 편승하
는 유연성을 갖는 것이 중요합니다.

결국 차세대를 위하여 기존의 고정관념을 버리고 그들의 입장에서 생각하고 미래에 대한 세계지도를 넓혀 수많은 가능성을 재고해 볼 때, 보다 현명한 방법론들이 정제되고 활성화되어 학생들에게 직접적인 도움이 될 것입니다.

이제 과거 에듀테인먼트에 한층 진화된 기술력이 부가되어 보다 직관적이며 인지능력을 극대화 시킬 수 있는 에듀테크EduTech의 시대를 맞았습니다. 자기주도 학습을 돕는 교육매체로써 AIArtificial Intelligence형 RRobot-Learning, VRVirtual Reality, ARAugmented Reality, MRMixed Reality을 활용하는 교수학습 방법론들이 앞으로 우리 교육 현장에 속속들이 적용되어 새로운 러닝의 시대에 국면하게 될 것입니다. 점차 복잡하고 다변화되어가는 시대에 셀러던트Saladent, 평생학습능력자로써 미래사회에 적극적으로 대응하는 기회를 맞이할 것인가, 방관할 것인가에 대한 선택지는 스스로의 판단에 있겠지만 중요한 건 우리가 원하던 원하지 않던 시대 변화의 속도는 더욱 빠르게 전개될 것이란 점입니다. 보다 긍정적인 자세로 향후 펼쳐질 멋진 미래를 위해 교수자, 학습자 모두가 현명하게 대처할 수 있기를 바라는 마음을 담아 본문을 시작하겠습니다.

Flipster 최정빈

일러두기
본문에 거론되는 대표적인 용어들에 대한 설명

Flipped Learning

Flipped Learning은 'Inverted learning', 'Flipped Classroom', 'Reverse instruction', '거꾸로교실', '역진행학습' 등으로 다양하게 불리고 있다. 그러나 의역하는 과정에서 오류를 최소화하기 위해 본 책자에서는 원어로 Flipped Learning, 또는 축약하여 FL이라 명칭함

Pre-class 사전 학습

수업에 참여 하기 전, 자기주도적으로 예습하는 단계임. 주로 교수자가 제공하는 동영상 강의나 다양한 수업자료를 통해 사전 선수지식을 쌓게 됨

In-class 본 차시 학습

실제 수업에 참여하는 단계임. 주로 동료학습자들과 협업을 통해 문제해결을 위한 다양한 학습활동이 전개됨

Post-class 사후 학습

수업이 끝난 후, 개인 팀별 부족한 학습을 보충하는 단계임. 실상 학습과제는 본 차시 학습에서 마무리될 수 있는 것이 바람직하며 사후학습에는 주로 심화학습과 학습 성찰을 도모함

ADDIE

체계적 교수설계 모형Seels&Richy의 한 종류로써 분석(Analysis), 설계(Design), 개발(Development), 실행(Implementation), 평가(Evaluation)의 단계로 교육과정을 개발할 수 있음. 본 책자에서는 Flipped Learning으로 한 학기를 설계할 때 ADDIE의 절차에 따랐음

PARTNER

Flipped Learning의 특성을 고려하여 개발한 실제 교수학습 절차 모형임. ADDIE는 한 학기 전체의 교육과정을 개발하는 단계로 적용했다면 PARTNER는 각 차시별로 운영되는 수업의 세부 절차들을 적용한 모델임

목차

PART 01 Flipped Learning 이해

PART 02 Flipped Learning 교수설계

Flipped

PART
01

Learning

Flipped Learning
이해

Flipped Learning 이해

핵심역량 인재 양성을 위한
교수학습방법론

현대는 과거 산업사회로부터 지식정보기반 사회로 빠르게 적응하며 변화해왔고, 그 과정에서 시대가 요구하는 인재상도 많이 달라졌다. 과거에는 원칙과 규칙을 중시하는 순응형 인재를 요구했다면, 지금은 적극적, 능동적, 창의적 문제해결 역량을 갖춘 인재를 요구한다. 그래서 교육은 시대적 요구를 반영해야 하고, 교육 현장에 있는 교사는 사회적 요구에 맞는 인재를 양성할 책무가 있다. 더욱이 최근 교육 대혁명을 예고하는 제4차 산업혁명 시대를 맞이하는 시점에서 교육 환경은 어떻게 변화되어야 하고 그와 관련한 현안과 해결점은 무엇인지 적극적으로 고민해야만 한다.

날이 갈수록 다변화되고 복잡해지는 세상에서 성공적으로 살아가기 위해서는 분명 남다른 노력이 필요하다. 최근 매스컴을 통해 하루가 멀다 하고 매력적으로 제시되는 미래 청사진을 접하면서 놀라움을 금치 못하는데, 한편으로는 불안감마저 느끼게 된다. 그것은 바로 불확실성 때문이다. 화려함 뒤로 감춰진 문제들이 어떻게 우리에게 닥칠지 누구도 단언 할 수 없다. 그러나 필요 이상의 부담을 가질 필요는 없다. 그저 문제 상황에 대처할 수 있는 잠재된 힘, 즉 '역량'을 개발하고 비축하면 된다.

그런데 말이 쉽지, 과연 '역량'이란 것을 어떻게 개발할 수 있을까? 역량은 배워서 길러질 수 있을까? 한 가지 분명한 사실은 역량은 학업성취와 같이 단순히 아는 것을 확인하기 위해 문제를 풀어서 얻어지는 결과가 아니라는 점이다. 이 역량은 모든 사람에게 필요한 생애 능력으로 개인에게 내재된 사고유형, 의식, 내용지식, 인지기능, 소프트 스킬Soft Skill 과 하드 스킬Hard Skill 등이 포함된다. 따라서 역량은 인지적으로 얻어지는 '앎'Knowledge의 산물을 넘어 '심리적, 인지적, 행동적 요인'을 총망라한다.

한 예로, 교사가 학생에게 핵심역량 중 하나인 '의사소통역량'을 키우기 위해 무엇을 어떻게 교육해야 할지 함께 고민해보자. 교사는 의사소통의 개념을 학생에게 이해시키기 위해 사전적 정의를 암기시키고, 얼마나 알고 있는지 확인하기 위해 평가하고 점수를 부여했다. 그렇다면 학생의 의사소통역량은 제대로 개발됐을까? 아니다. 이 경우 학생은 역량을 완전하게 체화體化했다고 볼 수 없다. 결과적으로 역량을 제대로 도출하고 개발하기 위해서는 '지식을 바탕으로 한 다양한 교육경험을 통해 학생 스스로 사고하고 판단하여 행동으로 옮기는 과정'이 일어나게 해야만 한다. 기존의 정형화된 교육과정과 방법에서는 지식의 인지적 영역만을 다룬다. 그러나 다가오는 미래 교육을 잘 대비하기 위해서는 역량 교육을 강화해야만 하는 것이다. 시대가 요구하는 인재는 바로 '학업성취와 핵심역량의 균형'이 잘 잡힌 사람이다.

역량에 관한 논의는 현재 우리나라뿐만 아니라 전 세계에서도 쟁점
이 되고 있다. 국가경쟁력을 강화하기 위해서 학생들의 역량 수준에 해
답이 있다는 인식을 함께하고 정부와 교육기관이 합심하여 교육혁신에
온 힘을 기울이고 있다. 또한, 끊임없이 변화되는 시대적 상황에 기민하
게 대처하기 위해 국가적 차원에서 역량을 규명하고 교육시스템을 빠
르게 정비하고 있다.

UK/아일랜드	노르웨이	스코틀랜드
스킬 의사소통, 개인 및 대인관계 스킬, 정보관리	**5가지 기초스킬** 자신을 표현하는 능력, 자신을 글로 표현하는 능력, 디지털 도구 사용능력, 독해능력, 산술능력	**4가지 목표 스킬 추구** 성공적인 학습자, 자신감 있는 개인, 책임 있는 시민, 효과적인 기여자, 문해력, 건강과 행복, 학습 · 삶 · 일 관련 스킬, 산술능력
호주	**뉴질랜드**	**인도네시아**
10가지 능력 문해력, 사고스킬, 창의력, 자기관리, 팀워크, 이종문화 이해, 윤리적 행동 및 사회적 역량, 산술능력, 정보통신 능력	**5가지 핵심역량** 언어 · 상징 · 글 사용 역량, 자기관리 역량, 타인 공감 역량, 참여 및 기여 역량, 사고역량	**국가시험 평가 항목** 지성, 지식, 성품, 고결한 인성, 독립적 생활 스킬, 지속 학습 스킬
싱가포르	**나미비아**	**남아프리카 공화국**
핵심 스킬 및 가치 의사소통 스킬, 인성개발, 자기관리 스킬, 사회적 협력적 스킬, 사고 스킬 및 창의력, 문해력 및 산술능력, 정보 스킬, 지식 응용 스킬	학습방법, 개인적 스킬, 사회적 스킬, 인지적 스킬, 의사소통 스킬, 산술 스킬, 정보통신 기술 스킬	문제확인 및 해결, 타인과 효과적 협업, 정보의 수집 · 분석과 조직 및 비판적 평가, 효과적인 의사소통, 효과적인 과학기술 사용, 세계를 상호 관련성 있는 시스템의 총합으로 인식, 완전한 개인적 발달(더 효과적인 학습을 위한 전략 검토 및 탐구, 책임감 있는 시민, 문화적, 미적 감성, 직업 및 사회기회를 위한 교육)

[표1-1] 출처 : UNESCO

이제 시대적 자원은 더 이상 동력 에너지원에 머물지 않고 창의성과 감성, 융합과 연결의 키워드로 변모하고 있다. 앞서 이야기한 대로 이러한 시대에 차세대 주역들에게 요구되는 핵심역량을 개발하기 위해서는 최적의 교수학습방법을 모색해야만 한다. 이와 관련해서 지금부터는 실제 교육 방법에 관한 이야기로 넘어가도록 하겠다.

기존 교육현장에서 가장 많이 운영되는 강의식 교수법은 미래 인재를 양성하기 위해서는 분명 한계가 있다. 이것은 비판적 사고능력, 창의력, 문제해결을 위한 의사소통 및 협업 스킬 등과 같은 대표적인 핵심역량을 기르기에 적합하지 않다. 지난 2천 년 동안 세상의 모든 것이 바뀌었어도 절대 바뀌지 않는 것이 있다면 바로 강의하는 교실의 모습일 것이다. 그러나 이제는 시대적 차원이 바뀌었기 때문에 가르치고 배우는 과정에서도 새로운 시도가 필요하다.

무엇보다 역량을 도모하기 위한 수업의 주체는 학생이 되어야 한다. 학생이 수업의 주도권을 갖고 스스로 동기부여 되어 타인과 함께 집단 지성을 발휘하여 가치를 창출할 수 있도록 기회를 제공해야 한다. 이러한 과정을 통해 학습자들은 자신의 학습을 능동적으로 제어하고 실존 체험과 학습 성찰을 경험함으로써 다양한 역량을 끌어낼 수 있다. 그런데 위와 같이 학생들이 능동적으로 참여하는 수업의 형태는 과거에도 존재했다. 그것은 바로 협동학습 교수학습 방법론이다.

'협동학습'이란 '학습자들이 공동의 학습 목표를 달성하기 위해 서로 도와가면서 학습하는 구조'를 뜻한다. 그야말로 학업성취와 다양한 역량을 기르기에 적합한 교육모형이 아닐 수 없다. 실제 우리나라에서도 지난 1990년대부터 2000년대 초반까지 한동안 강의식 수업의 단점을 보완하고자 대안으로 제시되었던 협동수업은 학생들의 참여를 이끌어 내어 나름대로 학습효과를 거둘 수 있었다. 그렇지만 방대한 교과 진도의 양과 학습자 간 학력 수준 차이를 극복하지 못해 지속적으로 운영되지 못했다. 그런데 미래 교육을 위해서는 기존 협동학습의 방법론을 다시 재조명할 필요가 있다. 협동학습을 일부 보완하고 대안을 마련한다면 역량을 담아낼 수 있는 훌륭한 교수학습방법으로 변모될 수 있기 때문이다. 이 책에서 중점적으로 말하고자 하는 미래 교육 방법론의 핵심은 '학생들이 수동적으로 강의만 듣고 문제를 풀며 답하는 형식에서 벗어나 수업시간에 충분히 활동하고 성장할 수 있도록 수업 구조를 바꾸자'는 것이다. 다시 말해 수업시간에는 사전지식을 바탕으로 실제 문제를 해결하고 이를 완전하게 수행하기 위해서는 수업 전 각자 예습을 완료한 후 수업에 참여하게 하는 것이다.

협동학습이 완전해지려면 예습은 필수조건이다. 예습이 학습효과에 미치는 긍정적인 영향은 교육학계에서 끊임없이 발표되었다. 그러나 실제 예습하는 학생의 비율은 극소수에 불과하다. 예습이 학업성취를 극대화시킬 수 있다는 단순한 진리를 모를 리가 없는데 대체 왜 예습, 즉 선수학습을 하지 않을까? 우리는 모두 그 답을 잘 알고 있다. 그 이유는 예습이 어렵고 재미없기 때문이다. 예습은 집에서 혼자 해야 하는데 도와주는 사람도 없고, 단순히 교과서를 읽고 교과내용을 이해하려니 당연히 지루하고 힘들 수밖에 없다. 이제 예습의 방법도 현명하게 바꿀 때가 왔다. 요즘 학생들은 디지털 세대이다. 그들은 태어나서 글을 배우는 것과 동시에 인터넷을 시작한다. 읽는 것보다 보는 것에 더 민감하고, 책보다는 동영상 채널을 통해 정보와 지식을 얻는 것을 선호한다. 바로 이 점을 고려해서 예습의 방법을 달리하면 선수학습의 효과가 배가된다.

협동학습의 필수조건인 예습을 완수하기 위해서는 효과적인 방법을 적용해야 한다. ICT_{Information & Communication Technology, 정보통신기술}를 활용하여 개별학습용 수업 영상자료를 사전에 제공하고, 학교에서는 문제해결중심의 협동학습 형태로 수업을 전개한다면 완전한 학업성취를 이룰 수 있다.

이러한 교수학습형태는 이론학습과 문제해결 과정이 뒤바뀐 구조를 띠고 있어서 'Flipped Learning_{플립드 러닝}'이라 지칭하고, 최근에는 인성과 창의성을 도모하는 미래 교육의 대안으로 주목받고 있다. Flipped Learning은 2014년 3월, 공중파 다큐 프로그램을 통하여 '거꾸로 학습'이라는 주제로 많은 이들에게 호응을 받았고, 이후 공교육은 물론 고등교육, 정부, 공공기관, 기업교육 등 다양한 교육기관에서 매우 뜨거운 반응을 일으켰다.

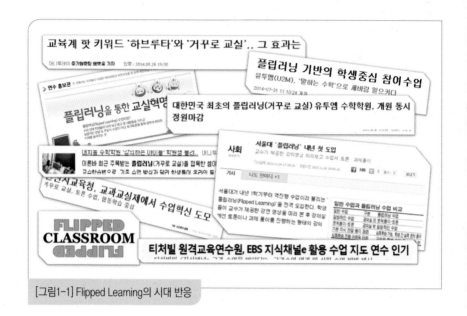

[그림1-1] Flipped Learning의 시대 반응

앞으로의 교육현장은 교수자 중심에서 학습자 중심으로, 가르치는 조직에서 학습하는 조직으로 전환되어야 한다. 학습형태는 강의실 학습에서 비형식 학습의 체계로 변모시키고, 언제 어디서나 상시 학습이 이루어지도록 교육과정도 재편성되어야 한다. 그런데 지금 우리나라 교육 현장을 반추해보면 미래지향적 교수학습 환경으로 원활히 전향될 수 있을까 하는 의구심이 든다. 하지만 수업의 구조를 재편하고 학습을 돕는 다양한 기재들, 특히 ICT를 활용한 교육방법론들이 맞물리게 된다면 충분히 가능한 일이다.

21세기에 접어들면서 정보통신기술의 비약적인 발달과 함께 교실 수업 방법의 혁신적인 변화를 통해 미래 교육 패러다임에 충족하는 교육이 가능하게 되었다. 실제 교실현장에서 컴퓨터와 스마트폰 등을 활용한 새로운 수업의 형태들이 활발하게 이루어지고 있다. 정보통신기술을 활용한 손쉬운 정보 획득으로 이전과는 달리 학습자 스스로 지식을 형성하고 문제를 해결할 수 있는 자율적인 학습 형태로 변모하고 있다. 그럼 본격적으로 다음 장부터 미래교육의 대안이 되어줄 혁신 교수법의 대표 방법론인 Flipped Learning에 대해 자세히 알아보도록 하겠다.

Flipped Learning
개념

'Flipped Learning플립드 러닝'이란, '혼합형 학습Blended Learning'의 한 형태로써 '온라인Online 학습과 오프라인Offline 학습의 장점을 모아 완전학습을 목표로 하는 수업 방식'을 뜻한다. 일반적으로 Flipped Learning이 행해지는 방식으로는 ICT를 활용하여 수업 전, 학습자료를 다양하게 제공하고 면대면Face-to-Face, 面對面 수업에서는 협동학습을 극대화하는 것이다. 이러한 Flipped Learning은 강의보다 학생과의 상호작용에 더 많은 에너지 쏟는 것을 중요시한다.

기존의 전통적인 교실 수업에서는 교수자의 강의 이후 학생은 집에서 연습문제 등 응용, 심화학습을 스스로 소화해 내야 했다. 그러나 Flipped Learning은 전통적인 수업방식이 뒤바뀐 형태이다. 교실 수업 이전에 객관적인 지식은 학생들이 스스로 학습하고, 교실 수업에서는 교사와 학생이 함께 토론하고 응용문제를 풀어가는 창의적 심화수업을 진행한다. 즉, 기존의 교실 활동이 집에서 이루어지고, 집에

서 이루어지는 활동이 교실에서 이루어져 일명 '거꾸로 학습법'이라고
도 불린다.

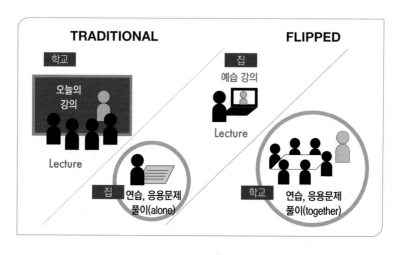

　　Flipped Learning은 학자마다 다양하게 정의하고 있는데 필자가 정
의하는 Flipped Learning의 정의는 다음과 같다.

Flipped Learning 정의

　　❝학습자가 수업 전 자기주도전 학습으로 지식이나 정보를 습득하고, 교
실수업에서는 교수자의 코칭 및 동료 학습자들과의 협업체제를 기반으로
문제해결학습을 통하여 인성과 창의성을 길러내는 교수학습방법이다.❞

　　Flipped Learning은 기존의 강의식 수업과 비교해 볼 때, 교육적 효
과와 효율성 증대, 그리고 교수자의 생산성까지 향상하게 한다는 보고
가 다양한 교과운영사례에서 확인되고 있다. 또한, Flipped Learning이
효과적인 이유는 현재 학습자들이 디지털 세대이기에 영상물을 통해

직관적으로 학습 내용을 이해하고 실제적 문제에 대한 해답을 찾기 위한 협력학습 방법을 선호하기 때문으로 해석된다. 결국, ICT를 기반으로 하는 교육환경의 변화는 점차 더욱 진화되며 교수학습방법과 따로 생각할 수 없게 된다. 따라서 미래 교육 패러다임을 반영한 교육 프로세스가 먼저 수립되고 필요한 기술과 매체들을 도입하여 필요에 따라 점진적으로 교체, 확산해야 한다. 2018년부터 국내 공교육의 일부 교과에 Flipped Learning의 방법화가 추진될 예정이다. 또한, 코딩교육 역시 의무화되는 시점에 ICT를 기반으로 하는 교육방법론에 대한 선제적 대응이 필요하다.

Flipped Learning
수업구조

교육은 인간이 삶을 영위하는 데 필요한 지식이나 기술 등을 가르치는 행위로 '학습學習'을 뜻한다. 배우고 익히는 일련의 모든 과정이 바로 교육이다. 그런데 지금 이 시대가 원하는 교육목표는 단순히 배움으로 지식을 축적하는 것에 만족하지 않는다. 실제 배운 것을 응용해서 또 다른 차원의 새로운 것을 만들어 내길 원한다. 그래서 교육현장은 '학배움'과 '습익힘' 중에서 '습'을 충분히 경험할 수 있는 수업구조로 전향해야 한다. 이러한 맥락에서 바라본 Flipped Learning은 시대 요구에 부합하는 매우 적합한 교수학습구조이다.

Flipped Learning은 기존의 수업구조와 비교할 때 확연하게 차이점을 나타낸다. 먼저 기존의 수업에서는 학생들이 수업 전Pre-class 어떠한 준비도 없이 교실에 들어온다. 그럼 교실에서는In-class 교사로부터 강의가 제공되고 학생들은 배움, 즉 '學'을 하게 된다. 그리고 수업이 끝난 후Post-class 학생들은 각자 또는 팀별로 과제를 통해 학습을 완결한다.

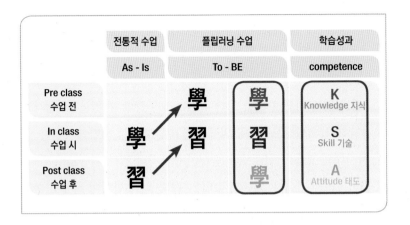

그러나 이러한 수업의 구조는 학습 동기와 완전학습을 기대하는 것에 한계가 따른다. 왜냐하면, 수업시간에는 수동적으로 교수자의 지식을 전수받기에 급급해서 호기심을 가질 여유가 없다. 또한, 자신이 얼마만큼 알고 있는 것인지에 대한 객관적인 판단을 할 수 없다. 간혹 수업 중 퀴즈나 시험을 보더라도 배운 것이 완전하지 않기 때문에 기초적 질문에 국한될 가능성이 높아 지식을 완성했다고 볼 수 없다. 그래서 많은 교수자는 학생들이 배운 것을 추가로 익힐 수 있도록 과제를 부여한다. 그런데 과제는 학생들의 스트레스를 부추긴다. 이미 수업이 끝난 이후에 또다시 배운 내용을 기억해서 혼자 문제를 해결하기 위해 또 다시 노력을 해야 하기 때문이다. 더욱이 문제를 풀어가는 과정에서 난제에 맞닥뜨리면 실시간으로 도움을 받을 대상이 없어 해결하는 데 어려움을 겪게 된다. 그러니 자연스럽게 인터넷 포털사이트를 통해 검색하거나 심지어 돈을 내고 리포트를 내려받아 편집하는 결과를 초래한다. 이런 과정에서 얻어진 학습결과물은 과연 학생 자신이 창출한 온전한 지식이라고 말할 수 있을까? 필자 역시 학생들의 과제물을 확인하면서

복사의 흔적을 발견할 때마다 사후학습을 위한 과제나 프로젝트에 대해 근본적으로 다시 고민하게 된다.

그럼 어떻게 하면 수업을 보다 완전하게 구상할 수 있을까? 생각보다 간단하다. 역발상으로 수업의 구조를 바꿔보면 그 해법이 나온다. 앞서, 현시대의 교육은 '학學'보다 '습習'이 중요하다 했으니 '습'을 무대 위로 끌어올리는 것이다. 기존의 수업은 '습'을 위해 학생이 집에서 혼자 끙끙 앓고 고민해왔다. 그것을 도와주기 위해 파트너교수자와 동료 학습자들가 있다면 '습'이 보다 수월해지지 않을까?

이러한 아이디어를 실제 수업구조에 적용해보자. 기존의 Post-class 사후학습(이하 Post-class로 명칭한다)에서 이뤄지던 '습'을 In-class본 차시학습 혹은 교실수업(이하 In-class로 명칭한다)으로 밀어 올려보자. 그러면 In-class에서는 협동학습을 통해 지식을 형성하는 다양한 경험을 할 수 있게 된다. 그런데 한 가지 문제가 발생한다. 협동학습을 위해서는 어느 정도 사전지식이 필요한데 강의를 듣고 협동학습까지 모두 진행하려면 정해진 수업시간이 매우 부족하다. 그러나 걱정할 필요가 없다. 기존의 In-class에서 주로 행해지던 지식전달용 강의를 Pre-class사전학습(이하 Pre-class로 칭한다)로 밀어 올리면 된다. 이때 효과적인 예습을 위한 전략적 기제가 필요하다. 바로 교수자가 직접 제작한 강의 동영상이나 OER[1] 같은 이러닝e-learning 콘텐츠를 제공하는 것이다. 그런데 무조건 Pre-class 자료가 동영상 매체일 필요는 없다. 초기 Flipped Learning의 형태는 동영상이 수반되지

---

[1] Open Education Resource: MOOCs, OCW, Youtube, Khan Academy 등 공개된 교육의 자료원을 뜻함

않고 교수자가 제공하는 파워포인트 슬라이드, 교안 PDF, 퀴즈, 문제 은행, 수업 요약노트 등으로 제공되었고, 전통적 강의 위주의 교육보다 학습효과를 높일 수 있었다. 그러나 최근 교육환경에 ICT를 적극적으로 활용하는 추세이고 더불어 학생들 역시 온라인과 스마트폰에서 확인 가능한 강의 동영상을 요구하기 때문에 현재 Flipped Learning의 Pre-class 자료는 강의 동영상이 주를 이루게 되었다.

마지막으로, In-class가 끝나면 Post-class에서 수행할 과제가 한 가지 남아있다. 지식을 보완하기 위한 과제라기보다 자기주도적 학습을 통해 경험한 학습 성찰이 그것이다. 단순히 지식을 전달하는 강의에서는 학생들이 내면에서 깨닫고 느끼는 경험이 그다지 많지 않다. 그러나 Flipped Learning과 같이 학습자가 주체가 되어 진행되는 수업에서는 수많은 내적 갈등과 변화, 다양한 감정들이 생겨난다.

그 과정에서 진실한 '앎'이 완성된다. 이점을 간과하지 말고 사후에는 해당 수업시간을 통해 새롭게 알게 된 점, 느낀 점 등을 바탕으로 앞으로 실천할 사항들에 대해 학습 성찰의 시간을 갖도록 한다.

결과적으로 Flipped Learning의 수업구조는 Pre-class를 통해 기초지식을 쌓고, In-class에서는 문제를 해결하는 스킬을 연마하여, Post-class에서는 학습에 대한 총체적 성찰을 통해 지식을 완성한다. 이것에 관한 단계별 세부적인 이행사항들은 Part 03 교수학습전략에서 자세히 다루도록 한다.

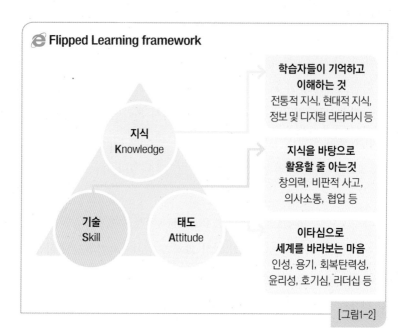

Flipped Learning framework

지식
Knowledge

기술
Skill

태도
Attitude

**학습자들이 기억하고
이해하는 것**
전통적 지식, 현대적 지식,
정보 및 디지털 리터러시 등

**지식을 바탕으로
활용할 줄 아는것**
창의력, 비판적 사고,
의사소통, 협업 등

**이타심으로
세계를 바라보는 마음**
인성, 용기, 회복탄력성,
윤리성, 호기심, 리더십 등

[그림1-2]

04 전통적 강의 수업과 Flipped Learning 수업 비교

Flipped Learning은 일반수업과 비교해 볼 때 상당한 차이점이 있다. 특히 주목할 부분은 학습자의 인지영역 수준의 차이이다.

'인지영역'이란 인간의 행동을 일으키는 정신능력을 지칭하는 용어로 기억, 문제해결, 창의력 등과 같은 광범위한 사고과정을 포함한다.

인지영역은 미국의 교육학자인 블룸Benjamin S. Bloom에 의해 6가지 단계, 즉 지식, 이해, 적용, 분석, 종합, 평가 단계로 정의되고 있다. 한마디로 어떠한 현상이나 개념에 대한 '앎'의 단계를 위계적으로 정리한 것이다.

고차적 사고
모든 정보를 사용하여 문제를 해결하고 검토 및 평가,
가치를 판단하는 단계

추론적 사고
정보를 조직화하고 유추, 추론하는 단계

분석적 사고
기존의 지식을 바탕으로 새로운 정보와 비교, 분류,
조직화하는 정보의 분석단계

기초적 사고
정보를 탐색, 변별, 기억하며
지식을 습득하는 단계

[그림1-3] Bloom's taxonomy

전통적인 강의식 수업은 지식을 전달하는 과정이 주를 이루고 있어 하위인지영역인 기초적 사고 수준에 머무를 수밖에 없다. 더욱이 이론과 실습이 병행되는 교과의 경우는 강의시간 한계로 말미암아 적용, 분석의 인지영역까지 도달하는 것이 매우 어렵다.

반면 Flipped Learning은 Pre-class를 통해 기초적 사고를 선행하고 In-class에서는 다양한 능동학습을 경험하므로 상위인지영역인 분석적, 추론적, 고차적 사고 수준까지 접근할 수 있다.

이와 관련하여 Flipped Learning에서 학습 목표를 규정할 때 고려할 사항이 있다. Pre-class는 지식과 이해 수준으로 목표를 정하고 In-class에는 적용 이상의 수준을 목표로 하는 것이 바람직하다. 따라서 수업 중에는 교수자의 지식 전달 방법을 탈피하여 학습자에게 잠재된 학습의 가능성을 최대한 불러일으켜야 한다. 인지영역과 관련된 보다 자세한 내용은 Part 2의 교수설계절차에서 다루도록 한다.

강의식 수업과 Flipped Learning 수업 방식 비교

수업 유형 / 수업 시차	전통적 강의수업 방식		Flipped Learning 수업 방식	
수업 전 (Pre-class)	사전학습을 하는 학생도 있고, 그렇지 않은 학생도 있음 → 대체로 아무 준비 없이 수업에 임함		사전학습을 필수 완료해야 함 → 사전학습을 통해 지식, 이해수준 도달(학생들의 능력 및 학습 속도에 맞게 반복 학습 가능)	
수업 중 (In-class)	학생	교수자로부터 새로운 학습내용 습득	학생	사전학습 내용을 활용할 수 있는 협동학습
	교사	강의로 전체 학생에게 수업내용 전달	교사	팀 활동을 촉진하고 개별 피드백 제공
	인지 영역 수준	지식, 이해	인지 영역 수준	적용, 분석, 종합, 평가
		기초적 사고		분석적 사고 추론적 사고 고차적 사고
수업 후 (Post-class)	과제 및 배운 내용 응용하기		창의적 심화학습, 학습성찰	

[표1-2]

필자가 바라본 Flipped Learning 수업 방식의 목적
⇨ **In-class 시수 확보!**

(1) 문제해결 중심의 수업 구조를 갖추기 위해서는 절대적으로
 강의실에서의 협력학습 시간 할당이 요구됨

(2) 경쟁학습과 개별학습의 효과를 극대화하기 위한 협동학습
 을 수행하기 위해서는 절대적으로 동료학습시간이 필요함

(3) 학습자 중심으로 수업이 운영되어 학습결과물을 도출하기
 위해서는 강의시간을 최소화하고 학습자들 간 스터디 시간
 을 확보해야 함

Flipped Learning
사례

(1) 교과 적용 사례

　로리 오그덴Lori Ogden, 2013은 '대수학'이라는 과목에 Flipped Learning 을 적용하여 실제 수업이 어떻게 진행되었는지 소개했다. Flipped Learning을 적용하여 수업한 결과, 학생들은 Pre-class를 통해 자신의 학업 수준과 능력에 맞게 학습을 할 수 있음에 긍정적인 반응을 보였 다. 또한, 학생들은 학습 과정의 많은 요소가 앞으로 배울 내용과 함께 학습할 수 있어서 좋았다고 만족했다. 특히 학생은 기존 수업 시간에는 학습 내용의 의문점이나 혼란스러웠던 부분들을 해결하지 못했지만, Flipped Learning 수업에서는 자신의 의문점을 교사와의 질문 및 피드 백 활동을 통해 해결할 수 있어서 수업 시간을 더욱더 효율적으로 사용 할 수 있었음에 긍정적인 반응을 보였다. 무엇보다도 학생들은 Flipped Learning에서는 확실히 더 많이 배울 수 있었으며, 학습 내용도 훨씬 더 살 이해할 수 있었다고 밝혔다.

파파도풀로스Papadopoulos, 2010는 푸에르토리코Puerto Rico의 한 대학 공학수업Engineering Statics에 Flipped Learning을 적용하였다. Pre-class 활동으로 무들Moodle, 무료 오픈 소스 소프트웨어 학습 관리 시스템 환경의 LMSLearning Management System, 학습관리시스템에서 제공되는 파워포인트 슬라이드 강의를 시청하게 했고 In-class에서는 Pre-class 내용을 바탕으로 토론 및 문제 해결 활동을 하였으며 교수자의 촉진활동과 더불어 핵심요약내용을 전달하기도 하였다. Post-class에서는 학생들 스스로 문제를 해결하는 활동을 하는 방식으로 수업을 진행하였다. 이러한 Flipped Learning의 수업 결과, 학생들의 학업 성취도가 향상됨을 보여 주었다.

엔필드Enfield, 2013는 대학 프로그래밍 수업에 Flipped Learning을 적용하여 수업의 효과성과 개선 전략을 조사하는 연구를 시행하였다. 그 결과, 학생들은 참여적 학습을 경험했다고 하였으며 효과적으로 학습 내용을 이해할 수 있었다고 하였다. 또한, 성적이 낮은 학습자 집단일수록 비디오 강의 자료가 유용했다고 답했다. 마지막으로 비디오 강의 자료와 같이 제공된 퀴즈가 비디오 강의를 보는 데 긍정적인 영향을 미쳤다고 했다.

워터 페레즈Water-Perez, 2012는 대학 1~2학년을 대상으로 하는 전자 공학 수업에 Flipped Learning을 적용하였다. In-class 교실 활동에서는 협력적 프로젝트 기반 학습 Collaborative Project-Based Learning, CPBL을 실시하여 학생들의 지식 활용과 상호 작용을 증가시키고자 했다. Flipped Learning의 구조의 CPBL를 병행한 교수학습 형태에 대하여 학습자 만족도가 높고, 수업내용을 이해하는데 매우 유의미한 효과가 있음을 밝혔다.

스트레이어Strayer, 2012는 대학의 통계입문 수업에 Flipped Learning을 적용하여 진행하였고, 같은 교수내용을 대상으로 일반 강의식 수업과 Flipped Learning 방식의 수업을 학습 환경 측면에서 비교하였다. 그 결과, Flipped Learning 수업이 학습 과제 수행에 있어 학생들에게 그다지 높은 만족을 주지는 못했지만, 팀원 간 협동 작업에 대해서는 보다 개방적 마인드를 갖게 되었음을 보여 주었다.

댕글러Dangler, 2008는 선수학습을 통해 학생들 자신이 학습 과정에 맞는 관련 주제 및 연구 내용을 폭넓게 접해봄으로써 사전 학습 준비를 훨씬 더 잘해 올 수 있었다고 말했다. 그래서 In-class 시 진행되는 프로젝트 활동에서는 수업 주제가 더 다양해지고 더 많은 예제를 다룰 수 있게 되었고 학습 토론을 증가시켜 심화학습이 가능하였음을 보여주었다.

다이아나Dianna L. Newman, 2013는 급변하고 정보와 지식이 넘쳐나는 현대사회에서는 어떻게 문제를 해결하고 성공적으로 해결할 것인지에 대한 능력이 요구된다고 밝혔다. 더불어 미래를 보는 거시적 관점에서 모든 학생이 과학, 기술, 공학, 수학의 견고한 지식을 바탕으로 특정 문제를 해결하는데 더 높은 지적 활동을 할 수 있어야 한다고 주장했다. 또한, 학생들은 지식 습득뿐만 아니라 배우는 방법에 대해서도 배워야 한다고 강조하며 Flipped Learning의 실제 수업 적용 방법과 결과를 제시하였다.

수업 결과, 학생들과 교수들 모두 이 수업 모델의 효용성에 대해 인정하였고, 학생들의 경우 Pre-class 온라인 학습은 수업 내용 이해에 많은 영향을 주었으며 In-class에서의 학습활동을 통해 자율적 학습 능력을 더 발전시키게 만들었다고 했다. 또한, 학생들은 In-class에서 이루어지는 과제를 통해 실제 그들이 직장에서 실제로 수행하게 될 문제해결 방법에 대한 경험 및 협동 과업 수행에 대해 많은 가치를 느꼈다고 했다.

데이비스Davies, 2013는 대학의 스프레드시트MS Excel 기능을 가르치는 수업에 세 가지 유형, 즉 전통적 강의, 시뮬레이션, Flipped Learning의 방식으로 수업을 진행한 후, 학생들의 학업 성취와 Flipped Learning 수업에 대한 인식 조사를 시행하였다. 그 결과, 전통적 강의와 시뮬레이션 기법의 강의보다는 Flipped Learning 기반의 수업이 학습자들의 학업 성취에 효과가 있었으며 학생들 역시 수업에 대한 가치 및 학습 효과에 긍정적으로 답변했다고 밝혔다.

(2) 해외대학 교수학습센터[2](CTL) 운영사례

Flipped Learning과 관련하여 많은 선행연구사례가 있지만 교수자 개인의 노력만으로 Flipped Learning을 성공시키는 것에는 한계가 따른다. 이는 온라인기반의 사전학습 자료들을 LMS에 탑재하고 학습자들이 학습을 완수하였는지 확인하고 또 필요시 온라인에서의 토론, 협업 활동을 지원하는 등 교수학습지원기관의 협조 없이는 성공할 확률이 적다.

---

2 교수학습센터(Center for Teaching & Learning)는 학교의 교수·학습 관련 활동에 필요한 각종 자원을 온·오프라인으로 총체적으로 제공, 지원하는 인적·물적 조직체제이다. 또한, 양질의 교수학습자료를 DB화하여 수업현장을 지원하고, 교육 수요자 간의 사이버 정보교류의 장으로 오프라인과 온라인을 연계한 다양한 수업 활동이 이루어지는 공간이다[출처: 위키백과]

또한, Flipped Learning은 일반 교수학습과정 흐름과 상이하므로 교수설계 및 개발, 수행, 평가에 대한 내용 전반을 전문가에게 컨설팅을 받아야하기 때문에 교수학습지원기관의 역할이 강화되어야 한다.

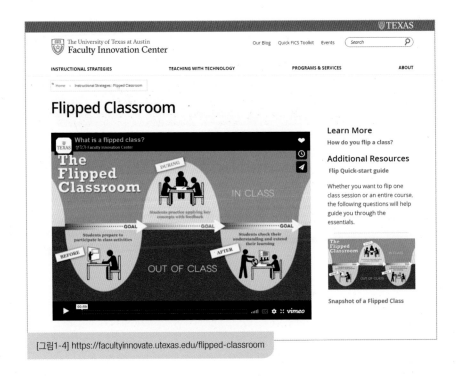

[그림1-4] https://facultyinnovate.utexas.edu/flipped-classroom

대표적 사례로 텍사스대학교The University of Texas at Austin CTL의 경우에는 Flipped Learning의 기본요소를 근간으로 체계화된 단계를 제시하여 교수학습을 지원하고 있다. Flipped Learning을 위한 절차로 수업 전, 수업도입, 수업 중, 수업 후, 일과시간 중으로 나누었으나 큰 범주에서는 수업 전, 수업 중, 수업 후로 구분지었다.

또한, 퀸즈랜드대학교The University of Queensland의 경우에는 교수자를 위한 상세한 지침을 마련하여 제공하고 있는데 Flipped Learning을 Blended Learning 학습전략의 일환이라고 밝히며 수업설계지원을 기본으로 사전학습, 협력학습의 다양한 아이디어와 동기부여 및 평가의 팁을 제공하고 있다.

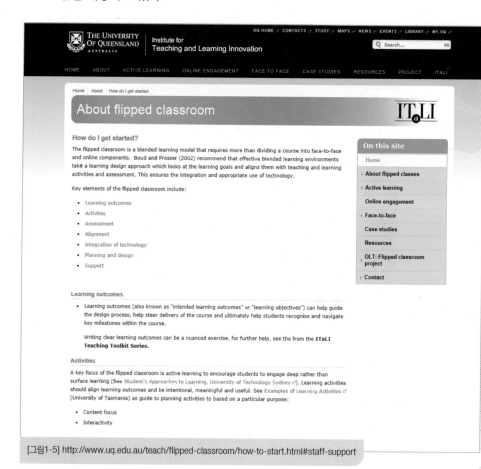

[그림1-5] http://www.uq.edu.au/teach/flipped-classroom/how-to-start.html#staff-support

앞서 살펴본 다양한 수업의 형태들을 분석해 보면 Flipped Learning
을 운영하기 위한 요소들이 공통으로 거론되는 것을 알 수 있다.

Flipped Learning Teaching and Learning configuration factors

학습단계 〳 관련연구	Pre-class (사전학습)	In-class (본 차시학습)		Post-class (사후학습)	
	사전 자료 제공	사전학습 확인	협력학습 및 요약	평가	사후 활동 및 성찰
Lori Ogden	◎	–	◎	◎	◎
Papadopoulos	◎	–	◎	◎	◎
Enfield	◎	–	◎	◎	◎
TEXAS(CTL)	◎	◎	◎	◎	◎
Queensland(ITaLI)	◎	◎	◎	◎	◎

[표1-3]

추출된 구성요인들은 위 표기된 바와 같이 Pre-class, In-class, Post-
class의 범주로 구분하고 하위요인으로 '사전자료제공', '사전학습 확
인', '협력학습 및 요약', '평가', '사후활동 및 성찰'로 확인되었다. 이 요
소들은 이 책에서 주로 다뤄질 Flipped Learning의 수업설계 단계에
서 모두 제시되며 각 단계마다 구체적인 수행전략들을 설명하도록 하
겠다.

#1 필자가 경험한 Flipped Learning 사례

　필자가 대학에서 주로 담당하는 교과는 '교육공학 및 교육방법' 이란 과목이다. 이 교과목은 교육공학에 대한 개념을 토대로 실제 교육현장에 적용할 프로그램을 설계하고 실행하는 데 필요한 이론 과 실천에 대해 다루는 학문이다. 모든 학문은 어렵기 마련이지만 특히나 교육공학수업은 학생들에게 기피대상 중 하나이다. 그러나 필자의 남다른 경험을 통해 기피대상 교과를 인기 교과로 등극시 킨 사례가 있어 공유한다.

　일명 '교공' 수업의 수강 대상은 1학년에서 4학년에 이르기까지 교직을 이수해야 하는 학생들은 모두 해당한다. 상황이 이렇다 보 니 학습자 분석을 통한 맞춤형 교육은 불가능했다. 또한, 교직을 이 수하는 학생들이라면 임용고사를 준비하는 학생들이었기에 방대 한 수업의 양을 소화하기 위해서는 교과서 중심의 강의로 일관할 수밖에 없었다. 상황이 그렇다 보니, 보통 한 주에 3개 분반을 수업 해야 하는 입장에서 클래스class마다 앵무새처럼 강의해야 했다. 그 당시, 강의 자체도 힘들었겠지만 교수로서 더욱 견디기 힘들었던 것은 기계식으로 설명하고 지난 과년도 기출문제를 달달 외우게 하는 '비전'과 '동기'가 상실된 경직된 교실 분위기였다. 명색이 교 수설계 전문가인데 지루한 수동적 커리큘럼을 가지고 수업을 진행 해야 한다는 자괴감에 빠져 한동안 정말 많이 괴로웠다. 그러던 중

결국 어느 날 수업을 전면 개편하기로 마음 먹었다.

새로운 학기를 맞이하기 전, 추운 겨울방학 내내 몇 달을 고심해서 커리큘럼을 재설계하였다. 더불어 수업자료를 다양하게 준비했고 최신 교수법도 연습에 연습을 거듭했다. 드디어 개강이 되었고 오리엔테이션 날, 첫 단계로 예습의 교육적 효과를 피력하며 미리 책을 읽어올 것을 선언하였다. 그러나 둘째 주부터, 학생들은 교수자의 의도를 무시하는 듯, 보기 좋게 매번 준비 없이 수업에 참여했다. 결국, '문제가 무엇일까?'에 관해 몇 학생에게 피자를 사주며 조심스레 물어봤다. 그 결과 다른 교과목에서도 다룰 내용과 과제가 많은데 유독 '교공' 수업이라고 특별나지도 않은 데 미리 예습한다는 것 자체가 부담이라고 했다. 그리고 교과서를 미리 읽는다는 것 자체가 생소했고 내용이 너무 많아 지루하다는 것이 이유였다. 그때 불연듯 뇌리를 스치는 아이디어가 떠올랐다. 바로 전략을 대폭 수정하여 예습의 자료원을 PPT로 모두 바꾸고, 웹캠을 이용하여 20분씩 각 장chapter에서 다룰 내용을 '이번 주, 원포인트 레슨'이란 제목으로 학생들과 공유한 카페에 올리기 시작했다. 주차가 지날수록 몇 학생이 예습을 해오는가 싶어 고무적인 현상이라고 자축하고 있었으나 그 수가 대폭적으로 늘어나진 않았다.

이때 두 번째 전략이 투입되었다. 수업이 시작되면 강의를 하지 않고 In-class에서 다룰 수업내용만 간략히 점검해주었다. 뒤이어 학생들을 소그룹 팀으로 편성하고 문제를 제시했다. 그리고 교수자는 질문만 받기로 했다. 질문에 대한 답 역시, "학생의 생각은 어떤데?, 더 좋은 방법은 무엇일까?" 등의 촉진 질문만 할 뿐이었다. 그리고 공정한 경쟁을 유도하기 위해 시간 제한을 두고 과제를 수행시켰고 과제를 완료한 팀에게는 다양한 보상을 제공했다. 참고로 가장 강력한 보상은 빨리 강의실에서 내보내 주는 것이었다. 그러나 문제가 상당히 종합적으로 제시되었기 때문에 결과적으로 퇴실하는 시간은 정상수업에서 5분 정도 앞당겨질 뿐이었다. 여하튼 그 조차도 보상으로 생각한 학생들은 그제야 책을 뒤적이고 사전에 올려놓은 동영상을 돌려보며 하나씩 문제의 단서를 찾아 나서기 시작했다. 수업의도는 외적동기일지라도 학생들이 주도적으로 학습에 참여하게 하는 것이 전략이었다. 사실 보상을 빌미로 학생들과 거래하는 수업의 형태는 바람직하지 않다. 그러나 학습의 근력을 키우기 위한 훈련으로 몇 차례 충격요법으로써 효과는 확실히 거두었다. 몇 주간 그와 같은 수업형태는 학생들의 긍정적 반응을 이끌어냈다. 그러나 매시간 팀 프로젝트를 수행하기에는 임용고시를 대비해야 하는 학생들에게는 부담되는 일이었다. 그래도 학생들이 참여하는 능동학습은 포기할 수는 없는 일! 중간고사를 기점으로 학기 후반에는 두 배로 Pre-class의 양을 늘려 Pre-class를 완벽하게 마스터해 오게 했다. 그리고 강의실 수업에서의 시작은 각자가 공부해온 내용을 정리해서 친구에게 설명해주기 방식을 진행했다.

그러한 발상을 하게 된 계기는 과거 학습동기부여에 관한 연구를 수행하던 중 서울대 공대를 수석 입학한 학생을 인터뷰한 일화에서 착안하였다. 당시 그 학생이 전수해준 비법은 교사가 수업시간에 설명한 내용을 쉬는 시간에 친한 친구와 함께 서로 요약해서 대화하는 방식이 최고의 학습법이었다고 했다. 공부한 내용을 그저 받아 적고 속으로 외우는 것보다 누군가에게 설명함으로써 오래 기억에 남더라는 것이 그 학생의 경험담이었다. 사실 그 전략은 '메타인지 metacognition'를 높이는 전략이기도 한데 메타인지란 자신이 알고 있는 지식과 모르고 있는 지식을 스스로가 객관화할 수 있는 능력을 말한다. 일명 공부 잘하는 아이들의 비법은 메타인지에 달려있다고 해도 과언이 아니다. 이러한 메타인지의 효과를 학생들에게 알려주고 왜 그러한 과정을 겪어야 하는지에 대해 경험을 시키니 학생들도 자연스럽게 따라왔다. 또한, 수업의 무게중심을 Pre-class와 In-class에 집중했고 수업이 끝난 후 Post-class에서의 부수적인 과제와 프로젝트는 거의 요구하지 않게 되었다.

사실 교수설계 시 가장 유념했던 사항은 '학생들이 1차원적으로 암기하고 기억하는 지식을 어떻게 실제 문제와 연계하여 정교화할 것인가'였다. 그러려면 다양한 문제해결방안을 도출해내는 생각의 프로세스를 경험시키는 작업이 필요했다. 그런데 이 모든 작업은 학생 혼자서가 아닌 파트너 또는 팀을 이뤄 수행할 때 훨씬 효과적임을 예상했다. 그러한 이유로 Pre-class를 더욱 강화했고 사전지식을 강의시간에서 충분히 활용하고 구체화할 수 있도록 주제선별에 특별히 신경을 썼으며 방법적으로는 다양한 토론과 협동수업을 매 차시 적용하였다.

여하튼 여러 우여곡절 끝에 학기가 마무리될 즈음 학생들의 표정과 교과성적에서 Flipped Learning의 학습효과를 확인할 수 있었다. 더불어 실제 수업시간에 가상으로 문제를 제기한 내용이 임용고시 논술문제에 흡사하게 출제되어 그 해 다수의 제자가 임용고시에 최종합격하는 쾌거를 이루었다. 교수자로서 인생의 큰 전환점이 된 그 수업은 많은 시행착오가 있었지만 지금까지 좋은 기억으로 남아있다.

최정빈 교수의
Flipped Learning 수업 성공 전략

학습자 중심으로 마인드 리셋!
☞ 생각하라! 생각하라! 또 생각하라! 무조건 학생 입장에서.

Participation에서 Engagement로!
☞ 입을 트이게 하고 자신들의 생각을 표현하게 만들자.

메타인지를 높여주자!
☞ 동료 학습자와 함께 1:1 학습을 즐기도록 만들자.

지식공동체 활성화!
☞ 모르는 것은 지식 공유방에서 찾고 상호보상하기.
　(class 위키피디아 만들기)

무조건적인 협력학습은 오히려 독!
☞ 피로노가 높은 협동학습은 학기 중 1, 2회로 최소회하기.

학기 내 평가 설계도 전략적으로!
☞ 중간고사의 비율을 줄이거나 없애고 수차례에 걸친 형성평가로 대체. 평소에 잘하게 만들자.

학생들의 학습양식을 존중하기!
☞ Pre-class 자료는 학생들 취향대로 정리해오기(노트, 마인드맵, 동영상 제작 등)

Flipped Learning
특성

Flipped Learning은 대표적인 학습자 중심 교수학습 모형으로써 많은 특징과 장점을 가지고 있다. 가장 눈에 띄는 점은 학습에 관련된 사항들은 모두 학습자가 스스로 그 내용을 숙지하고 수업시간에는 과제 활동을 통해 학습을 완성해 나가는 구조를 띤다는 점이다. 기존의 전통식, 즉 교수자 중심 강의 수업에서는 한정된 시간 안에서 학습자들이 새로운 내용을 받아들이기에 급급했고 학습에 대한 개별 이해도가 무시된 채 교육이 진행되었다. 그러므로 학습자들의 의문점이나 이해하지 못한 부분들은 수업시간에서 해결하기 어려웠다. 그런데 Flipped Learning에서는 이러한 문제들을 해결하는 데 수업시간을 활용하게 되므로 교수학습 시간을 더욱 유의미하게 효율적으로 사용할 수 있게 된다.

또한, 자기주도적 학습 과정에서 학습자들은 자신이 배움에 대한 책임감을 가진다. 그 이유는 그들이 스스로 Pre-class를 완수하지 못할 경우 자신으로 인해 면대면 수업에서 협력학습이 원활하지 않을 수 있으므로 더욱더 학습에 대한 책임감을 느끼게 된다. 결국, 자기주도적 학습에 기반을 두어 능동적으로 학습에 참여하기 때문에 교육의 효과를 극대화시킬 수 있다는 장점이 있다.

Flipped Learning 장점

① Flipped Learning은 강의가 중심이 아닌 협력학습이 주로 이루어짐으로 교수자와 학습자, 또는 학습자들 간의 소통을 강화할 수 있다.

② Pre-class을 미리 제공함으로써 바쁜 학습자들로 하여금 학업관리를 주도적으로 수행할 수 있게 한다.

③ 학습자들의 개별화 맞춤 학습이 가능하여 교육목표 달성에 도움을 줄 수 있다.

④ 동영상 강의와 다양한 수업자료원을 제공함으로써 개인별 반복학습이 가능하다.

⑤ 강의 시간 내, 다양한 응용문제를 다루고 해결하는 과정을 통해 실천학습이 쉬워진다.

⑥ 수업의 주도권이 교수자에게서 학습자에게로 이전되기 때문에 학습참여가 활발해진다.

⑦ 동기가 낮은 학습자들에게 다양한 학습 참여기회를 주어 성취경험을 시킴으로써 자존감 회복에 도움을 줄 수 있다.

⑧ 일반적인 보고 듣는 수업을 넘어서 쓰고 행동하고 질문하는 능동적 학습으로 강의실 분위기가 바뀐다. 졸거나 다른 방해 행동요소가 최소화된다.

⑨ 개별 학습을 기반으로 팀 학습을 통해 문제를 해결하기 때문에 학습자들 간 소통이 원활해지고 인성에도 긍정적인 영향을 미친다.

⑩ 다차원적 수업을 설계하고 운영하는 과정에서 교수역량이 향상된다.

Flipped Learning의 장점에 대해 정리하자면 Flipped Learning은 Pre-class를 통해 학습자들의 학습 동기를 부여할 수 있으며, 자기주도적 학습으로 학습자 스스로 자신의 수준에 맞게 지식을 습득하여 교육 만족도 및 자기 효능감을 증대시킬 수 있다. Pre-class를 바탕으로 수업 시간에서는 자신들이 당면한 문제를 해결하는 활동을 통해 완전 학습이 가능하게 되며 협력학습을 통한 과제 해결은 학습자와의 상호 학습 능력과 협업 능력을 증대시킨다.

그러나 Flipped Learning을 운영하다 보면 많은 변수가 생겨난다. 그 대표적인 예가 바로 학습자가 Pre-class를 이행하지 않고 오는 경우이다. Flipped Learning은 이미 누차 강조했듯이 수업시간에 학습자가 중심이 되어 그들끼리 이야기를 나누고 해결점을 모색해내기 위한 목표를 가지고 있다. 그렇지만 문제를 해결하기 위한 Pre-class의 단서들이 준비되어 있지 않다면 수업시간에 그 목적을 달성할 수 없게 된다. 이렇듯 원활한 Flipped Learning의 수업이 되기 위해서는 다음의 몇 가지 사항들이 필수로 전제되어야 한다.

원활한 Flipped Learning 수업을 위해 전제되어야 할 사항

1. 학습자 전원은 사전 학습을 충실히 수행해 와야 한다.
2. 교수자는 학습자들의 학습양식에 맞게 사전 학습에 대한 최적의 수업자료를 제공해야 한다.
3. 본 차시(in-class) 학습에 돌입 전, 학습자들의 사전학습이 완수되었는지에 대한 개별 평가가 이루어져야 한다.
4. 교수자는 사전학습 평가 결과를 기초로 학습자들의 수쥬을 고려해서 맛춤형으로 수업을 설계해야한다.
5. 교수자가 통제할 수 있는 학습자 인원 구성과 협력학습이 원활하게 이루어질 수 있는 강의실이 제공되어야 한다.

이러한 전제조건은 Flipped Learning의 단점과도 관련이 있다. 다음은 Flipped Learning의 단점에 대해 살펴보겠다.

Flipped Learning 단점

① 학습자들이 예습 습관이 들어있지 않아 Pre-class 자체가 큰 부담으로 작용한다. 따라서 학습 동기를 충분히 고려해서 교수자는 다양한 전략으로 Pre-class를 개발해야 한다.
② Pre-class를 수행한 이후, 학습 완료를 위한 평가(퀴즈)에 대한 부담감을 호소한다.
③ 자칫 자기주도학습과 협동학습으로 인해 지식의 깊이를 충분히 경험할 수 없어 지식에 대한 심층적 이해가 부족할 수 있다.
④ Pre-class를 하는 동안 교수자에게 실시간으로 질문할 수 없어 자기주도학습이 어려울 때가 있다.
⑤ 팀원이 Pre-class를 이행하지 않았을 경우, 팀 내 기여도가 낮아져 팀 협력에 부정적 영향을 미칠 수 있다. 또한, 다소 수동적이고 소극적 성향인 학습자의 경우 적응하기 어려울 수 있다.
⑥ 협력학습으로 바로 수업이 전개되기 때문에 기초 학습근력(설명하기, 토론기술 등)이 부족하면 모두가 혼란스러운 수업구조가 될 가능성이 있다.
⑦ Pre-class를 원활하게 운영할 수 있는 유연한 LMS(학습관리시스템)가 필요하며 초기 구축비용과 유지비용 등 주기적으로 관리해야 하는 부담이 있다.
⑧ 팀 구성이 가능한 교실 배치(PBL식)가 쉽지 않으면 수업에 불편이 초래된다. 결국, 교실 환경과 학습지 인원수 제한이 따른다.
⑨ 교수자의 역할 변화에 따른 심적 부담이 늘어날 수 있다.
⑩ 교수자의 업무가 가중되어 강의준비 자체가 스트레스로 작용할 수 있다.

이처럼 Flipped Learning은 장점만 있는 것이 아닌 단점도 존재한다.

그럼에도 불구하고 여전히 Flipped Learning이 매력적으로 느껴지는 이유는 학습자들의 학업성취도 향상에 따른 자존감을 회복할 수 있고, 창의성 발휘와 인성을 함양할 수 있는 수업의 구조이기 때문이다. 이를 통해 앞으로 Flipped Learning에 거는 기대가 매우 크다.

Flipped Learning 기대효과

- 구성주의적 관점의 학습자중심 교수학습 구현
- 미래 교육 패러다임이 반영된 교수학습구조 변화를 통한 교육의 효과성 및 효율성 증대
- 비지시적 코칭 교수법을 통한 맞춤형 개별화 수업 실현
- ICT기반 사전학습을 통해 학습자의 자기주도역량 및 복합적 문제해결역량 도모
- 협동학습체제의 능동학습에 따른 완전학습 기대

Flipped Learning
교수자 역할

최근 각 교육기관 및 교육 관련 학회에서 가장 화두가 되는 단어가 있다면, 단연 Flipped Learning일 것이다. 이러한 현상은 Flipped Learning에 대한 기대치와 관심으로 볼 수 있지만, 반면 우려의 목소리도 높다. 특히 실제 수업을 운영해야 하는 교사들의 반응은 극단적으로 대비되기도 한다. 먼저 시대변화에 따른 교육 패러다임을 이해하고 학습자의 학습기회가 증대됨으로써 잠재능력을 발산하는 좋은 방법임을 인정하는 긍정적 반응이 있는 반면, 공교육 및 고등교육의 붕괴와 함께 교수자의 직무가 사라질 것을 우려하는 부정적 반응이 있다.

그러나 이 시점에서 우리가 고민해야 하는 것은 막연한 원론적인 의견 차에 따른 긍정이나 부정이 아니다. 그저 자연스러운 하나의 사회 현상으로써 교육생태계 진화에 따른 변화를 인정하고 향후 현명한 대처방안에 대한 실제적 논의를 구체화해야 할 것이다. 제4차 산업혁명을 맞이하는 이 시점에 위기요소를 기회요소로 전환하여 새로운 가능성을 열 수 있다면 그만큼 가치 있는 일도 없을 것이다.

시대변화에 따른 교육패러다임 제고

"마따호쉐프?" (What do you think?)

- **부정관점: 교수자가 사라짐을 우려(공교육의 붕괴)**

- **긍정관점: 교육 환경의 변화(교육 생태계의 진화)**
  - ⇨ 학습자특성(Digital Native & Homo connecticus)을 반영한 학습잠재능력 발산
  - ⇨ Online 무료 강좌를 통해 학습기회 증대
  - ⇨ 교수자의 역할변화(Teaching → Coaching)

Flipped Learning의 수업구조에서 특히나 중요한 부분은 바로 교수자의 역할이다. 그 이유는 기존의 교수자가 중심이 되는 수업과는 달리 Flipped Learning에서는 수업의 주체권이 학습자로 바뀌었기 때문이다. 그래서 학습자가 올바르게 학습을 수행하고 최대의 학습력을 끌어올리기 위해서는 교수자의 역할이 매우 중요하다.

흔히 '말을 물가에 억지로 데려갈 수는 있어도 물을 마시게는 할 수 없다.'는 속담이 있다. 학습도 마찬가지이다. 학습자들이 스스로 알고자 하는 지적인 호기심과 요구가 없다면 아무리 훌륭한 교수자의 강의를 들었다 한들 자신의 '앎', '참지식'으로 소화할 수 없는 이치이다. 여기에서 우리는 현명한 교수자의 기제機制, 즉 학습자들을 수업에 참여시키는 수업전략을 발휘해야 한다. 그 비밀의 열쇠는 바로 동기부여와 코칭에 있다. 그럼 동기부여와 코칭은 어떻게 수행할 수 있을 것인가. 이제 하나씩 그 의미를 되새겨 보고 실제 교수자가 수행해야 하는 역할에 대해 생각해보자.

(1) 학습 동기부여가(Motivator in learning)

동기 Motivation 란 사람들이 무언가를 선택하게 하는 마음 상태 혹은 의지를 의미한다. 동기는 크게 내적동기와 외적동기 두 가지로 나눌 수 있다. 먼저 내적동기라 함은 외부의 자극이 아닌 학습자 스스로 느끼는 도전 정신이나 성취감과 같이 그 일 자체가 주는 즐거움으로 인해 그 일을 지속해서 하는 것을 말한다. 결국, 누군가가 시켜서 하는 일이 아닌 자신이 그 어떤 일에 의미를 부여하고 도달될 목표를 상상하며 능동적인 행동으로 변화를 이끌어 내는 상태를 의미한다. 반면, 외적동기란 외부로부터 작용하는 마음의 움직임을 뜻한다. 다시 말해 보상, 금전적 이득, 직위 상향 등 행동의 결과에 따른 성과보수를 받음으로써 생기는 즐거운 자극을 뜻한다. 그런데 외적동기는 그 성격상 내적동기보다 생명력은 짧고 결과에 치중하는 경향이 있다. 그러므로 자칫 과정을 무시하고 결과만 도출하려는 성향이 강해져 부정적 행동으로 이끌 수 있는 위험이 따른다.

그럼 학습과 관련한 동기란 무엇일까? 조금 더 설명하도록 하겠다.

학습 동기란, 학습을 위해 지속해서 노력하게 하는 것을 의미한다. 그렇다면 무엇이 학생들 스스로가 배우기를 원하게 만들 수 있단 말인가. 그 해답은 바로 교수자의 학습 동기유발 전략을 적절히 사용하는 것에 힌트가 숨어있다. 일반적으로 좋은 수업이란, 효과성, 효율성, 매력성을 모두 내포하는 것을 말한다. 이때 특히 학습자의 동기를 유발하는 행위는 매력성에 해당하는 부분으로 좋은 수업을 설계하기 위해서 빠져서는 안 될 매우 중요한 전략이다.

학습 동기부여에 관하여 가장 일반적인 전략 모형은 켈러John M. keller, 1987가 고안한 ARCS 모델이다.

켈러는 학습 동기를 유발하고 지속시키는 데 영향을 미치는 요인으로 다음과 같은 네 가지 요소, 즉 주의집중Attention, 관련성Relevance, 자신감Confidence, 만족감Satisfaction을 제시하고 있는데 각각의 의미를 구분하면 다음과 같다.

학습 동기부여 전략(ARCS 모델)

학습 동기 요소	세부내용
주의집중 (Attention) 학생들 주의 집중을 어떻게 확보하고 유지할 수 있을까?	(1) 지각 각성(감각적 주의집중) : 구체적인 자료제시를 통해 오감을 자극하고 학습자의 관심을 유도하기
	시청각, 멀티미디어, 모형물 활용 등
	(2) 탐구 각성(인지적 주의집중) : 인지적 갈등 유발을 통해 호기심을 자극시키기
	대립 가설, 역설적 사례, 의외성 질문(unexpected question) 등
	(3) 변동성(변화 주의집중) : 수업활동 및 환경변화를 통해 주의를 환기시키기
	교수법의 다양화, 교사 목소리 변화 주기 등
관련성 (Relevance) 수업내용과 관련하여 학생들의 목적, 관심사, 개인별 흥미 등을 어떻게 연관 짓고 관심을 높일 수 있을까?	(1) 목표 지향성(학습자 기대충족) : 학생들의 현재 혹은 미래의 목표와 수업을 연관 짓기
	학생들에게 어떤 이익을 줄 수 있을 것인지 인식시키기, 효용적 가치 높이기 등
	(2) 동기부합(모티브와 연결하기) : 학생들의 기초적인 욕구, 인정, 소속감, 인정감, 사랑 등을 수업에서 충족시켜주기
	학생을 인격적으로 대우하며 안전한 환경을 제공, 성공을 이룬 사람들의 사례나 증언 제공하기 등

관련성 (Relevance)	(3) 친숙함(친밀성 향상하기) : 학생들의 기존 경험과 수업내용을 일치시킴으로써 수업을 친밀하게 느끼도록 하기
	학생들에게 친숙한 경험을 통해 개념, 원리, 규칙 등을 설명하기 등
자신감 (Confidence) 학생들의 자존감을 높이기 위한 방법은 무엇인가?	(1) 성공기대(성공적인 학습요건 활용하기) : 성공적인 학습을 위해 어떤 요건들이 필요한지를 명확히 제시하기
	학습 목표 명시와 그에 따른 평가 기준 공지
	(2) 성공기회(성취경험으로 자기 긍정하기) : 수업에 대해 긍정적인 성취감을 가질 수 있도록 적절한 난이도의 과제와 도전기회 제공하기
	쉬운 문제로 자신감을 주고 단계적으로 어려운 문제로 계열화하기 등
	(3) 자기통제(개인적 책임감 향상하기) : 수업에 대한 성취는 자신의 노력 여하에 달려 있음을 인지시켜주기
	학습 성찰을 통한 변화와 성장 경험하기, 즉각적 피드백 주기 등
만족감 (Satisfaction) 어떻게 하면 수업 활동을 통해서 학생들이 만족감을 느끼게 할 것인가?	(1) 내적동기유발(내적 강화 활동하기) : 학습과제에 대한 성취감을 통해 새로운 목표에 도전할 수 있도록 동기를 유발시키기
	학습자가 스스로 익힌 지식과 기술을 적용해볼 기회 제공하기 등
	(2) 외적동기유발(외적 보상 활동하기) : 외부에서 학생들의 성취에 대한 보상을 제공하기
	칭찬샤워, 성취수준별 학점부여 및 다양한 보상(쿠폰) 제공하기 등
	(3) 형평성(평등성 활용하기) : 수업의 과정과 결과가 모두에게 평등하게 적용되었다는 인식 심어주기
	사전에 공정한 평가 기준 제시, 평가 절차 공개하기 등

[표1-4]

Flipped Learning은 특히나 학습자들의 동기가 필요한 교수학습 모형이다. 그래서 교수자는 ARCS 이론을 바탕으로 학습자를 '어떻게 하면 자발적이고 능동적으로 수업에 참여시킬 수 있을 것인가'에 대해 끊임없이 고민하고 연구해야 한다. 그렇지만, 교수자가 아무리 동기유발을 위한 전략으로 무장되어 있다고 한들 교수자의 기본 마음가짐과 태도가 따라주지 않는다면 이 또한 그저 현란한 스킬Skill에 지나지 않을 것이다. 이제 필자가 말하고자 하는 정말 중요한 교수자의 역할을 다음에서 상세하게 언급하겠다.

(2) 코치(Coach in learning)

기존의 교육방식은 일 대 다면 수업으로써, 한 명의 교사가 한정된 시간 안에 다수의 학습자에게 수업의 내용을 전달하는 식의 방식이었다. 그러나 Flipped Learning 수업방식에서의 교수자 역할은 과거 지식전달자에서 벗어나 팀 단위로 학생들을 지원하고 문제를 해결하는 과정에서 개별 피드백을 제공하는 것이다. 결국, Flipped Learning 적용을 통하여 교수자는 학생들이 지식을 융합하고 새로운 생각을 창조하는데 도움을 주는 실제적인 안내자 역할을 하는 데 수업시간을 할애한다.

Flipped Learning에서의 꽃은 바로 '능동적 협력학습active learning'이다. 성공적인 협력학습을 수행하기 위해서는 교수자의 역할이 매우 중요한데 일반적으로 촉진자의 역할을 강조하고 있다. 그러나 학습자의 미래역량을 개발하기 위해서는 교수자의 역할이 비단 촉진자에 머물러서는 부족하나. '촉신'이란 뜻은 말 그대로 '활성화시켜 빨리 나아가게 한다.'는 의미로 통한다.

십수 년 전, 우리나라 공교육 현장에서 협동학습 운동이 매우 활발하게 전개되던 시기가 있었다. 그 당시 핀란드의 교육혁명을 모티브로 협동학습의 효과를 누리기 위한 전략의 중요 요소로써 교수자의 역할 변화를 강조했었다. 그때 교수자의 역할 변화가 바로 '촉진자Facilitator'로 대변되었다. 그러나 지금 돌이켜보면 '촉진'이라는 말에 한계가 있다고 생각된다. 그 이유는 촉진의 행동은 학습자의 잠재된 무한한 가능성을 일깨워주기에 부족하기 때문이다.

학생들에게는 무한한 가능성이 있다. 그리고 모든 학생은 그들만의 문제를 가지고 있다. 그러나 그 문제를 해결하기 위해서는 반드시 파트너가 필요하다. 이 말은 '코칭의 3대 철학'을 학습에 대입한 표현으로 여기에서의 파트너는 동료 학습자 또는 교수자를 의미한다.

🅔 코칭의 기본 철학

✓ 우리 모두에게는 무한한 가능성이 있다.

✓ 자신의 문제를 해결하는 것은 본인만 가능하다.

✓ 그러나 그 문제를 해결하기 위해서는 파트너가 필요하다!

일반적으로 코칭Coaching은 '개인이나 팀이 갖춘 능력을 최대한 발휘할 수 있도록 돕는 과정'을 뜻한다. 코칭은 사람들의 강점을 극대화해 그들이 갖는 개개인의 한계를 극복하여 최상의 결과를 도출해 낼 수 있도록 돕는 일이다. 이러한 코치의 어원은 '마차, 운반'을 뜻하는 'coche'

라는 중세 영어에서 유래되었다. 원어를 의역하면 '개인이나 팀을 출발지점에서 원하는 지점으로 이동시키는 운송수단'이 되는 것이다. 1980년대부터 시작한 코칭은 최근 몇 년 동안 더욱 대중화되어 그 의미도 매우 확장되고 있다. 기업에서의 코칭은 '프로세스 코칭', '상황 코칭' 그리고 '전환 코칭' 등으로 구분하여 구성원들이 더욱 효과적으로 성과를 낼 수 있도록 돕는 효과적인 방법으로 사용되고 있다. 이러한 코칭의 의미를 필자의 소견으로 교육적 의미로 확장하여 재해석하면 다음과 같다.

코칭의 교육적 의미

❝ 학습자가 특정한 문제상황에 부딪혔을 때 현명한 대안을 도출할 수 있도록 영감을 불러일으켜 성공기회를 경험할 수 있도록 지원하는 일련의 과정 ❞

이제 시대가 요구하는 인재들의 역량은 단 몇 가지에 국한되지 않는다. 세상은 더욱 빠르게 진화되어 변화되고, 그에 맞는 유기적이며 창의적인 역량이 필요하다. 그렇다면 우리 학생들을 위해서 교수자들은 구체적으로 어떤 일을 해야 할까?

교수자가 학습자의 잠재력을 이끌어 내기 위한 중요한 핵심포인트는 바로 '질문'에 있다. '코칭'이라 함은 한마디로 질문하는 과정을 뜻한다. 그리고 위대한 질문은 한 사람의 잠재력을 극대화시켜 엄청난 에너지를 발휘할 수 있도록 도와준다.

가령, 학습자가 스스로 해결하지 못하는 문제를 가지고 교수자에게 찾아오게 되는 상황을 가정해 보자. 이때 교사가 학생의 의문을 풀어주기 위해 답을 바로 제시해준다면 그 학생은 해답을 바로 얻어 기뻐할지는 모르지만, 나중에 또 비슷한 문제에 접했을 때 또다시 바로 교사에게 도움을 요청해 올 것이다. 물론 교사 입장에서 학생이 궁금해하는 사항에 대해 답을 알려주는 행위 자체가 부정적인 것은 아니다. 다만 학습자 스스로 충분히 고민하고 다양한 해결방법을 찾기 위해 다각적 사고와 통합적 인지력을 행사할 기회를 놓치게 된다면 학습자는 창의성 발달기회와 자기효능감을 경험할 수 없게 된다. 따라서 Flipped Learning의 경우 학습자가 Pre-class를 통해 어느 정도 지식을 습득해온 상황이라면 교수자는 학습자가 스스로 문제를 해결해 낼 수 있도록 단계적이고 심층적인 질문을 제공하여 문제의 단서를 찾아 총괄적으로 과업을 수행해 낼 수 있도록 지원해야 한다.

이제 점차 단순 정보와 지식은 교실 강의에서 온라인 강좌로 대체되고 교육현장에서의 교수자 역할은 'Teacher'가 아닌 'Coach'로 전환될 것이다. 따라서 교수자는 코치의 임무를 수행하며 학습자를 늘 관찰하고 적절한 피드백을 통해서 개인의 성장을 도모시키고 더 나아가 의식의 차원을 높일 수 있도록 도와야 한다.

사람은 누구에게나 의식이 존재한다. 그리고 그 의식은 수준과 레벨에 따라 계층적으로 나뉘며 행복감이 구별되기도 한다. 어떤 이는 하위의식에 머물러 불행한 삶을 살고 있기도 하고 또 어떤 이는 반대로 상위의식의 소유자로 늘 충만하고 행복한 삶을 영위하고 모든 것을 자신이 제어하며 살아가고 있다.

학습자들 역시 마찬가지로 그들만의 의식이 있다. 그리고 각자 의식의 레벨을 올릴 수 있는 충분한 잠재능력을 지니고 있다. 그러나 앞서 코칭의 3대 철학에서도 거론한 바와 같이 자신이 자신의 의식을 상향시키기란 쉽지 않은 일이다. 그래서 인간이 자신의 의식을 상향시키기 위해서 파트너의 도움이 필요하다. 그럼 학습자에게 필요한 파트너는 누구일까? 교육현장에서는 바로 교수자가 파트너가 되어야 한다.

결국, Flipped Learning을 통하여 교수자는 학생들이 지식을 융합하고 새로운 생각을 창조하는 데 도움을 주는 실제적인 안내자 역할을 하는 데 에너지를 쏟아야 한다. 더불어 교수자는 과거의 지식전달에서 벗어나 학생들이 어려움을 겪을 때 질문을 통한 발견학습과 동기부여를 기할 수 있도록 비지시적 교수법인 코칭 방식_{코칭 교수법}으로 전향해야 한다.

정리하는 Page. 생생한 원포인트 레슨

▶ 미래교육의 대안
   Flipped Learning과 교수자의 역할 변화

※ 간단 QR 코드확인 방법
① 스마트폰에서 네이버에 접속

② 검색란 우측에 [⊙] 카메라 아이콘을 선택
③ 카메라 렌즈를 책의 QR 코드에 초점을 맞추면 QR코드 연결 버튼 선택
④ 강의 동영상 재생

Flipped

PART
02

Flipped Learning
교수설계

Flipped Learning 교수설계

01

교수설계
중요성

교육 敎育 이란 무엇인가?

다소 근원적인 물음이지만 교수자는 항시 잊지 않고 되새겨야 할 중요한 자기성찰에 관한 질문이다. 교육의 정의는 시대와 사회여건, 동서양의 학문적 관점 정의에서부터 각 전공분야의 전문적 견해에 이르기까지 그 깊이와 다양성은 실로 무궁무진하다. 그래서 어떤 정의도 정답이 될 수 없는 것이 바로 이 '교육'에 대한 정의가 아닐까 싶다.

더욱이 '교육'이란 단어는 그 자체가 모든 사람에게 친밀한 단어이다. 인간이 태어나면서 가장 먼저 필연적으로 경험해야 하는 일련의 사건들 자체가 교육의 장場과 기회로 연관되기 때문이다. 넓은 의미의 교육은 가정과 사회 혹은 직장에서 행해지는 모든 종류의 교육적인 활동을 의미한다. 그러나 좁은 의미의 교육은 어떤 계획을 수반하지 않는 교육적 활동으로 교육의 영역에서 제외하고 있다. 그렇다고 좁은 의미의 교육이 우리 생활환경 안에서 무시될 수는 없다. 아이가 태어나서 성인이 되기까지 가정이나 학교에서 이루어지는 공식적인 교육 경험만이 교육이라고 볼 수는 없기 때문이다. 생활 속에서 생존하기 위한 문제해결을 통해서 자생적으로 터득한 '앎'의 형태도 교육적 의미에 부합한다. 또한, 동료와의 상호작용활동 안에서 습득된 '지혜'의 산물 역시 교육적 활동으로 얻어진 성과이다.

궁극적으로 교육의 목적은 이상적인 인간상을 형성하는 데 있다. 그래서 교육은 한 인간이 바람직한 상태로 행동의 변화를 꾀하도록 목표를 설정해야 한다. 중요성을 고려해 볼 때 가르치는 행위 그 자체는 매우 중대하여 체계적으로 접근해야 한다. 여기서 '체계적'이란 말은 가르침의 총체적인 실천 속에서 수업 관련 요소들의 상호의존적인 집합체로 교육목표를 달성하려고 고안된 전략적 프로세스를 의미한다.

그런데 보통 우리 주변의 교수학습 형태를 살펴보면, 평소 교수자의 학습관에 따르거나 개인의 경험을 바탕으로 주관적 형태로 학생들을 가르친다. 일반적으로 많이 알면 잘 가르칠 수 있다고 생각하지만, 사실 교수자의 학문적 깊이와 교육 효과는 반드시 정비례하지는 않는다. 아무리 높은 학식의 저명한 교수자일지라도 교수설계에 노력을 기울이지 않는다면 좋은 결과를 기대하기가 어렵다. 따라서 교수자가 학습자를 가르치는 전문가로서 해야 할 역할을 잘 수행하기 위해서는 교과목을 철저히 분석하고 교육목표를 달성하기 위한 최적의 교육방법을 부단히 연구해야 한다.

또 한 가지 교수자가 염두할 사항은 자신만의 교수전략을 수립하는 것이다. 교수전략은 교육목표를 달성하기 위해 교수자가 활용하는 절차, 방법, 기술 등을 말한다. 유능한 교수자가 되기 위해서는 학습에 효과적인 교수전략들을 전반적으로 이해하고 이들을 수업 상황에 따라 적절히 도구로 활용할 수 있어야 한다.

교수자teacher에게 교수teaching 전문성은 지속적으로 연구 개발해야 할 평생 학습과제이다. 이러한 교수 전문성은 가르침과 배움의 고유한 맥락 속에서 실천과 함께 수반되는 성찰을 통해서 길러질 수 있다. 최근 대학에서의 가르침에 대한 성찰은 수업평가 및 일부 학문분야의 인증제를 위한 지속적인 수업 질 개선CQI[1] 보고서 작성을 통해 공식적으로 촉진되고 있어 바람직한 현상이라 본다. 현재 시대변화에 따른 혁신 교육방법론들이 대거 등장하고 있는 시점에서 교수자의 교수설계 능력은 필수로 요구된다. 특히나 Flipped Learning은 ICT를 기반으로 하는 교수모형이기에 보다 면밀한 사전 교과목 설계가 반드시 필요하다.

---

1 CQI(Continuous Quality Improvement) - 수업의 「지속적 품질개선」을 뜻하는 용어로, 교육 효과를 극대화하기 위한 '순환적 자율 개선형 교육체계'를 말한다. CQI를 통해 수업의 질을 개선하기 위해서는 학습 목표 설정 → 수업실행 → 수업검증(측정) → 결과분석 → 교육수준 제고 등의 선순환 구조를 취해야 한다.

교수설계
관점 비교

교육이 성공적으로 이루어지려면 수업절차에 따른 교수설계가 우선되어야 한다. 대부분의 성공적인 수업은 치밀한 계획하에 이루어진다. 교수설계는 수업의 전 과정을 이해하고 개선하는 데 그 목적을 두고 있다. 교수자는 학습자가 기대하는 학습성과를 도출하기 위하여 최적의 수업과정을 처방하는 데 관심을 기울여야 한다. 최적의 수업과정을 처방한다는 말은 수업이 시행착오 과정으로 계획되어서는 안 된다는 뜻이다. 그래서 교수자는 교수활동에 대한 창의적인 아이디어와 논리적인 체계성과 합리성을 고루 갖추어야 한다.

교수설계에 대한 접근방식은 크게 교수자 중심 접근방식과 학습자 중심 접근방식으로 나뉜다. 이를 다시 교수설계 관점으로 해석한다면 객관주의관점과 구성주의관점으로 설명된다. 먼저 교수자 중심 접근방식은 전통적인 교육방법으로써 다수의 학습자 집단을 대상으로 하는 학습체제이며 일반적으로 교수자의 주도하에 강의식 수업이 운영된다. 반면, 학습자 중심 접근방식은 교수자가 학생들에게 일방적으로 지식을 전달하는 과거의 주입식 교육방법에서 벗어나, 학습자들의 학습 능력에 초점을 맞춘 융통성 있는 학습체제로 협동학습이 대표적이다.

최근 교수설계 분야는 전통적인 교수자 중심의 접근방식에서 학습자 중심의 접근방식으로 바뀌고 있다. 그 이유는 21세기 창의 · 융합 인재를 양성해야 하는 교육의 역할을 고려해볼 때 교수자가 일방적으로 학습자에게 교육과정에 담긴 학습 내용을 전달하는 방식은 한계가 따르기 때문이다. 그래서 학습자 스스로 지식을 형성해 나가며 창의적으로 문제를 해결할 수 있는 능동적인 학습형태를 더 선호한다. 추가로 다음에 제시되는 지식을 바라보는 두 가지 관점을 통해 각 특징을 비교 설명하겠다.

📖 지식을 바라보는 관점

(1) 객관주의 관점

객관주의자들은 지식이 학습자와 별도로 존재한다고 믿는다. 따라서 교수자는 학습자에게 지식을 옮기는 데 초점을 둔다. 결국 '가르친다'는 것은 지식을 질서정연한 방식으로 학습자에게 전달, 제공하는 것을 뜻한다. 이러한 객관주의적 관점은 교수자 중심 접근방식으로 이해할 수 있으며 실제 교육현장에서 가장 보편적으로 활용되는 형태로 교육적 효과성과 효율성이 높다는 장점이 있다. 특히 우리나라와 같은 입시 위주의 교육환경에서는 교수학습 과정을 산만하게 운영할 만한 시간적 여유가 없다. 따라서 교수자가 설정한 학습 진도를 정해진 시간 안에 완수하

[그림 2-1]

기 위해서는 교수자가 학생들에게 학습 내용을 정해진 시간 안에 전달하는 교수자 중심 접근방식의 교수설계 체제가 적절하다.

반면, 단점도 있다. 먼저, 학생들은 교수자의 능력과 기술에 지나치게 의존할 수밖에 없다. 그런데 이러한 단점은 완전학습에 치명적일 수 있다. 다수의 집단을 대상으로 한 명의 교수자가 자신의 교수능력을 충분히 발휘할 수 없는 경우가 발생하기 때문이다. 또한, 교수자가 교육역량이 부족할 경우 다양한 유형의 학습자들을 일괄적으로 지도하는 데 문제가 발생할 수 있다.

둘째, 교수자 중심 접근방식은 지나치게 주입식 교육을 강조하여 학생들에게 지식을 일방적으로 전달하므로 학습자들에게 스스로 주어진 과제를 탐구할 기회를 제공하지 못한다. 시대가 원하는 창의 · 융합형 인재상을 고려해본다면 학생 스스로 지식을 탐구하고 새롭게 구성하여 깨닫게 하는 학습자 중심 교수학습활동이 운영되는 것이 바람직하다. 그러나 지금까지의 설명에 근거하여 무조건 객관주의 관점이 구성주의 관점보다 비효과적이라고 말할 수는 없다.

교수설계에 있어 가장 중요한 것은 수업내용에 따른 적절한 교수설계방식을 선택하는 것이다. 그래서 교수자는 전문적 교수설계에 대한 이해를 기반으로 적절한 교수설계과정을 채택해야 한다.

(2) 구성주의 관점

최근 교수 · 학습 분야에서 구성주의 관점이 강조되면서 구성주의를 수업설계에 반영하는 대안적 교수설계모형에 대한 논의가 활발히 진행되고 있다. 구성주의자들이 바라본 지식은 객관적으로 존재하는 것이 아니라 학습자들의 경험으로부터 구성되는 것이라고 설명한다. 그래서 구성주의 관점에서 바라본 교수설계는 학습자 중심 접근방식으로 이해할 수 있다. 교수자 중심 접근방식과 대비되는 학습자 중심 접근방식에서 드러나는 가장 큰 특징은 교수자의 역할에 관한 것이다.

교수자 중심 접근방식에서 교수자의 역할은 수업을 주도적으로 이끌어 나가는 통제자이다. 반면 학습자 중심 접근방식에서의 교수자 역할은 학생들의 지식생산 활동을 돕는 조력자이다. 다시 말해 교수자는 학생들이 수행할 학습활동을 안내하고, 동시에 그들이 학습하는 동안 어려움이 발생할 때 스스로 문제를 해결할 수 있도록 상담과 조언을 해

[그림 2-2]

야 한다. 이와 맥락을 함께하여 학생 위주의 교수학습활동에 중점을 둔 구성주의적 학습체제를 구현하려면 몇 가지 조건이 필요하다. 그중 하나가 학습자원에 관한 것이다. 학습자 중심 접근방식 자체가 학생 스스로 자신의 학습 진도를 결정하는 것이므로 자율적으로 학습할 수 있도록 풍부한 학습 자료를 제공해야 한다.

학습자 중심 접근방식의 특징 중 하나가 학생 스스로 학습 도중에 많은 결정을 선택할 수 있다는 점이다. 그러나 무분별한 자율성이 허용된다면 학습활동 전체가 산만해질 수 있다. 따라서 교수자는 학생들에게 개개인의 학습지도에 관한 것은 스스로 판단할 수 있도록 허용하되, 학습해야 할 전체 수업내용을 최적화하고 효과적으로 운영하는 것은 교수자가 책임지고 이행해야 한다.

학습자 중심 접근방식은 교수자 중심 접근 방식보다 수업 전 사전작업이 상대적으로 많다. 그래서 일부 교수자들은 학습자 중심 교수설계를 꺼리기도 한다. 하지만 학습 동기부여 측면이나 학습 성과 측면을 고려한다면 충분히 가치 있는 노력의 대가로 교수자로서 큰 보람을 얻게 될 것이다.

지금까지 지식을 바라보는 두 가지 관점에 관해 설명하였다. 결론적으로 말하면 객관주의 관점은 교수자 중심의 접근체계이고 구성주의 관점은 학습자 중심의 접근체계라 할 수 있다. 그럼 이 책의 메인 이슈인 Flipped Learning은 어떠한 관점에서 비롯된 교수학습 체계일까? 극명하게 구분 지어 말하자면 구성주의 관점인 학습자 중심 교수학습 구조라고 할 수 있다. 그럼 이제 본격적으로 학습자 중심의 협력학습 구조를 띤 Flipped Learning 교수설계에 대하여 자세하게 살펴보겠다.

Flipped Learning 교수설계 절차

Flipped Learning은 기존의 교육 형태와 분명한 차이점이 있기 때문에 별도의 교수설계가 요구된다. 따라서 성공적인 Flipped Learning을 위해서는 다양한 수업사례를 고려하여 면밀하게 교과목을 재설계해야 한다.

그러기 위해서는 먼저 교육과정 전반에 대한 교수체제설계가 이뤄져야 한다. 그다음에 Flipped Learning만을 위한 교수학습절차 모형에 근거하여 수업을 운영하면 된다. 정리하면 이 책에서는 교수체제설계와 관련해서는 ADDIE[2] 모형에 따라 교과목을 개발한다. 그리고 각 차시별 Flipped Learning 수입운영을 위해서는 PARTNER 교수학습절차 모형을 중심으로 설명을 전개한다.

---

2 ADDIE 모형이란 분석(Analysis), 설계(Design), 개발(Development), 실행(Implementation), 평가(Evaluation)의 약자로서 Seels와 Richy가 제안한 체계적 교수설계 체제로 보편적인 교수설계 모형임

01 분석
- 교과목 분석
- 학습자분석
- 환경분석

02 설계
- 전체강의계획서
- 수업자료개발 계획서
- 주차별강의 계획서

03 개발
- 사전학습용 강의동영상 개발
- 수업자료개발
- 평가자료개발

04 실행
- Pre-class 운영
- In-class 운영
- Post-class 운영

05 평가
- 수업활동평가
- F/L 교과목평가
- 교과목 포트폴리오

PARTNER 수업절차모형

Flipped Learning 교과목개발

[그림 2-3]

그럼 이제부터 Flipped Learning 교수설계를 위한 개관概觀overview으로 교과목 개발 절차를 5단계로 구분하여 설명하겠다.

(1) 교과목 전단 분석

Flipped Learning을 수행하기 위해서는 교과목 전반에 대한 교수자의 이해가 필요하다. 해당 교과목에서 최종적으로 달성해야 할 요구Needs, 목적, 목표들을 먼저 분석하고 그 프로그램의 단원들을 조직하는 등 설계 과정의 초기 단계들을 수행해야 한다. 이와 같은 분석을 '전단분석Front-end Analysis'이라고 한다. 이 책에서는 전단분석의 대표성으로 교과목 분석, 학습자 분석, 환경분석을 제시한다.

1. 교과목 분석

근본적으로 Flipped Learning으로 교과목을 개발할 여지를 확인하기 위해서는 교과목 분석이 선행되어야 한다. Flipped Learning 적합 여부를 위한 교과목 분석의 세부 내용은 다음 표와 같다. 먼저 해당 교과목의 강의 형태와 수업 비율 그리고 In-class에서 활용할 수업방법에 대한 고민이 구체적으로 제시되어야 한다.

Flipped Learning은 완전학습을 위한 모형이기 때문에 교육목표를 어느 수준까지 달성할 것인지에 결정해야 한다. 더불어 Pre-class와 In-class에서 활용할 수업의 자료들을 자세하게 확인할 필요가 있다.

Flipped Learning 교과목 분석

① 교과목 정보		
년도/학기	교과명	이수구분 및 학점 (Pre-class 인정시수)
② 강의형태 구분	③ 수업 비율	
☐ 이론 ☐ 이론+실습 ☐ 실습	Pre-class(온라인)	%
	In-class(강의실)	%
④ 학습규모	⑤ 적용 가능한 교육방법	
[학생 수 =　명] ☐ 소집단(N<20) ☐ 중집단(N=20~40) ☐ 대집단(N>40)	☐ 토의, 토론 ☐ 문제풀이(Problem solving) ☐ PBL(Project & problem Base Learning) ☐ 과제세분화 협동학습 ☐ 완전학습형 협동학습 ☐ 기타(　　　　)	

⑥ 교육목표 수준(블룸의 인지적 영역 분류)

보통   높음   매우 높음

▶ ───────────────── ▶ ───────────────── ▶

☐ 지식   ☐ 이해   ☐ 적용   ☐ 분석   ☐ 종합   ☐ 평가

⑦ Pre-class(사전학습) 동영상 강의 유형

☐ 상업용 아웃소싱(출판사 제공 콘텐츠, PPT 또는 동영상 자료)
☐ OER(OCW, MOOC, youtube, 칸 아카데미 등)
☐ 직접제작(강의 녹화, 저작도구 활용, 예 : 자이닉스, 캠타시아, 닥줌 등)
☐ 기타(   )

⑧ 수업자료원 제공 유형

☐ 수업가이드
☐ 수업요약노트(PDF, PPT)
☐ 수업관련 아티클
☐ 워크시트
☐ 문제은행
☐ 기타(   )

⑨ Flipped Learning 적합 여부(교수자 자가진단)

적합   부적합

▶ 종합적 판단(적합 / 부적합에 따른 사유)

[표 2-1]

교과목을 분석하는 이유는 교수자가 교과의 전반적인 사항들을 고려하여 Flipped Learning이 적합할지 아닌지에 대한 분별의 기초자료로 활용하기 위함이다. Flipped Learning은 효과적이고 효율적인 교수학습방법론임에는 분명하지만, 해당 교과목의 성격에 따라 교육목표에 부합한 과목이 있고 그렇지 않은 교과목도 존재한다. 가령, 대단위 수업에서의 협력학습이 쉽지 않을 때에는 Flipped Learning 운영에 대하여 다시 생각해봐야 한다. 물론 대단위 수업에서도 Active Learning은 가능하다. 그러나 교수자의 수업운영 역량이나 학습자들의 성향과 학습 환경 등을 고려하여 해당 교과목이 Flipped Learning에 적합한지에 대한 여부를 판단해야 한다.

다음으로 Flipped Learning 교과목을 계획하는 데 필요한 대표적인 분석요소인 학습자 분석과 교육환경 분석에 대한 사항들을 안내한다.

2. 학습자 분석

효과적이고 매력적인 수업을 설계하기 위해서는 교수설계 과정에서 대상 학습자들의 특성을 고려해야 한다. 학습자 분석은 학습활동을 위한 학습자의 특성을 파악하는 과정으로 학습자의 일반적인 상황, 사전학습 능력, 학습적성, 학습양식, 학습동기, 학습태도 등을 확인하는 단계이다. 특히 Flipped Learning에서는 자기주도적 학습양식이 매우 중요해서 어떠한 채널을 선호하는지 분석해야 한다. 분석을 통해 확인된 감각채널을 구분하여 대다수 학습자가 선호하는 학습 자료를 제공하면 자료물을 접하는 가독성이 높아지고 수업에 대한 흥미를 유발하는 데 도움이 된다.

Flipped Learning 학습자 분석

분류	내용		
일반적 특성	학년: 　　　　남녀성비 : 남　　　%, 여　　　%		
선수학습 능력	본 교과를 청강하기 위한 선행학습 수준 및 교과목 이수체계 확인(특히 공대수업은 필수)		
매체활용 능력			
선호감각 채널[3]	☐ 시각　　%	☐ 청각　　%	☐ 체감각　　%

[표 2-2]

3. 교육환경 분석

Flipped Learning 운영을 위해서는 교육환경 분석이 필요하다. 이는 Flipped Learning이 ICT에 기반을 두고 강의 콘텐츠를 활용하는 교육방법이기 때문이다. 원활한 수업운영을 위해서는 다양한 교수학습 환경 요건들이 원활하게 지원되어야 한다. 따라서 교수자는 다음 표에 제시된 교육환경 분석 내용을 토대로 Flipped Learning 운영을 위한 점검사항이나 준비사항들을 면밀하게 확인해야 한다.

3　사람은 누구나 주로 사용하는 감각이 있다. 이 선호감각을 점검하는 이유는 학생들에게 적합한 수업자료원을 준비하는 데 효과적인 방식을 제공하기 위함이다.
PART 03.(3) 학습자 유형 (V.A.K)에 따른 교수 · 학습 TIP + (부록) VAK 진단지 참고]

교육환경 분석

강의실 환경	전혀 그렇지 않다 ↔ 매우 그렇다				
팀 학습활동이 가능한 책상, 의자 배치인가?	1	2	3	4	5
학습자들의 활동(activity)을 고려할 때 강의실 공간은 여유가 있는가?	1	2	3	4	5
시청각 교육을 위한 오디오/비디오(AV)시스템이 갖추어져있는가?	1	2	3	4	5
교수학습 시스템 환경					
LMS(Learning Management System: 학습관리시스템)는 교수자 편의대로 활용할 수 있도록 유연하게 구성되어 있는가?	1	2	3	4	5
강의 동영상 콘텐츠를 제작할 수 있는 저작도구가 갖추어져 있는가?	1	2	3	4	5
교수자 미디어 리터러시					
•교수자는 ICT 활용 능력 및 스마트기기(아이패드, 타블릿PC, 스마트폰 등)를 원활하게 활용하는가?	1	2	3	4	5
•교수자는 학습과정 및 수업결과물을 공유할 수 있는 다양한 방법을 활용하는가? (미러링 앱, 클릭커, 퀴즈응답 앱 등)	1	2	3	4	5
•교수자는 수업자료원을 자유자재로 편집(큐레이팅)할 수 있는가?	1	2	3	4	5

[표 2-3]

(2) 교과목 설계 Design

　전단분석을 통한 Flipped Learning 교과목개발에 별다른 이상이 없다면 다음으로 실제 교수설계 과정을 수행해야 한다. Flipped Learning 교과목을 설계하는 단계에서는 크게 3가지 계획으로 구분한다3C Redesign.

[그림 2-4]

1. 전체학기 강의 계획서

　『전체 학기 강의계획서Curriculum Design』는 일반적으로 기존의 실라버스Syllabus, 강의개요의 개념과 유사하다. 교과목의 일반적 사항을 기초로, 한 학기를 운영하는 데 필요한 주요 강의 계획 내용 등을 수록하면 된다. 그런데 Flipped Learning 온라인 콘텐츠를 활용하는 수업이기 때문에 Pre-class 자료와 In-class에서의 교수학습활동 내역을 구분해서 적어야 한다.

특히 단계별 세부 전략들을 도출하고 마지막에는 학습자들을 평가하기 위한 설계가 포함되어야 한다.

Flipped Learning에서 주의해야 할 사항이 있다. 다른 교수학습 모형과 달리 수업의 피로도와 수행도가 높아서 학습자들이 소화할 수 있을 정도의 Pre-class량과 In-class에서의 적당한 활동Activity, 그리고 공정한 평가 설계가 이루어져야 한다. 전체학기 강의계획서 양식은 다음과 같다.

전체학기 강의계획서(Curriculum Design)

교과목명		교수명		수강 인원	
강의 형태		Pre-class(On-line)(00시간) / In-class(Off-line)(00시간)			
과목 개요					
교육 목표					
교재 정보	주 교재				
	참고 교재				

주요 강의 활동 계획

Pre-class ⇓	In-class ⇓	Post-class ⇓
•	•	•
대표 강의 자료	Pre-class 와의 연계활동	과제 및 학습 성찰
•	•	•
전 략	전 략	전 략
•	•	•

학습자 평가 설계 [총 100%]

Pre-class 평가[00%]	In-class 평가[00%]	Post-class 평가[00%]	총괄평가 [00%]
•	•	•	•

평가기준 설정

토론	프로젝트	개별활동	학습성찰
•	•	•	•

※ 위 양식을 활용한 수업설계 예시는 제4장 Flipped Learning 교과운영 사례에서 자세히 예시됨

[표 2-4]

2. 전체강의 개발계획서

　다음『전체강의 개발계획서 Course Development』단계에서는 주차별 사전학습의 자료원 정보와 In-class에서의 주요 활동사항들을 명시한다. 사전학습 자료원은 다양한 경로를 통해 학습자들에게 제공할 수 있는데 교수자의 강의 동영상은 필수로 제시해야 한다. 평소 강의식 수업일 때, 한 시간 분량의 강의 동영상을 제작한다면 20~30분 이내가 적당하다. 그러나 In-class에서 실습을 주로 수행해야 하는 교과목 특성이 있다면 기초지식의 완전학습을 위해 25분짜리 동영상 2개 정도가 적당하다.

전체강의 개발계획서(Course development design)

주차	학습 주제	Pre-class				In-class
		수업자료원		내용		수업 활동내용과 자료
		시간 (분')	출처			
1						
2						
3						
4						
5						
6						
7						
8				중간고사		
9						
10						
11						
12						
13						
14						
15				기말고시		

※ 위 양식을 활용한 수업설계 예시는 제4장 Flipped Learning 교과운영 사례에서 자세히 예시됨

[표 2-5]

3. 주차별 강의계획서

교수설계의 마지막 단계는 『주차별 강의계획서Course Design』이다. 전체 한 학기 전략수립을 통한 수업자료원이 개발되고 수업 활동과 학습자료 개발 계획이 수립되었다면 주차별 강의계획서를 통해 Flipped Learning 수업 절차에 따라 교수학습활동 사항들을 계획해야 한다.

보통 강의계획서라고 하면 실라버스Syllabus, 강의개요만 연상하는데 실제는 주차별로 수업을 구조화하는 것이 교수설계의 정석이다. 더욱이 Flipped Learning은 수업이 워낙 다양하게 전개되기 때문에 사전에 교수설계를 제대로 수행하지 않으면 시행착오가 발생할 확률이 높아진다. 특히 주차별 강의계획서를 작성할 때 유념할 사항●로표기들이 있는데 하나씩 살펴보겠다.

주차별 강의계획서(Course Design)

교과목 명		교 수 명		AI(조교)	
단원(차시)		단원주제		강의날짜	

🍎 학습목표	1. 2. 3.

🍎 Flipped Learning 단계선택 ☑	교수/학습 활동	시간	비고
Pre-class (사전학습)	☑ P			
	☑ A			
In-class (강의실)	☑ R			
	☑ T			
	☑ N			
	☑ E			
Post-class (사후활동)	☑ R			

🍎 본 차시 교수전략	Attention(주의집중)	
	Relevance(관련성)	
	Confidence(자신감)	
	Satisfaction(만족감)	

평가전략 (주차별 평가시에만 기입)	Pre-class	
	In-class	

※ 위 양식을 활용한 수업설계 예시는 제4장 Flipped Learning 교과운영 사례에서 자세히 예시됨

[표 2-6]

🍎 강의계획서 작성 시, 필수 유의사항 – 1. 학습 목표 설정

주차별 강의계획서를 작성할 때는 특히 학습 목표를 명확하게 설정해야 한다.

일반적으로 교육 과정은 다음의 단계를 거쳐 이루어진다.

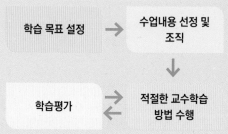

학습 목표를 설정하는 일은 학습자들이 교육을 통해 어떤 내용이나 방법에 관한 지식Knowledge을 알아야 한다거나, 어떤 사상에 대하여 바람직한 가치관과 태도Attitude를 가지도록 할 것인지, 또는 어떤 일을 수행하기 위한 기능적인 기술Skill을 습득해야 하는가에 대한 정보를 알려주는 일이다.

이렇듯 학습 목표는 수업 전반에 영향을 미칠 수 있을 만큼 중요하므로 신중하게 설정해야 한다. 그러나 일반적으로 학습 목표에 대한 중요성을 인지하지 못하는 것이 현실이다. 가령 주변에서 흔히 볼 수 있는 학습 목표의 예로 다음과 같은 표현을 자주 볼 수 있다.

> "…에 대하여 이해한다.", "…에 대하여 안다." 등

위에서 말하는 일명 '이해한다'와 '안다'라는 인지적 영역은 그 수준이 매우 포괄적이다. 실제로 '안다'라는 동사의 의미를 되새겨보면 들

어본 것도 '안 것'이고, 직접 해본 것도 '안 것'이고, 종합적 견해를 가지고 있는 상태도 '안 것'이라고 표현할 수 있기 때문이다. 그런데 모호한 동사 표현으로 교육 목표를 진술하면 학습자들이 어느 수준에서 '안다'의 목적을 두고 학업에 임할지 혼란을 겪는다.

따라서 학습 목표 진술에서 가장 핵심적인 부분은 '행위 동사'로 목표를 진술하는 것이다. 다시 말해 불분명하고 측정할 수 없는 동사는 쓰지 않는 것이 좋다. 이와 관련하여 교수자는 '안다', 즉 인지적 영역에 대하여 분명하게 구분 지을 수 있어야 한다.

인간의 인지적 특성에 대한 교육목표를 서술하기 위한 이론으로 Bloom 1956의 교육목표 분류학이 대표적이다. Bloom은 교육목표에 진술된 학습의 내용과 행동 중에서 행동 차원을 기준으로 교육목표를 인지적 영역 Cognitive domain, 정의적 영역 Affective domain, 심동적 영역 Psychomotor domain의 목표로 분류하고 있다. 교육목표를 3가지 영역으로 나누는 이유는 하나의 교육목표 또는 학습 목표에 진술된 행동이 인지적 · 정의적 · 심동적 요소 중에 어느 요소를 더 많이 포함하고 있는지를 구분하는 것이라 할 수 있다. 여기서는 일반적인 지식습득과정에 해당하는 인지적 영역에 관한 내용을 설명하도록 한다.

Bloom은 인지적 영역을 지식 knowledge, 이해 comprehension, 적용 application, 분석 analysis, 종합 synthesis, 평가 evaluation와 같이 단순 정신 능력에서 고등 정신능력으로 위계화하였다.

학습 목표는 교수자와 학습자와의 무언의 약속이다. 수업을 통해 학습자들이 얻게 될 지식의 수준을 사전에 명시하는 역할을 수행하기 때문인데 학습 목표의 표현상 문제가 생기면 혼란을 초래한다. 따라서 학습 목표를 설정할 때는 측정 가능한 행위동사로 진술하는 것이 바람직하다. 예를 들어 다음과 같은 표현이 바람직한 교육목표 형태이다.

"…에 대하여 설명할 수 있다."
"…을 이용하여 비교·제시할 수 있다."
"…를 토대로 설계·개발할 수 있다.

위 사항들을 종합하여 다음 표에 인지적 영역의 목표를 분류하였다. 이를 참고하여 해당 교육내용 수준을 고려해서 올바른 학습 목표를 제시해야 한다.

인지적 영역 분류표

인지영역 분류	용어 설명	학습목표 진술 예시	
지식	이미 배운 내용, 즉 사실·개념·원리·방법·유형·구조·이론 등에 대해 기억하는 능력	•정의할 수 있다 •확인할 수 있다 •목록을 만들 수 있다 •진술할 수 있다	•묘사할 수 있다 •명칭을 붙일 수 있다 •이름을 댈 수 있다
이해	이미 배운 내용의 의미를 파악하는 능력으로, 단순히 자료를 기억하는 수준을 넘어 자료가 다소 바뀌어도 의미를 파악하고 해석하고 추론하는 능력	•비교할 수 있다 •식별할 수 있다 •스스로 설명할 수 있다 •해석할 수 있다	•토의할 수 있다 •그릴 수 있다 •예시를 들 수 있다
적용	이미 배운 내용, 즉 개념·규칙·원리·이론·기술·방법 등을 구체적인 또는 새로운 장면에서 활용하는 능력	•풀 수 있다 •사용할 수 있다 •작성할 수 있다	•계산할 수 있다 •연습할 수 있다 •시범을 보일 수 있다

인지영역 분류	용어 설명	학습목표 진술 예시	
분석	조직, 구조 및 구성 요소의 상호관계를 이해하기 위하여 주어진 자료의 구성과 내용을 분석하는 능력	• 배열할 수 있다 • 분류할 수 있다 • 추론할 수 있다	• 발견할 수 있다 • 관련시킬 수 있다 • 변환시킬 수 있다
종합	비교적 새롭고 독창적인 형태·원리·관계·구조 등을 만들어 내기 위하여 주어진 자료의 내용과 요소를 정리하고 조작하는 능력	• 조정할 수 있다 • 연구할 수 있다 • 구성할 수 있다 • 설계할 수 있다 • 통합할 수 있다 • 조직화할 수 있다	• 개발할 수 있다 • 결합할 수 있다 • 공식을 만들 수 있다 • 일반화할 수 있다 • 생산할 수 있다
평가	어떤 특정한 목적과 의도를 근거로 아이디어·작품·해결책·방법·자료 등의 가치를 판단하는 능력	• 감정할 수 있다 • 판단할 수 있다 • 비평할 수 있다	• 등급을 매길 수 있다 • 결정할 수 있다

[표 2-7]

🎓 강의계획서 작성 시, 필수 유의사항 - 2. 수업운영 절차

다음으로 강의계획서 작성 시 핵심이 될 수 있는 구체적인 수업운영 절차에 대해 알아보겠다. Flipped Learning은 일반적인 강의식 수업구조가 아니기 때문에 수업을 실제 운영하는 과정이 구조적으로 단계화되어야 한다. 대략적으로 수업흐름은 사전 학습 → 본 차시 학습 → 사후 학습으로 이러지는데, 이 과정을 보다 세밀하게 구분해야 한다. 이 세분화된 수업단계는 Flipped Learning만을 위해 특화된 PARTNER 수업절차모형을 따르면 시행착오를 줄일 수 있다. PARTNER 모형에 대한 구체적인 설명은 수업실행을 다루는 (4) 교과목실행 파트에서 상세히 다룬다.

마지막으로 주차별 강의계획서를 작성하는 단계에서 중요하게 고려해야 할 사항으로 학습자들의 동기를 이끌어 낼 수 있는 전략을 수립하는 과정이다. Flipped Learning은 특히나 자기 주도성이 강조되며 학습자들의 동기부여에 따른 수업 몰입에 성패가 달려있다 해도 과언이 아니다. 그래서 동기부여를 할 수 있는 다양한 방안들을 찾아야 한다. 이 내용과 관련해서는 제1장. 7절. Flipped Learning 교수자 역할 동기부여가 및 코치에서 이미 설명한 바 있으니 참고하면 된다. p. 57 ARCS 전략

[그림 2-5]

(3) 교과목 개발 Development

1. Pre-class 콘텐츠 개발 - 사전학습자료

Flipped Learning 교과목을 운영하기 위해서는 무엇보다 사전학습 자료원을 개발하는 것이 최우선이다. 그러나 무조건 교수자가 모든 부담을 안고 한 학기에 해당하는 모든 자료를 직접 개발한나는 것에는 동의하지 않는다.

강의 동영상 콘텐츠는 교수자가 직접 개발하는 것이 물론 바람직하지만, 교육목표에 따라서 다양한 콘텐츠를 활용하는 편이 보다 효율적일 수 있다. 가령, 교재 출판사들이 제공하는 참고용 PPT 자료

또는 이러닝 콘텐츠를 사용할 수도 있으며, 최근 미래 교육의 지식자료원으로 관심을 받고 있는 무크MOOC, Massive Open Online Courses, 온라인 대중수업의 수많은 양질의 콘텐츠를 얼마든지 활용할 수 있다.

그러나 교수자 입장에서 한 가지 고려할 사항이 있다. 사전학습을 도모한다는 목적으로 많은 양의 이러닝용 콘텐츠를 학생관리시스템LMS, Learning Management System에 올려서 사전학습의 부담을 주는 것은 바람직하지 않다. 실제 학생들과 집단심층토의FGI, Focus Group Interview를 실시한 결과, 학생들은 선호하는 수업의 자료원으로 강의 동영상 콘텐츠를 비롯한 교수자의 PDF 수업자료, PPT, Quiz, 문제해설집 등을 손꼽았다.

이렇듯, Pre-class 수업자료 모두가 동영상 콘텐츠일 필요는 없다. 다만, 현재 학습자는 디지털 세대가 주를 이루고 매체에 민감하며 시각적 채널을 선호하기 때문에 주로 동영상 강의를 수업 자료로 활용하고 있다. 결론적으로 성공적인 Flipped Learning을 위해 Pre-class를 제공할 때, 교육목표에 따라 자기주도학습을 쉽게 수행할 수 있는 다양한 수업자료원을 균형 있게 제공해야 한다.

① 직접 제작 - 저작도구 및 애플리케이션

Pre-class를 준비하는 과정에서 상용화된 수업자료원을 제공하거나 공개 온라인 강좌 등을 활용하는 방법도 있지만, 교수자 개인이 직접 동영상 자료를 제작할 수도 있다. 그러나 교수자가 디지털 제작능력이 부족하거나 프로그램 셋업Setup 비용 부담 등의 이유로 손쉽게 작업을 하지 못하는 경우가 생긴다.

보통 Flipped Learning을 준비하는 교수자들에게 가장 부담이 되는 요소가 무엇인가 질문하면 강의 동영상 콘텐츠가 없어 새롭게 제작해야 하므로 번거롭고 불편하다고 한다. 그런데 처음 제작하는 것이 어렵지 조금만 익숙해지면 누구나 좋은 콘텐츠를 개발할 수 있다.

먼저, 직접 교수자가 강의용 콘텐츠를 제작하기 위해서는 전문 프로그램을 사용하는 것이 일반적인데 개인 사정에 따라 비용이 들어가는 프로그램을 구비할 수 없는 경우도 있다. 보통 대학에서는 교수학습개발센터CTL 내의 이러닝지원센터의 도움을 받아 스튜디오 촬영을 하거나 개별적으로 저작도구 프로그램을 연구실에서 셋업해서 촬영하는 경우가 일반적이다. 또한, 최근에는 강의 동영상을 제작할 수 있는 다양한 애플리케이션Application이 등장하고 있다. 앱 스토어App store에서 Explain everything이나 Lensoo Create 앱을 검색하기를 권한다. 그런데 그마저도 강의 동영상 제작에 불편을 느낀다면, 평소 흔하게 사용하고 있는 파워포인트를 활용해도 된다. 강의 동영상은 없을지 몰라도 거의 모든 교수자에게 필수로 존재하는 것이 바로 강의 PPT 파일이다. PPT 파일을 활용하여 강의 동영상을 제작할 수 있는데 그 방법은 PPT 메뉴에서 확인할 수 있다.

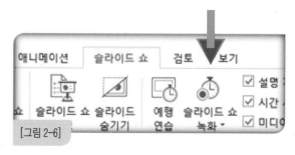

[그림 2-6]

PPT 파일을 불러온 편집 화면 상태에서 주메뉴 중 [슬라이드 쇼] 탭을 누르면 하위메뉴에 [슬라이드 쇼 녹화] 버튼이 나온다. 그 버튼을 누르면 해당 슬라이드를 비롯한 전체 슬라이드를 녹화할 수 있는 기능이 제공된다. 단, 교수자의 음성으로만 녹화되니 이점 유의하기 바란다. 그러나 교수자의 모습과 육성도 함께 녹화하기 원한다면 파워포인트의 간단한 업데이트 작업을 거쳐 기능을 확대 경험할 수 있다.

🏫 콘텐츠제작 팁
파워포인트로 강의 동영상 제작하기 [Office Mix]

사전학습용 강의 동영상을 제작하는 방법으로 별도의 전문 프로그램을 사용하지 않고 파워포인트로 간단하게 콘텐츠를 제작할 수 있다. 일종의 파워포인트 확장 서비스 팩을 활용하는 정도로 이해하면 된다. 현재 사용하고 있는 Ms-Office 프로그램의 버전이 '2013', '365 version' 이상이라면 무료로 프로그램을 업그레이드할 수 있다. 자, 그럼 이제부터 파워포인트를 활용하여 동영상을 제작 과정에 대해 알아보겠다.

먼저, 파워포인트 강력 추가 도구, 즉 Office Mix를 셋업하기 위해 해당 사이트에 접속한다.

http://mix.office.com [그림 2-7]

다음으로 Microsoft Account, Work School Account, Facebook, Google 등 다양한 경로를 통해 Sign In하고 Office Mix에 로그인한다.

[그림 2-8]

로그인하면 자동으로 Office Mix를 실행할 수 있는 메뉴가 생성된다. Office Mix Preview Setup 내용을 살펴본 후, Install 버튼을 누른다. 이때 바탕화면에 파워포인트 프로그램을 열어두었다면 닫고 셋업하는 것이 좋다.

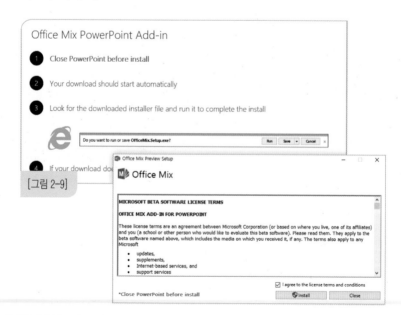

[그림 2-9]

정상적으로 **Office Mix**가 셋업 되었다면 자동으로 파워포인트 프로그램이 활성화가 된다. 메뉴를 살펴보면 마지막 탭에 **[Mix]** 메뉴가 추가된 것을 확인할 수 있다.

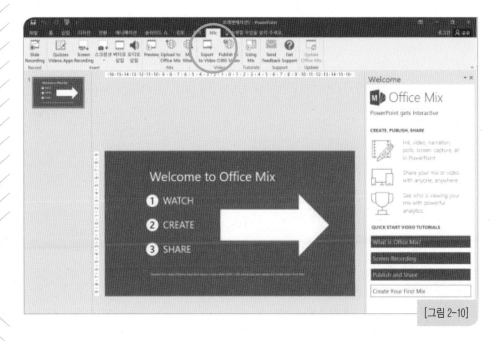

[그림 2-10]

[Mix] 하위메뉴는 총 15가지로 구분되는데 [Record/ Insert/ Mix/ Video/ Tutorials/ Support/ Update]로 나열되어 있다. 이들 메뉴의 기능을 간략히 설명하면 다음과 같다.

Record

❶ Slide Recording : 슬라이드를 넘기면서 동영상을 녹화할 수 있는 기능. 녹화할 때는 다양한 펜 도구도 함께 사용할 수 있음

Insert

❷ Quizzes Videos Apps : 온라인콘텐츠로 파워포인트를 제공할 때 자료를 보는 사람들이 퀴즈, 질문, 설문 등을 할 수 있는 App을 추가할 수 있음

❸ Screen Recording : 컴퓨터 화면의 장면을 녹화할 때 이용할 수 있음

❹ Screen Shot : 사진처럼 화면을 캡쳐 기능

❺ Insert Video : 동영상 삽입 기능

❻ Insert Audio : 오디오 삽입 기능

Mix

❼ Preview : 미리 보기 기능

❽ Upload to Office Mix : 온라인의 Office Mix Gallery에 입로드하는 기능

❾ My Mixes : 개인이 제작한 mix 파일을 확인할 수 있고 더불어 다른 사용자들의 작품도 감상할 수 있게 연동시킴

Video

❿ Export to Video : Office Mix로 제작된 PPT 파일을 동영상 파일(mp4)로 만들어주는 기능임. 이 메뉴는 파워포인트 주메뉴인 [파일]-[내보내기]-[비디오 만들기]에서도 같은 기능을 수행할 수 있음

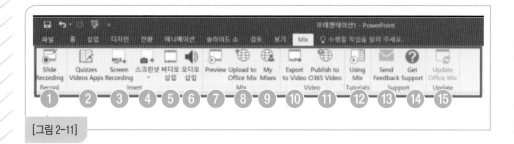

[그림 2-11]

⑪ Publish to Office 365 Video : Office 365의 새로운 기능 Video의 Channels
에 동영상을 업로드(upload)하는 기능. 여기에서 Office 365란 언제, 어디서나
온라인 버전의 office와 pc/mac용 데스크톱 버전의 office를 활용하여 문서를
자유롭게 편집, 저장, 공유할 수 있는 서비스를 뜻함

Tutorials

⑫ Using mix tutorials : Office Mix를 사용자가 편리하게 사용할 수 있도록 간단
한 활용 tip을 공유하고 있음

Support

⑬ Send Feedback: mix를 사용하다가 의견이 생길 때 Office Mix 팀에게 e-mail
을 보내달라는 outlook의 기능을 함

⑭ Get Support: Office Mix를 사용하다가 질문이 생기거나 새로운 아이디어 또
는 그에 대한 의견을 개진하고 싶을 때 Office Mix 사이트로 연동시켜주는 메뉴

Update

⑮ Update Office Mix: Office Mix에 대한 업데이트를 확인하고 적용하는 메뉴

MS-Office Mix 주요기능들에 대해 생생한 설명을 듣고 싶다면 MS에서 제공하는 Office Mix 튜토리얼 동영상 안내를 QR 코드로 확인해보기

What is Office Mix
오피스 믹스의 대표 메뉴인 Record, Insert, Mix, Video, Tutorials 등의 기능들을 간략하게 안내

Screen Recording
파워포인트 기능을 넘어 사용자 컴퓨터 화면에서 재생되고 있는 화면 및 동영상 등을 녹화하는 기능에 대한 설명

Publish and Share
Upload to Mix 메뉴를 상세하게 설명, 오피스 믹스를 통해 제작한 사용자들의 저작물을 웹 갤러리에 업로드하는 과정을 설명

그럼 이제부터는 본격적으로 **Office Mix**의 대표 기능인 ❶ Slide Recording을 하나씩 살펴보겠다.

참고로 나머지 메뉴들은 직 · 간접적으로 이미 활용해본 경험이 있거나 부가 서비스 차원의 기능들이기 때문에 이 책에서는 **Office Mix**의 대표 강력 매뉴얼인 슬라이드를 영상으로 제작하는 ❶ Slide Recording에 대해서 알아보겠다.

📖 Slide Recording

최근 들어 필자도 부쩍 PPT 슬라이드를 배경으로 자료를 녹화하는 일이 많아졌다. 보통 학생들에게 제공하는 강의 영상물을 제작하는 것이 대다수이고 간혹 SNS를 통해 연구물을 발표하기도 한다.

현대는 '1인 미디어 시대'라 불릴 만큼 각계각층의 인사들이 자신의 정보나 이야기를 활자체로만 남기지 않고 적극적으로 영상물을 열린 채널에 공유하고 있다. 디지털 시대는 개인주의가 만연한 듯 보이지만 실제는 모두 연결되어 있어 웹상에서 더욱 유대관계를 맺고 있는 것이 특징이다. 그로 인해 새로운 기회를 창출하고 협업하며 창의적 결과물을 도출하기도 한다. 이제 여러분도 다양한 경로를 통해 많은 사람과 지식을 공유하며 기회를 확대해보기 바란다. 그러려면 전달 매개체로써 PPT의 단순화된 고정 자료보다는 입체적인 동영상 자료가 필요할 것이다. 그럼 고가의 비용을 들여 콘텐츠를 제작해야 할까? 그렇지 않다. 이미 여러분들의 컴퓨터에 파워포인트 프로그램이 정품으로 세팅되어 있다면 업데이트를 통해 Mix 추가메뉴를 구성하고 Slide Recording으로 동영상을 제작하면 된다. 자, 그럼 파워포인트 슬라이드를 어떻게 영상물로 제작할 수 있는지에 대하여 예시를 통해 자세히 알아보도록 한다.

1 슬라이드 준비

새로운 PPT 파일을 작성하여 저장하거나 기존에 제작한 강의용 파워포인트를 불러온다. [파일] 탭 – [불러오기] 메뉴를 선택해 해당 파일을 열어준다.

[그림 2-12]

2 Slide Recording 메뉴 선택

Office 업데이트 결과 추가된 Mix 메뉴를 선택한다.

[그림 2-13]

[Mix]탭 – [Slide Recording]을 선택하면 화면이 전환된다. 전환된 화면은 슬라이드를 녹화할 수 있도록 다양한 메뉴로 구성되어 있다.

[그림 2-14]

③ 녹화 시작

첫 번째 슬라이드를 배경으로 두고 [Record] 버튼을 누른다. 이때 ② 번 준비 단계의 화면과 달리 실제 촬영에 필요한 메뉴로만 전환되므로 당황하지 않기 바란다. 얼굴이 화면에 없어진 듯하지만, 실제는 얼굴까지 녹화되고 있으므로 스피치에 신경을 쓰면서 프레젠테이션을 진행하면 된다. 더불어 마우스를 통해 필기도 자연스럽게 진행하기 바란다.

[그림 2-15]

4 미리 보기 후 녹화장면 편집

모든 슬라이드의 녹화가 마무리되면 정지버튼을 누른다. 그러면 웹캠으로 촬영되고 있던 얼굴이 슬라이드에 다시 나타나게 된다.

이제부터는 촬영된 영상을 마지막으로 편집할 시간이다. [Edit Slide Recording]을 누르고 편집 메뉴 [Trim Slide Recording] 버튼을 선택한다.

[그림 2-16]

편집 노하우

66 슬라이드를 바탕으로 영상을 녹화한다는 것은 생각보다 쉬운 작업이
아니지만 몇 번 연습하면 익숙해지므로 자주 녹화해보기 바란다.
여기서 한 가지 팁을 공유하자면 녹화버튼을 누르기 전에 꼭 한번
전체 슬라이드를 펼쳐놓고 이야기 흐름을 머릿속에서 정리해보는 것이다.
리허설은 영상제작 전 필수 작업임을 명심하기 바란다. 99

5 슬라이드 화면 정리

영상 녹화와 편집 작업을 모두 완료하고 오른쪽 위에 [Close] 버튼을 누르면 원래의 PPT 화면이 나타난다. 그런데 이때는 초기 슬라이드 화면과 달리 녹화된 얼굴 영상과 설명 중 필기한 흔적이 함께 노출된다. 이제부터는 슬라이드에 얼굴 영상의 크기와 위치를 보기 좋게 조정만 하면 된다. 이때 얼굴 영상을 더블클릭하면 [서식] 메뉴가 활성화되는데 다양한 비디오 스타일을 고를 수 있다.

[그림 2-17]

6 슬라이드 비디오 파일 만들기

마지막 과정으로 영상이 입혀진 슬라이드를 PPT 파일로 저장하고 추가로 PPT 파일을 하나의 동영상 파일MP4로 제작하면 모든 과정이 마무리된다. 기본적으로는 [파일] – [내보내기] – [비디오 만들기] – [비디오 만들기] 단계로 비디오를 생성할 수 있다.

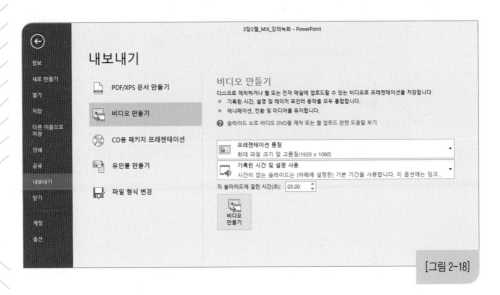

[그림 2-18]

그런데 더 빨리 비디오로 만드는 방법도 있다. 바로 [Mix] 메뉴의 하위 [Export to Video] 버튼을 활용하는 것이다. 어떤 방식으로 하든 상관이 없지만, 동영상 변환 작업 시에는 시간이 다소 많이 소요됨을 고려하기 바란다.

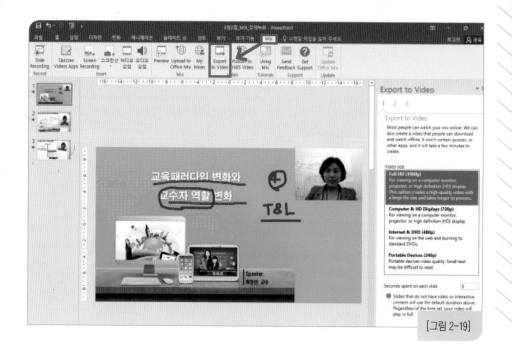

[그림 2-19]

이상으로 파워포인트에서 슬라이드를 바탕으로 동영상을 제작하는 방법에 대해 알아보았다. 전반적인 제작과정의 이해를 돕기 위해 필자가 직접 짧은 샘플 영상을 제공하니 참고하기 바란다.

Tip 동영상 제작 샘플 영상

② OER 활용

두 번째로 사전학습 강의자료를 활용하는 방법으로 OER을 소개
한다.

OER Open Educational Resources : 교육자원공개은 교수자, 학습자들이 교수학
습, 즉 교육활동 등에 활용할 수 있도록 공개적으로 제공되는 무료
교수 학습 자료이다 OCW, MOOCs, Khan Academy, youtube 등. 대표적인 OER 기
관으로는 MIT, UNESCO, GLOBE 등이 있으며, OER은 CCL Creative
Commons License에 의해 탑재 정보에 대해 무료 개방 조건에 따라 사용
된다. 국내 대표적인 사례는 한국방송통신대학에서 제공하는 자료
로 다음과 같다.

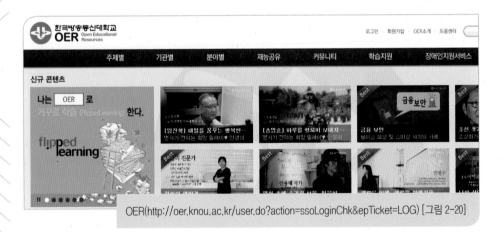

OER(http://oer.knou.ac.kr/user.do?action=ssoLoginChk&epTicket=LOG) [그림 2-20]

그 밖에도 대학 강의를 주로 수록한 사례로 K-OCW가 대표적이다.
K-OCW는 현재2018년 기준 23만 8천여 건의 강좌가 공개되어 있으며, 실
제 강의를 녹화한 것, 편집, 제작된 형태, 관련 방송 자료 등이 올라와 있
고 전공별, 과목별 강의 검색이 가능하다. 더불어 국내 관계기관과 해
외 자료까지 합하면 총 38만 4천여 건의 강의 자료를 서비스하고 있다.

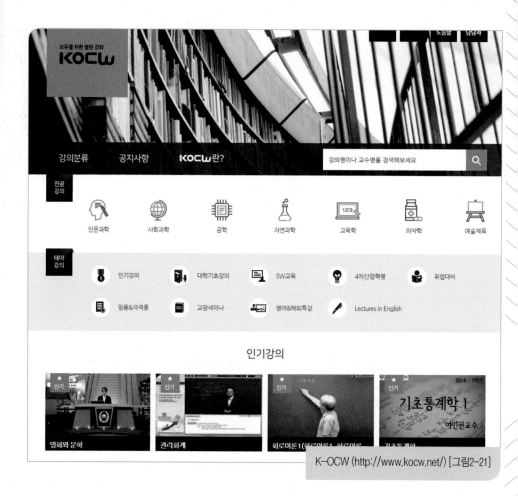

K-OCW (http://www.kocw.net/) [그림2-21]

다음으로 소개할 오픈강좌는 전 세계적으로 쟁점이 되고 있는 글로벌 지식의 보고체인 MOOC이다. MOOC는 '온라인 공개 수업Massive Open Online Course'의 약자로 보통 '무크'라고 읽는다. MOOC의 사전상 의미는 '대규모 사용자를 대상으로 제공하는 온라인 공개 수업'이다. MOOC는 세계적으로 미래교육 패러다임의 변화를 공감하여 학습자 중심의 자기 주도를 강조한 다양한 콘텐츠를 제공하는 거대한 무료 온라인 공개강좌라고 할 수 있다. 광범위하게는 테드ᴛᴇᴅ같은 1회성 강의도 MOOC에 포함되고, 다양한 채널에서 제공되는 유료 콘텐츠도 역시 MOOC로 이해할 수 있다. MOOC는 2012년부터 본격적인 관심을 받았으며, 최근엔 MOOC 플랫폼 수도 점점 늘어나면서 그 영향력이 커지고 있다. 대표적인 MOOC 제공 기관으로 코세라, 유다시티, 에드엑스, 퓨처런 등이 있다.

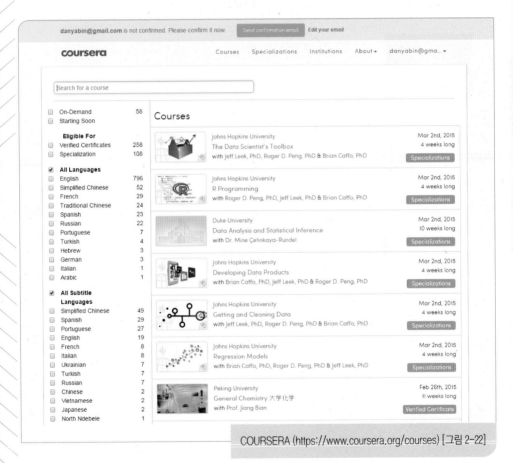

COURSERA (https://www.coursera.org/courses) [그림 2-22]

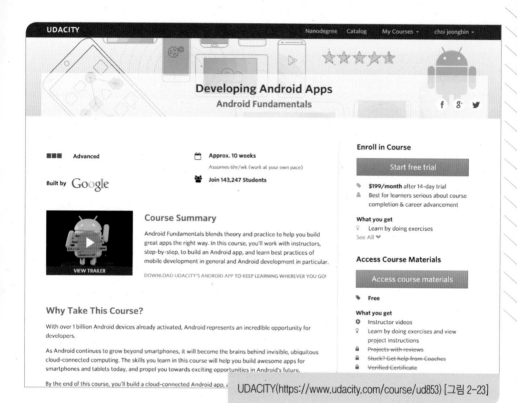

UDACITY(https://www.udacity.com/course/ud853) [그림 2-23]

한편, 한국에서도 MOOC의 성격을 빌려 한국형 K-MOOC을 만들었다. 주최측인 교육부에서는 2015년 2월 말, '한국형 MOOC 추진 방안'을 보고했는데 국내 대학 10곳을 선정한 뒤 20개 안팎의 고품질 강좌를 선별하여 하반기부터 일반인들에게 공개했고, 2018년까지 500개 이상의 강좌를 만들 계획이라고 밝혔다. 일부 대학에서는 K-MOOC의 강좌를 학점으로 인정하는 방안도 적극적으로 추진하고 있다.

K-MOOC (http://www.kmooc.kr/) [그림 2-24]

③ Outsourcing 상업용 콘텐츠 활용

　　교육용 교재와 콘텐츠를 제공하는 업체의 유료버전 교육자료원도 Flipped Learning 사전학습자료로 충분히 활용할 수 있다. 대표 사례로 pearson's MyLab, WileyPlus, McGraw Hill Connect 등이 있다. 특히 공과대학의 경우 이러한 상용 콘텐츠 도입은 활용도가 높다. 그러나 자료의 질적 수준은 보장되지만, 사용자의 비용 부담 측면에서 효율성을 따져봐야 한다. 그렇지만 교수자의 안내와 함께 수업에 잘 활용한다면 양질의 학습자원으로써 매우 유용할 것이다.

Wiley PLUS (https://www.wileyplus.com/WileyCDA/) [그림 2-25]

Pearson Mylab(http://www.pearsonmylabandmastering.com/global/) [그림 2-26]

2. 수업자료 개발

이번 장은 앞서 '교과목 설계' 단계에서 결정된 각 항목에 대하여 실제 강의에 사용될 수업자료들을 개발하는 내용에 관한 것이다.

먼저 수업자료나 교안 등의 초안을 만들고, 소수의 학습자를 대상으로 파일럿 테스트Pilot test를 실시한다. 파일럿 테스트를 통해 수집한 의견을 토대로 수업자료나 교안 등을 수정·보완하여 실제 수업 현장에서 활용할 최종 산출물을 만들어낸다. 파일럿 테스트에서 수집한 정보는 실제 수업에서 학생들이 수용할 만한 내용과 적정량을 담았는지에 대한 사항들이 추가된다.

더불어 파일럿 테스트 결과는 수업자료나 프로그램 자체를 수정하는 것뿐만 아니라 수업목표가 제대로 설정되었는지, 과제 분석은 타당하게 이루어졌는지, 학습자 특성은 적절히 파악되었는지 등 설계 과정 전반에 대해 검토하고 수정할 기회를 제공한다.

따라서 개발할 수업자료의 효과성과 효율성을 높이기 위해서 반드시 파일럿 테스트를 시행할 필요가 있다.

Flipped Learning은 다른 수업모형과 달리 교수자의 충실한 사전 준비가 요구된다. 예를 들어, 가장 먼저 Pre-class를 위한 수업 동영상 제공과 다양한 사전학습용 자료들을 준비하면서 동시에 In-class에서는 다양한 협력학습을 운영해야 하므로 다양한 학습 활동지를 개발해야 한다.

대표적인 수업자료들은 다음과 같으며 일부 개발된 양식은 제4장 교과운영사례에서 제시된 양식을 참고하기 바란다.

3. 평가자료 개발

평가 단계는 교육을 수행하는 동안 학습자들이 교수자가 의도한 학습 목표에 도달했는지를 확인하는 과정이다. 이를 위해 지식과 기능을 측정하는 평가방법으로 진단평가, 형성평가, 수행평가가 주로 행해진다. 또한, 학기별 마지막에는 종합적 학업성취를 측정하기 위해 총괄평가를 시행한다.

☑ 지식과 기능을 측정하기 위한 목적(진단평가, 형성평가, 수행평가, 총괄평가)

☑ 태도 변화를 측정하기 위한 목적(학습 성찰, 사전-사후인식평가)

더불어 학생들의 태도 변화를 확인하는 방법으로 학습 성찰을 추천한다. Flipped Learning은 학습자 중심의 협동학습이 많이 진행되므로 학습자의 수행도가 매우 높다. 따라서 수업과정 중에 자신을 객관화하고 자기를 이해할 수 있는 학습성찰의 계기를 마련해주는 것이 필요하다. 그런데 실제 학생들이 학습성찰을 어려워하는 경향이 있다. 그럴 때는 간단한 양식을 제공하여 쉽게 자신의 생각을 정리하게 만드는 연습을 시키면 된다.

수업 성찰노트 예시-3H

성 찰 노 트

배운 점 **Head**	느낀 점 **Heart**	실천한 점 **Hand**
오늘 무엇을 배우셨나요?	오늘 무엇을 느끼셨나요?	오늘 배우고 느끼신 것을 바탕으로 어떤 실행다짐을 하셨나요?

- 최고의 경쟁상대는 바로 어제의 나이다 -

[그림 2-27]

(4) 교과목 실행 Implementation

　이번 장은 실제 Flipped Learning을 운영하는 데 필요한 절차를 상세하게 다룬다. 보통 강의식 수업에서는 교수자가 주도하여 도입, 전개, 마무리 순서로 수업이 진행되는데 Flipped Learning은 그 특성상 몇 가지 중요하게 점검할 고려사항들이 있다. 그런데 현재 Flipped Learning만을 위한 수업절차 모형이 다양하게 제시되지 않고 있다. 상황이 이렇다 보니 모두가 인지하고 있는 혁신적인 교육방법임에도 불구하고 차별화된 교수전략들이 수반되지 않아 실제 교육활동에서 예기치 못한 시행착오로 교수, 학습자 모두 피로도가 높아지고 있다.

이에, 본 책자에서는 학습자 중심 교육을 실현하고자 구성주의 관점에 근거하여 Flipped Learning을 위해 개발된 PARTNER 모형을 소개하고 수업절차에 적용한다.

🍎 PARTNER 교수학습 모형

Flipped Learning을 위한 차별화된 수업절차 모형은 크게 7단계로 구성되며 각 단계의 영문 첫 글자를 조합하여 'PARTNER' 모형이라고 이름을 붙였다. 이는 학습자 중심의 교수설계임을 고려하여 교수자는 학습자와 수직관계가 아닌 학습자의 변화와 성장을 돕는 수평적 관계의 '파트너'라는 의미로 재해석할 수 있다.

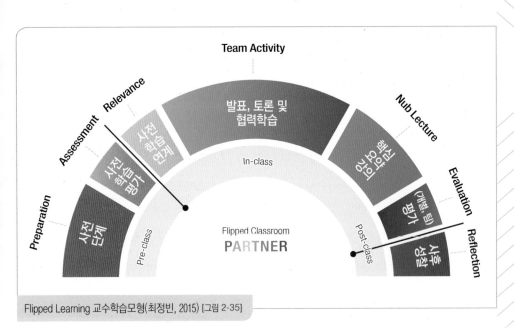

Flipped Learning 교수학습모형(최정빈, 2015) [그림 2-35]

▶ **PARTNER 모형**
  Flipped Learning 교수설계 및 전략

PARTNER 모형에 대하여 단계별 세부사항을 설명하면, 첫째, Pre-class의 사전단계Preparation는 선수학습, 즉 예습을 위한 수업자료원을 제공하는 과정이다.

수업자료원은 대표적으로 강의 동영상을 주로 제공하고, 부수적으로 자기주도학습에 도움이 될 만한 자료강의 PPT, 수업자료 PDF, 수업요약노트, 아티클 등들을 제공한다.

수업자료원은 LMS 또는 교수자 개인이 운영하는 홈페이지, 블로그, 카페 등에 올리고 학습자들이 미리 학습할 수 있도록 충분한 시간을 할당하여 자료를 공유한다. 이때, 학기 전체분량의 수업영상을 공개하기보다는 전략적으로 해당 차시에서 2~3주차 자료까지만 미리 제공하는 것이 학습자들의 마음의 부담을 덜어준다.

두 번째는 평가Assessment단계이다. 이 단계에서는 Pre-class 내용과 관련하여 학습자가 스스로 개념을 습득하고 이해했는가를 확인하는 단계이다. 보통 온라인 퀴즈나 과제를 부여하고 LMS 상의 토론방이나 게시판을 활용한다. 그런데 부득이하게 Pre-class 평가가 이루어지지 않았을 때에는 In-class, 즉 면대면 강의실에서도 가능하다. 예를 들면, 수업 도입부에 간단히 Pre-class 내용을 재생하는 시간을 할애하여 '쪽지시험, 핵심단어 요약하기, 구문테스트, 동료 학습자에게 설명하기'

등의 평가를 거칠 수 있다. Pre-class 평가는 말 그대로 사전에 완료해야 한다. 하지만 상황이 여의치 않으면 In-class에서 수행할 수도 있다. 그러나 이러한 과정이 반복되면 Pre-class를 완료하지 않고 In-class에 임할 확률이 높아지므로 수업과정 초기 단계에서만 활용하기를 권한다.

세 번째로는 In-class로 진입하는 첫 단계로 Pre-class와의 연계 Relevance활동이 전개된다. 이 과정은 Flipped Learning Pre-class에서 제시되었던 교육내용을 협력학습으로 연계하기 위한 안내와 지침을 공지하는 단계이다. 보통 학생들에게 교육목표를 인지시키고 사전학습 내용을 토대로 협력학습에서 다룰 문제해결의 단서를 Pre-class의 내용과 연계하여 맥락을 이어준다. 이때, 결코 교수자가 Pre-class에서 제공했던 수업의 내용을 요약정리하거나 강의하는 것으로 수업을 시작해서는 안 된다. Pre-class 연계의 과정 안에서 또 다른 형태의 교수자 강의가 진행되면 학습자들의 동기는 저하되고 다음번에도 교수자의 요약강의가 제공될 것을 미리 추정하여 Pre-class를 충실히 이행하지 않을 우려가 있다.

네 번째 단계는 협력학습Team activity단계로 Flipped Learning의 핵심이다. Flipped Learning을 수행하는 가장 큰 목적은 In-class에서의 시수 확보인데 그 이유는 발표와 토론에 기반을 둔 협력학습이 더욱 원활하게 잘 이루어지도록 하기 위함이다. 이 단계에서 교수자는 티칭 Teaching보다 질문, 코칭Coaching으로 학습자 간의 협업을 도모하고 학습활동을 촉진하는 임무를 수행해야 한다. 이러한 교수자의 활동은 기존의 전통적인 강의실 수업과는 대조적인 역할변화이다. 또한, 교수자는 학업성취도가 낮은 학습자에게 수준별 개별화 맞춤교육을 제공해야 하고 학습 동기를 잃지 않도록 격려와 지지를 아끼지 말아야 한다. 그리고 무엇보다 중요하게 교수자가 신경 써야 할 부분은 교육과정 특성과 교육목표를 고려하여 적합한 협력학습 모델을 선택, 적용해야 한다는 것이다. 협력학습의 세부적인 방법에 관련해서는 제3장에서 In-class 운영 전략에서 상세하게 다루겠다.

다섯 번째로 핵심요약강의Nub lecture를 제공해야 한다. 협력학습으로 문제를 해결하는 과정에서 교수자는 답을 주는 것이 아니라 코칭하는 것이 맞지만, 수업이 종료되는 시점에서는 In-class에서 다루고자 했던 내용이 교육목표에 도달했는지, 핵심수업내용은 무엇인지를 명확하게 정리할 필요가 있다. 혹자는 Flipped Learning에서 강의하지 말라고 강조하지만 학습자들이 스스로 지식을 재정교화하지 못한다면 전문가의 최종 피드백과 핵심 강의가 필요하다. 실제 Flipped learning의 단점으로 자기주도학습과 협력학습으로 인해 지식의 깊이를 충분히 경험할 수 없어 심층적 이해가 부족해질 수 있다는 지적이 제기되기도 한다.

여섯 번째, 평가 단계에서는 차시별, 또는 개인, 팀별 평가를 시행한다. 이때 매 차시 평가가 이루어질 수 없는 수업의 형태까지 고려하여 진단, 수행, 형성, 총괄평가 등으로 각 단계에 맞는 효과적인 평가체계를 마련하고 평가도구 역시 다양하게 구비돼야 한다. 기존의 평가 방식은 보통, 중간고사 30%, 기말고사 40%, 출석 10%, 과제 10%, 태도 10% 등 일괄적으로 구성하고 있다. 그러나 Flipped learning은 점검해야 할 과제나 수행과정이 다양하게 제시되기 때문에 일반 강의식 수업의 평가설계는 적합하지 않을 수 있다. 특히 중간고사 평가 같은 경우, 학습자의 수업참여를 독려하려는 방안으로 다양한 형성평가를 수행하는 과정에서 중간고사까지 진행하면 학생들이 평가에 지칠 확률이 높다_{참고로 필자는 중간고사를 과감하게 없애고 형성평가로 대체한다}. 결과적으로 교수자는 교육목표를 염두에 두고 현명하게 판단하여 학업성취도를 확인할 수 있는 평가체계를 설계해야 한다.

마지막 일곱 번째, Post-class의 단계로 사후성찰_{Reflection}은 차시별 강의가 끝나고 팀별 과제 수행과 개별 학습 과정을 성찰하는 단계로, 내적으로 경험한 마음의 상태를 표현하게 하는 과정이다. 해당 교육을 통해 '배운 점, 느낀 점, 실천한 점' 등을 거론하게 하면 충분하다. 학습 성찰한 내용은 In-class의 마지막 시간에 공유해도 좋지만, 시간이 부족한 경우가 많아 사후에 LMS나 학습공동체 커뮤니티 사이트에 올리는 방법도 있다. 더불어 사후성찰을 통한 태도의 변화를 평가의 한 요소로 적용하는 것도 학습동기부여의 한 가지 방법이 될 수 있다.

이상 Flipped Learning의 PARTNER 수업절차 모형의 전 과정을 요약하면 다음 그림과 같다.

단계	수행 및 전략
Preparation 사전단계	● 사전학습 강의 제공(교수자 강의 동영상, 유투브, OCW, MOOC 등) ● 수업자료 제공(PDF, PPT, 수업노트, 아티클 등)
Assessment 사전학습평가	● 사전학습평가(퀴즈풀이, 요약정리, 문항개발하기 등) ● In-class의 협력학습을 위한 학습자의 인지수준 확인이 목적
Relevance 사전학습연계	● 사전학습 리뷰(짝 점검 및 구문·서면 테스트, 질의응답 등) ● 협력학습을 통해 심화된 교육내용을 사전학습내용과 연계시킴 ● 학습목표 명시, 교육달성으로 인한 보상 안내
Team Activity 팀 활동	● flipped learning 핵심 과정 ● 교육목표에 적합한 다양한 협동학습 모형 채택 ● 기본적으로 동료 교수법 및 토론과 토의가 기반된 협력학습 수행
Nub Lecture 핵심요약강의	● In-class 활동 중 거론된 공동 질문에 대한 답과 종합적 피드백 제공 ● 협력학습 활동 후, 핵심요약 강의 제공
Evaluation 평가	● 차시 별, 개별 평가 및 팀 평가 실시 ● 수업형태에 따라 평가의 형태 다양화
Reflection 사후성찰	● 개인의 학습성과에 대한 자기성찰 ● 사후 활동(과제의 성격이 아닌 다음 차시 목표를 위한 마무리 활동)

[도표 2-17]

⟨ Flipped Learning 설계 시, 핵심사항 정리 ⟩

- Flipped Learning은 예습차원에서의 사전학습 Pre-class 과 교실 수업에서의 협력학습 In-class 그리고, 필요시에는 수업종료 이후의 사후학습 Post-class 으로 구분됨. 이러한 단계별 수업요소들이 상호연관성을 맺고 하나의 교육목표를 달성할 수 있도록 연계시켜야 함

- Flipped Learning 수업구조는 기존 교수모형과는 달리 설계해야하는 데, 특히 Pre-class ⇨ In-class ⇨ Post-class의 단계로 학습 시차를 구분하여 각 단계 마다의 학습할 수 있는 세부적 활동 및 수업전략이 필요함

- 수업진행 과정의 단계별 세부 구성 요소를 바탕으로 강의를 구성하면 다양한 수업사태의 시행착오를 줄일 수 있고, Flipped Learning이 지향하는 완전학습의 결과를 도출할 수 있음

- Flipped Learning에서 특히 신경써야 할 과정은 Relevance 단계임. 이는 사전에 제시된 강의내용이 강의실 안 In-class로 이어질 때, 공동의 교육목표를 공유하여 Pre-class에서 학습한 사전지식이 In-class로 어떻게 활용되어야 하는지를 설명하고 이해시켜야 함. 결국, 물리적인 시차가 발생한 두 class 사이의 수업 맥락을 연계해주는 과정이 필요함

- Pre-class를 통해 강의실 수업, 즉 In-class에 필요한 시간을 확보한다는 것은 문제해결을 넘어 심화학습을 가능하게 하며 능동적 학습활동에 따른 학업 동기를 올리는데 영향을 미침

- In-class가 마무리되면서 교수자가 제공하는 핵심강의와 적정한 평가는 교육목표를 달성하는 매우 중요한 나침반 역할을 함

- 마지막으로 In-class 학습활동이 종료되면 학습자는 개별적으로 Post-class에서 수업을 성찰하고 배우고 느끼고 실천할 점을 다짐하는 것으로 지식, 기술, 태도 역량을 모두 함양할 수 있게 됨

다음은 Flipped Learning 교과목을 운영하며 야기되는 다양한 수업상황에 대하여 자주 거론되는 질문에 대해 예시를 들어 쉽게 이해할 수 있도록 본문을 구성해 보았다.

1. Pre-class 운영

Q. Pre-class는 '무엇을, 얼마만큼, 언제까지, 어디에서' 운영·관리해야 하나요?

A. Flipped Learning은 학습자들이 강의실에 들어가기 전부터 시작된다. 기존의 강의식 수업일 때는 학습자들이 수업에 임하기 전, 별다른 준비 없이 수업에 참여했다. 그러나 교육에 있어 선수학습의 효과는 매우 크기 때문에 Flipped Learning에서는 Pre-class를 통해 미리 예습하고 강의에 임할 것을 필수요건으로 제시한다.

사전학습 자료원의 열람 주기는 약 2~4주가 바람직하다. 전체 학기에 해당하는 자료를 모두 올려놓고 공개하면 학습자들이 부담감을 느낀다. 또한, 교육과정이 진행될 때 학습자들이 선호하는 수업 자료가 확인되면 교수자는 학기 도중 맞춤형 사전수업자료를 재구성하기도 한다. 이러한 점들을 고려하여 학생들이 소화할 수 있는 수업범위와 양 안에서 Pre-class을 운영하는 것이 바람직하다.

한편, 사전에 제공한 동영상 강의를 제외한 다양한

[그림 2-28]

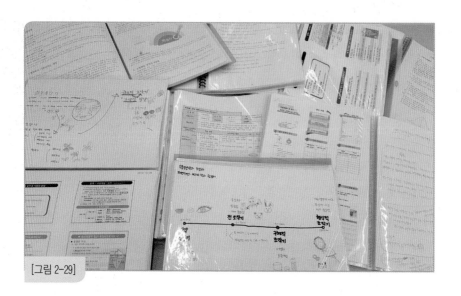

[그림 2-29]

출력물들은 학생들이 따로 프린트하여 한 학기 동안 '학습 포트폴리오File'로 활용하게 하고, 학기 말에 수업자료 관리를 잘했는지를 평가요소에 포함하는 것도 좋은 방법이다. 최근 들어 학생들은 교과서를 잘 구매하지 않는다. 도서구매비에 대한 부담도 있지만, 그보다는 교수자가 한 학기 동안 교과서의 전체 내용을 다루지 않는다는 이유를 들고 있다. 비싼 책을 구입하고 전부 다루지 않는 것에 불만을 토로하기도 한다. 교수자 입장에서는 진도의 양이 너무 많은 이유로 핵심사항만 강의한다고 반박하지만, 학생들 입장에서는 자신들이 개별학습을 하지 않는 것은 생각하지 않고 교수에게 책임을 돌린다. 이유야 어찌 되었든 학습은 완수해야 하므로 궁여지책으로라도 학생들에게 프린트물PPT, PDF, Article, 교수강의 노트 등을 제공하여 그 자료를 출력해서 교과서의 용도로 활용하게 하는 것도 교수자의 현명한 전략이다. 더불어 학생들이 제출하는 다양한 과제물도 함께 첨부하여 애정을 갖고 자신만의 '학습 포트폴리오'로 꾸

밀 수 있도록 수시로 중간점검하고 동료 학습자들에게 공개할 수 있도록 수업 시간의 일부분을 할애하는 것도 좋은 방법이다.

Q. Pre-class에서 교수자가 꼭 확인해야 하는 것은 무엇인가요?

A. Flipped Learning 학습성과는 학습자의 자기주도학습력이 매우 중요한 변수로 작용한다. Pre-class를 완수하지 않고서는 강의실 수업에서 협력학습을 따라가지 못하기 때문이다. 결국, Flipped Learning은 Pre-class를 통해 기초지식을 함양하고 면대면 In-class에 진입해서는 동료 학습자들과의 활발한 협력학습을 통해 학습효과를 최대화하자는 것이다. 그래서 Flipped Learning의 성공적인 수업 운영을 위한 가장 중요한 절차가 바로 Pre-class를 완수하였는지에 대한 확인이다. 다음에 제시되는 몇 가지 방법들을 통해 사전학습 이행여부를 효과적으로 점검하길 바란다.

1 Pre-class 점검 - 평가하기

Pre-class 완수 여부를 확인하기 위해 평가Assessment단계를 거치는데, 이는 고등사고능력을 평가하는 것이 아닌 Pre-class 내용과 관련하여 학습자의 개념 이해 정도를 점검하는 과정으로 생각하면 된다.

보통 온라인 퀴즈나 과제를 부여하거나 LMS에서 제공하는 문제은행을 활용하기도 한다. 개인과 기관마다 차이가 있겠지만, 최근 대학에서는 교수학습활동을 관리하는 유연한 LMS를 운영하기 때문에 사전에 문항을 입력해두고 학생들이 문제를 풀 수 있도록 한다. 그러면 LMS에서 테스트 결과를 자동으로 채점하고 그 결과를 엑셀파일로 제공하기 때문에 간단히 Pre-class 평가결과를 관리할 수 있다.

Pre-class의 인지 수준 확인_{평가: Assessment} **Tip**

일반적으로 문항의 유형은 크게 선택형[4]과 서답형[5]으로 구분한다. 학습자들의 인지 수준을 확인하기 위해서는 다양한 평가문항을 제시하는 것이 좋다.

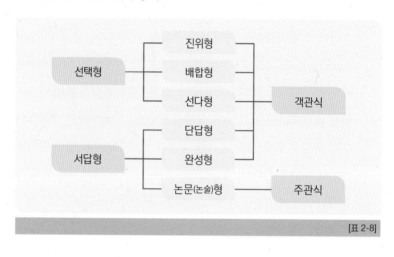

[표 2-8]

---

4 기억 속에 저장되어 있는 정보와 선택지에 제시되어 있는 정보를 비교하여 선택하는 재인 (recognition) 과정을 요구

5 기억 속에 저장되어 있는 정보를 인출하는 재생(recall) 과정을 요구

Pre-class 수업의 난이도가 기초 지식, 즉 이해 수준임을 고려해서 너무 복잡하고 어려운 문제보다는 예습을 통해 기억하는 것이나 분류하거나 개념을 파악할 수 있을 정도의 문항이면 충분하다. 그러나 교과목 성격에 따라 지식의 난이도가 다르므로 다음에 제시되는 다양한 문제유형을 참고하기 바란다.

문제유형	개념	예시
진위형 true-false form	제시된 진술문의 진위, 즉 옳고 그름을 판단하는 형태	O, X / yes, no 참, 거짓 / 찬성, 반대
배합형 matching form	일련의 전제와 일련의 답지를 배열하여 전제에 대한 질문의 정답을 답지에서 찾아 연결하는 형태	〈척도명〉　〈척도 예시〉 ① 명목척도　ⓐ 출생사망률, 연령 등 ② 서열척도　ⓑ 석차, 자격등급 등 ③ 등간척도　ⓒ 성별, 종교, 지역 등 ④ 비율척도　ⓓ IQ, 온도 등
선다형 multiple choice form	질문에 관한 보기를 두 개 이상 제공하여 응답자가 정답을 선택하게 하는 형태	다음 중 맞는(틀린) 것을 고르시오. ①, ②, ③, ④
단답형 short answer form	간단한 단어, 구, 문장, 숫자, 기호 등을 제한된 형태로 써넣는 문항 형식	…은 무엇을 말하는지 답하시오/ …이와 관련된 기저이론은 무엇인지 적으시오.
완성형 completion form	질문을 위한 문장 일부분을 제시하고 정답을 써넣게 하는 유형	문항의 유형은 크게 ( ), ( )으로 구분한다.
논술형 essay form	단답형이나 완성형을 뛰어넘는 방식으로 질문에 대한 답을 두 문장 이상으로 구술하도록 하는 유형	…에 대하여 요약하시오/ …결과에 대해 타당한 이유와 근거를 대시오/ ~풀이 과정을 쓰시오.

② Pre-class 점검 - 간편 요약하기

　모든 학습자가 Pre-class 내용을 이해했는지에 대한 점검은 생각보다 쉽지 않다. 교수자의 노력에도 불구하고 일부 학습자들은 수업 동영상을 완전히 보지도 않거니와 덧붙여 평가까지 진행한다고 하면 강한 불만을 표시한다. 이때 필요한 조치사항은 강압적으로 교수자의 지시를 따르게 할 것이 아니라 조금이라도 학습동기를 부여하는 것이 좋다.

　처음부터 끝까지 수업전체를 청강하지 못했을 때는 부분적으로라도 보고 온 내용을 정리하게 하면 된다. 이렇게 하면 한결 중도 포기자가 줄어든다. 이름하여 자신들이 청강했던 학습내용을 한 쪽 1page로 요약하는 [내 맘대로 노트]를 추천한다. 이 방법은 말 그대로 Pre-class 내용을 학습자가 한 페이지로 정리하는 방법이다. 그런데 이때, 학습자들의 흥미를 유도하기 위해서 각자의 스타일에 맞게 자유로운 형태로 학습 내용을 요약하게 하는 것이 핵심 아이디어이다. 보통 내용정리는 글이나 표로 요약정리하거나 마인드맵을 활용하는 것이 일반적이다. 이러한 방법은 Flipped Learning을 처음 경험하는 교수자나 학습자에게 최대한 부담을 줄이고 학습의 효과는 어느 정도 거둘 수 있는 장점이 있다.

[내 맘대로 노트]-예시

작성 정보	수업 차시	작성일	전공	학번	성명

Pre-class 내용 요약

이번 차시 학습 내용을 한마디로 정의한다면

[표 2-9]

3 Pre-class 점검 - 학습상담일지 쓰기

　학습상담 일지는 학생들이 매주 공부한 내용을 정리하는 데 도움이 주기 위한 교수자의 적극적 노력으로써 사전에 양식을 배부하여 작성하도록 한다.

학습상담일지는 학생이 학습한 내용을 단원마다 요약해오면 교수자가 추가적으로 서면 피드백을 주는 형태이다. 이 방법은 학생 개인별 학습상황을 점검하고 관리함과 동시에 친밀감을 형성하는 데 도움이 된다.

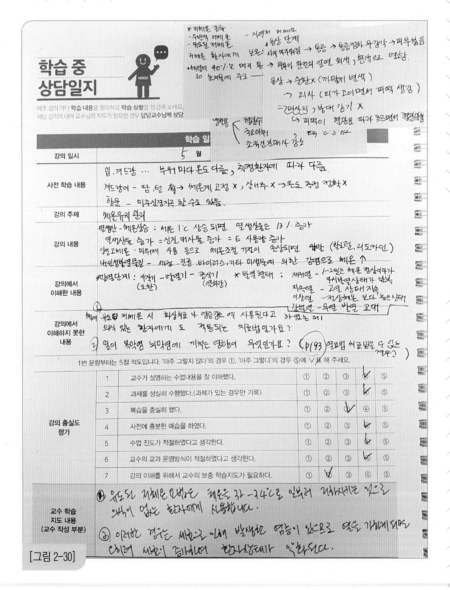

[그림 2-30]

4 Pre-class 점검 - SAM 노트 쓰기

앞서 제시된 세 가지 Tip은 학생들의 예습을 확인하는 방법으로 난이도가 그리 높은 편은 아니다. 그래도 평소 예습을 하지 않는 학생들이 대부분이므로 어느 정도 학습근력이 생길 때까지는 반복적으로 Pre-class를 점검해야 한다. 그다음 자기주도학습이 습관화 되었을 때 한층 심화된 방법으로 전개하길 권한다. 학기 중반에 접어들수록 In-class에서 실제적인 문제를 해결하기 위한 프로젝트가 진행되는데 원활한 수업운영을 위해서는 일정 수준 이상의 사전지식이 필요하다. 이를 위해 효과적으로 Pre-class를 완전하게 마스터하는 방법으로 SAM 노트를 소개한다.

SAM 노트는 학생들이 Pre-class에서 수행할 3가지 단계를 제시한다. ① 사전지식을 요약하고Summarizing, ② 교수자가 제시한 문제[6]를 풀고Assessment, ③ 자신이 직접 문제를 개발Making question해보는 과정을 통해 총괄적으로 Pre-class를 정리하게 한다. 이러한 과정에 재미요소를 더하기 위해 이름을 'SAM'이라고 명명하였는데 이는 학생들이 스스로에게 '쌤선생님'이 되어보라는 발상에 착안한 것이다. 그럼 SAM을 구체적으로 어떻게 활용할 수 있을까?

사전학습 완성도를 확인하기 위해 마련되는 SAM은 In-class에서 Pre-class를 복습하는 좋은 자료가 되기도 한다. 각자 작성한 SAM 결과물을 수업시간에 가져와서 동료 학습자에게 SAM의 전 과정을 설명하고 문제도 풀어볼 것을 요구한다. 이때 가능하면 1:1로 그룹

---

6 강의 동영상 촬영 본에서 구두로 문제를 제시해도 되고, 혹은 LMS 게시판에 문제를 별도로 공개하는 방법도 있음

을 편성하여 한 사람도 빠지지 않고 직접 수업에 참여할 수 있도록 한다. 특히 각자 준비해온 Making Question을 공유하면서 베스트 문항을 재개발하는 것도 좋은 학습 과정이 된다. 마지막으로 모든 학생이 자신의 파트너와 함께 SAM을 경험하고 난 이후에는 상대에 대한 면밀한 평가를 실시하도록 한다.

이러한 평가는 매 주차 진행할 필요는 없지만, 형성평가의 방안으로 한 달에 한 번 정도 수행하는 것이 바람직하다.

SAM을 처음 경험하는 일부 학습자들은 부담을 느끼기도 하나 전반적으로 긍정적인 반응을 보인다. 무엇보다 기억에 오래 남아서 좋았다는 평가가 주를 이루었고 수업시간에 자신이 주체가 되어 수업에 자연스럽게 몰입된 점, 그리고 파트너와 다른 생각의 차이를 경험하면서 다양성을 인식하게 되었다는 의견이다. 결과적으로 SAM 동료교수법을 통해 학습 효과를 배가할 수 있고 학습 성찰의 기회가 많아져서 효과적인 방법임이 증명되었다.

[SAM 노트 - 일반계열 교과용] - 예시

작성 정보	수업 차시	작성일	전공	학번	성명

Summarizing	☞ Pre-class(사전학습)를 통해 확인된 용어 및 개념을 적으시오.
	1
	2
	3
	4
	5

Assessment	☞ Pre-class 평가에 대한 정답을 적으시오.
	1
	2
	3

Making question	☞ In-class(본 차시학습)에서 다룰 핵심 사항에 대하여 문제의 난이도를 구분하여 평가문항 개발하시오.
	1 [下]
	2 [中]
	3 [上]

[표 2-10]

SAM 예시

요약하기 Summarizing

【Flipped Learning Pre-Class Check】

date: 3/27

학습자 정보	파트너 1	전공/이름 경영학과 / ○○○	파트너 2	전공/이름 행정학과 / ○○○

☞ 선수학습을 통해 확인된 용어 및 개념을 적으시오

Summarizing	1	HRD 훈련개발 : 개인에 초점 조직 개발 : 조직에 초점 경력 개발 : 경력에 대한 개인과 조직의 요구를 적절히 수용, 조율
	2	HRM 조직·직무설계 : 조직의 구성에 관한 것 인적자원제략 : 인력자원의 충원, 훈련, 승진, 부서이동에 관한 것 성과관리 : 개인의 직무와 조직의 목표 달성의 연관성을 밝히고 과정과 결과를 점검하는 것
	3	조직원 자원 : 개별 구성원의 문제를 해결해 주고, 고충을 처리해주는 일에 관한 것
	4	역량 개념 : 환경과 효과적으로 상호작용하는 능력으로 정의 Competence vs. Ability (cf)
	5	역량모형 개념 : 상위층에 학습전략가, 비즈니스 파트너, 프로젝트 관리자 그리고 직무구현가의 네가지 WLP 역할제시 중간층에 학습설계, 성과향상촨견제공, 측정및 평가, 조직변화촉진, 학습기능관리, 교립/지식관리, 경력 계획 및 인개관리 등9가지 WLP 전문 영역제시 기단층에 세부역량을 대인관계 역량군, 비즈니스/관리 역량군, 개인적 역량 동세가지로 묶어서 제시

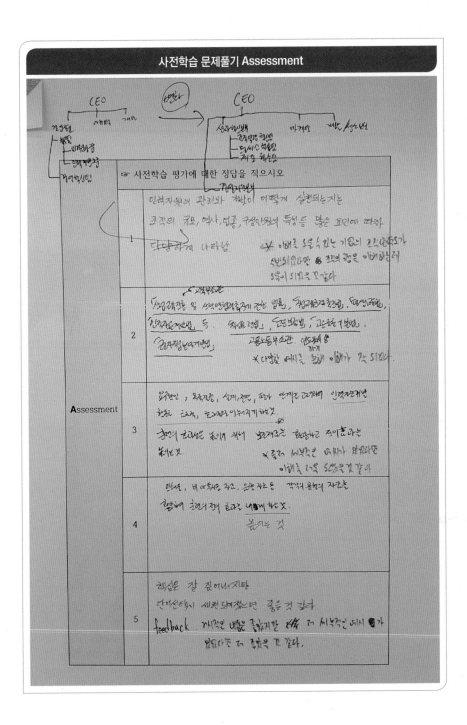

Making question	1 [下]	☞ 본 차시 학습에서 다룰 핵심 사항에 대하여 문제의 난이도를 구분하여 평가문항 개발하시오 다음중 ARD에 포함되는 영역이 아닌것은? ① 자원개발 ② 훈련개발 ③ 조직개발 ④ 경력개발 ①
	2 [中]	ASTD 1989년 역량모형중 기술적 역량군에 대한 하는것을 모두 고르시오 컴퓨터 활용능력, 사영이해, 코칭기술, 작성기술, 전기전과 장히 관련기술, 연구기술, 관찰기술, 자료축약기술, 북적이해, 정보검색기술 정 답 ___ , ___ , ___ , ___
	3 [上]	인력자원 수레 바퀴의 빈칸을 채워 넣으시오. 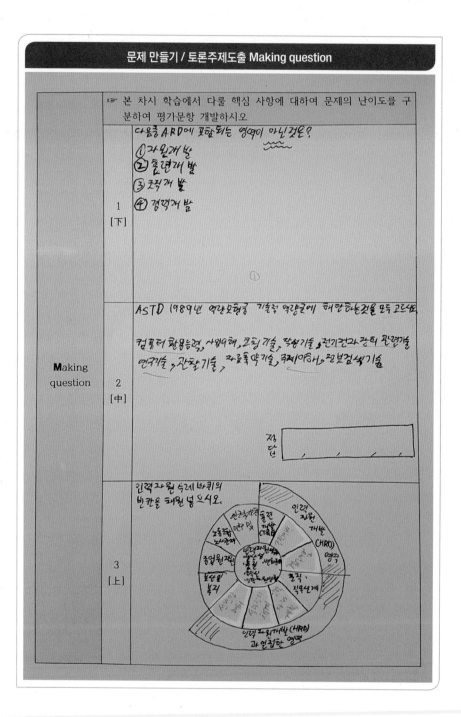

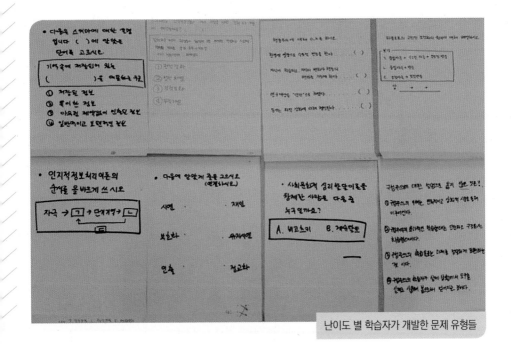

난이도 별 학습자가 개발한 문제 유형들

[SAM 노트 - 공학계열 교과용] - 예시

작성 정보	수업 차시	작성일	전공	학번	성명

Summarizing	☞ Pre-class(사전학습)를 통해 확인된 용어 및 개념을 적으시오.
	1
	2
	3
	4
	5

Assessment	☞ Pre-class 평가에 대한 정답을 적으시오.
	1
	2
	3

Making experimental plan	☞ In-class(본 차시학습)에서 수행할 실험(습)을 구상하시오.
	실험(습) 과정계획
	실험(습) 예상결과
	기타사항

[표 2-11]

2. In-class 운영

■ Pre-class 연계

　　Pre-class 연계|Relevance|활동이란 **Pre-class**에서 제시되었던 사전학습 내용을 **In-class**로 연계하기 위하여 교육목표 안내와 수업지침을 공지하는 단계이다. 정상적으로 운영된 Flipped Learning이라면, 학생들은 모두 사전학습을 완료했을 것인데, 면대면 **In-class**에 참여하기 전까지 물리적인 시간이 발생한다. 그 과정에서 학습 내용을 기억하지 못하는 경우가 생기기 때문에 교수자는 **In-class**의 도입 부분에 **Pre-class**를 연계시키는 학습활동을 전개해야 한다.

　　이 단계에서는 보통 교육목표를 가장 먼저 명시하고 **In-class**, 즉 협력학습에서 다룰 문제해결의 단서를 **Pre-class**의 내용과 관련지어 수업의 맥락을 이어준다. 더불어 **Pre-class**에 대한 내용을 환기할 수 있도록 일정 시간|10~20분 내, 2시간 기준|을 할애하여 학습 내용을 재생할 수 있도록 한다.

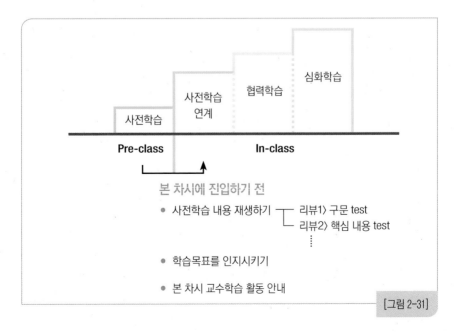

[그림 2-31]

◆ 교육목표 명시 강의 계획서 공유

학습자들이 Flipped Learning을 경험하다 보면 간혹 교수자에 대한 오해가 생기기도 한다. 교수자는 사전에 강의를 미리 올려놓고 In-class에서는 협력학습을 운영하면서 별다른 교육활동을 제공하지 않기 때문에 '쉽게 수업을 진행한다'는 식의 오해가 발생하는 것이다. 교수자 입장에서는 억울하기 짝이 없다. 더구나 기존의 강의로 일관된 수업과 달리 Flipped Learning은 다소 복잡한 수업구조를 띄기 때문에 학생들이 수업절차를 제대로 이해하지 못하기도 한다. 필자의 경우, 이러한 오해와 수업의 혼선을 방지하기 위해서 강의실 수업이 시작되는 첫 도입부에 학습 목표가 명시된 주차별 강의계획서를 프린트하여 나누어주고 함께 수업내용을 이해하는 시간을 갖는다. 이때 학생 모두에게 학습 목표를 읽도록 지시하고 수업의 흐름을 함께 이해하고 난 이후 In-class에 돌입한다. 그러면 학생들은 In-class 전개 흐름을 파악하게 되어 수업전반에 대한 이해가 높아진다.

수업의 전체 구조를 학생과 교수자가 함께 공유하는 과정은 매우 중요하다. 실제로 앞서 교수설계 시 작성해두었던 주차별 강의계획서를 그대로 프린트하여 나누어 보여주면 별도의 수고를 덜 수 있다. 또한, 주차별 강의계획서는 교수자의 노력이 그대로 묻어나는 자료이기 때문에 학생들도 교수자가 체계적으로 수업을 설계하는 것을 알게 되어 불필요한 오해가 줄어든다.

주차별 강의계획서 - 예시

교과목 명	교육심리학	교수 명	최정빈	AI(조교)	(과대)
단원(차시)	Chapter-10	단원주제	교육평가	강의날짜	2016. 11. 30.

학습목표	■ 교육평가에 대한 선발적 관점과 발달적 관점 가운데 학습자 자신의 교육관에 비추어 적절한 것을 선정하여 제시하고 그 근거를 설명할 수 있다. ■ 교육평가 관점에 따른 개인 의견을 토론할 수 있다. ■ 학습자가 속해있는 해당 전공 교과목의 일부 평가문항을 개발할 수 있다.

Flipped Learning 단계선택 ☑		학습 내용	교수/학습 활동	시간	비고
Pre-class (사전학습)	☑ P	■ Chapter10 PPT ■ 교육평가 수업 동영상(교수자 30분짜리)	■ 사전에 제시된 다양한 수업 자료원은 학습자가 100% 예습을 완수해야 함	30분	개별 선수 학습
In-class (강의실)	☑ A	■ Bloom's Taxonomy 조사해오기	■ 평가에 필요한 인지적 영역별 행위동사 표로 정리해오기 ■ 학습 자료 토대로 형성평가(5)	20분	과제 & 퀴즈 시간 별도
	☑ R	■ 본 차시 교육목표 제시 ■ 학업성취도와 밀접한 연관이 있는 정서지능의 효과 주지	■ 정서지능이 미치는 영향에 대한 실험을 소개(Mischel, 마시멜로)하고 나라면 어떻게 했을지 토의	10분	-
	☑ T	■ 각자의 정서지능의 구성요소 구분 요약 ■ 각자의 정서지능확인 후, 대표자 선발(Ice Breaking) ■ 약점영역의 강화를 위한 아이디어 도출	■ 강제,연상법 : 디딤돌 NGT & 그림카드 ■ 팀 단위 문제해결 및 개별단위 수행계획서 작성 ■ 정서지능의 구성요소 모형을 표로 정리하기	20분 30분 60분	팀 기반 학습 주축
	☑ N	■ 제4차 산업혁명 및 미래사회가 요구하는 인재들의 역량	■ 교수자 요약 강의(다중지능이 미치는 영향력 ; 정서지능, 성공지능)	10분	공통 질문 답하기 포함

| In-class (강의실) | ☑ E | ■ 개별, 팀 평가 시행 | ■ 동료평가지 제출(사전학습) & 개별 활동 수행서 제출 | 10분 | 동료 학습자 피드백 권유 |
| Post-class (사후 활동) | ☑ R | ■ 학습성찰 | ■ 배.느.실. LMS에서 작성하기 (배운 점/느낀 점/실행할 점) | 10분 | |

본 차시 교수전략	Attention (주의집중)	Ice Breaking(A, B, C, D) 수행 및 다양한 평가 방법을 통해 집중력과 몰입도를 높임
	Relevance (관련성)	학습자들의 정서지능을 진단 도구(문용린, 1997)로 측정하여 자신의 강·약점지능을 확인
	Confidence (자신감)	'인간은 누구에게나 무한한 가능성이 있다'는 인본주의 철학을 주지시킴(카텔 Gc 이론)
	Satisfaction (만족감)	학습성찰일지를 통해 자신의 학습발달을 인식하도록 도와줌

| 평가전략 | Pre-class | 사전학습 수강완료 여부에 대한 평가 |
| | In-class | 별도의 평가 없음 |

[표 2-12]

◆ 사전학습Pre-class 재생하기

Pre-class를 재생시키는 한 가지 예로, 개별적으로 학습한 내용에 대해 '말로 설명'하게 하는 방법을 추천한다. 서로 가르쳐주는 일명 동료교수법 Teaching others은 메타인지를 높이고 장기 기억에 도움을 주는 좋은 방법이다. 물론 In-class 협력학습에서도 동료교수법을 적극적으로 활용하면 학습자들의 흥미도와 몰입감을 높일 수 있다.

실제로 필자는 수업에서 '기억해내기 – 표현하기 – 깨닫기' 순서로 구문테스트를 통해 Pre-class를 재생시킨다. 우선 자신이 공부한 내용을 떠올리게 하고 상세한 설명을 통해 상대방을 이해시키는 과정을 거친다. 그러

[그림 2-32]

다 보면 학생 스스로 자신의 표현 능력과 지식의 수준을 스스로 깨닫는다. 이를 통해 다음 차시에 대한 준비 자세를 고취할 수 있고 기본적으로 생각하고 말하는 능력을 높인다. 앞서 제시한 'Pre-class점검 – 간편 요약하기'를 작성하게 한 이후 그 양식에 따라 설명을 추가하는 방법도 효과적이다.

흔히 공부를 잘하는 학생들의 비법이라고도 할 수 있는 것이 바로 '메타 인지 Meta Cognition'인데 위와 같은 방식으로 상대방에게 특정 내

용을 전달_{설명하거나 가르치는 경험}하는 과정을 통해 자신을 객관화할 수 있는 능력을 키우게 된다.

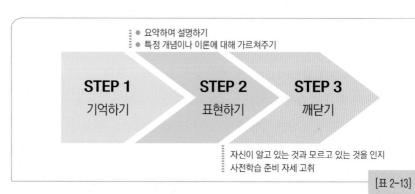

[표 2-13]

리뷰2: 포스트잇 전략 NGT: Nominal Group Technique 명목집단법

명목집단법으로 불리는 NGT는 흔히 브레인스토밍 과정에서 주로 활용되는 방법으로 구성원들의 다양한 의견을 도출하는 데 효과적이다. NGT를 활용한 Pre-class 재생방법은, 먼저 학생들이 사전학습내용을 떠올릴 수 있도록 시간을 잠시 할애한다. 이때 책을 들춰보게 하거나 Pre-class 자료를 검색하도록 허용해도 좋다. 그리고 각자 포스트잇에 핵심사항을 적게 한다. 그 이후에는 학습구성원이 소그룹일 경우에 모두가 벽면으로 나와서 자신들이 회생시킨 Pre-class 포스트잇을 붙이며 간략하게 설명하도록 한다. 공간이 여의치 않으면 책상에서 진행해도 된다. 이때 동료 학습자가 자신이 준비한 포스트잇 내용과 비슷한 개념을 거론하면 포스트잇을 그 아래에 따라 붙이고 자신만의 해설을 꼭 더 하게 한다. 이러한 과정을 통해 자신이 알고 있는 내용과 타인이 알고 있는 내용을 비교함으로써 폭넓은 이해를 도모할 수 있으며 타인의 이야기에 귀를 기울이게 되고 동료 학습자를 존중하게 된다.

NGT 방식으로 Pre-class를 리
뷰하면 정제된 단어와 문장을
사용하여 수렴적 사고에 도움을
주며, 구성원들의 적극적인 참
여를 유도하고 동료 학습자 의
견을 경청할 수 있는 기회를 마
련할 수 있다. 또한, NGT는 협
동학습 과정에서도 많이 활용할

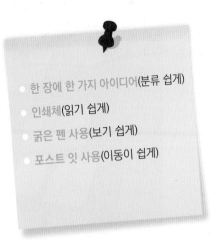

- 한 장에 한 가지 아이디어(분류 쉽게)
- 인쇄체(읽기 쉽게)
- 굵은 펜 사용(보기 쉽게)
- 포스트 잇 사용(이동이 쉽게)

수 있는데 팀 내 문제해결 단서를 찾기 위해 다양한 의견을 이끌어내
는 데도 효과적이다. 결국, NGT의 목적은 무임승차를 방지하고 독
재적 의견 몰이를 예방하여 주도성과 실행력을 증가시키는 것이다.

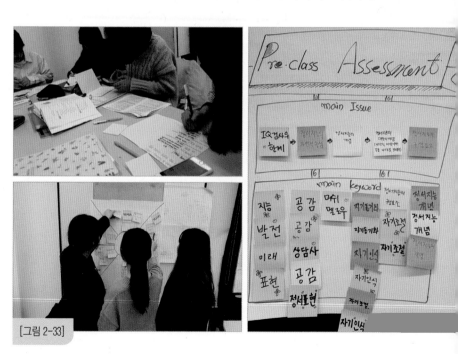

[그림 2-33]

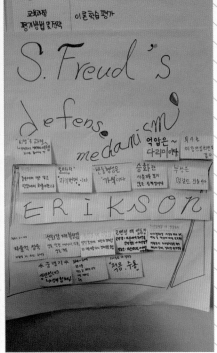

[그림 2-34]

2 In-class 협동학습 적용

Flipped Learning의 꽃은 바로 협동학습이다. 협동학습은 토론, 발표, 문제해결 등 학생들이 직접 수업에 자발적으로 참여할 수 있는 수업 구조를 말한다. 이는 다른 말로 능동학습Active learning으로 표현할 수 있다.

Pre-class가 각자 수행하는 개별학습 과정이라면 협동학습은 공통의 문제를 해결하기 위한 목적으로 사회적 상호작용을 극대화하는 학습 과정이다. 따라서 협동학습을 진행할 때에는 동료 학습자 간 충분한 논의와 협업이 이루어질 수 있도록 학습 근력을 키워줘야 한다. 더불어 상호작용이 활발하게 이루어지도록 물리적인 수업 환경PBL식 자리배치 등 역시 신경 써줘야 할 부분이다.

세상에는 수많은 능동학습의 방법론이 존재한다. 그중, 아래 표는 In-class를 위한 협동학습 방법에 관한 수업모델을 일부 제시한 것이다. 여러 가지 협동학습 방법론을 검토하여 교육목표와 교과목 특성에 맞는 방법들은 수업에 적용하기 바란다. 실제 다음 3장에서는 몇 가지 대표적인 협동학습을 안내할 예정이다.

Active Learning Method

구분	수업모델		
사전학습 재생, 촉진	서로 가르쳐 주기(설명하기)		
기초 학습 근력을 위한 협동학습	토의·토론	아이디어 도출	육색생각모자, 버즈, 만다라트, 모둠문장 만들기, 스캠퍼 등
		발표력 및 학습	회전목마, 라운드로빈, 모둠인터뷰, 가지수 직선, 패널 등
		쟁점분석	찬반대립토론, 가치명료화, 법리모형, 가치 분석 등
		의사결정	하브루타, PMI, 피라미드, PCA 등
완전학습을 위한 협동학습	■ STAD(Student Teams Achievement Divisions) ■ TGT(Team Game Tournaments) ■ TAI(Teams Assisted Individualization)		
과제 세분화 학습을 위한 협동학습	■ JIGSAW1,2,3,4 ■ 집단조사 학습 ■ 어깨동무 학습 ■ Co-op Co-op 자율적 협동학습		
현장문제 해결을 위한 협력학습	■ PBL(Project or Problem Based Learning) ■ Action Learning ■ GBS(Goal Based Scenarios) ■ RP(Role-Playing)		

[표 2-14]

3. Post-class 운영

Flipped Learning의 가장 큰 매력은 바로 숙제가 없다는 점이다. 그 이유는 간단하다. 기존의 과제는 학교에서 완료하고 과제를 위한 기초지식은 Pre-class를 통해 완성되기 때문이다. 다시 말해 개별적으로 사전지식을 습득할 수 있도록 콘텐츠를 미리 제공하기 때문에 자기주도학습을 진행하고 In-class에서는 심화 학습을 위하여 동료 학습자와 협업을 통해 집단지성을 발휘한다. 그러므로 별도의 과제는 생략할 수 있다. 그렇지만 수업을 정리하는 차원에서 사후 평가 및 학습 성찰을 위한 Post-class는 필요하다.

(5) 교과목 평가 Evaluation

1. 학습자 평가

일반 교수학습모형과 비교하면 Flipped Learning 평가형태는 구체적이고도 단계적으로 이뤄져야 한다. 특히나 Pre-class에 제공된 예습자료를 완전히 이해했는지에 대한 평가 퀴즈, 요약정리, 과제, 토론게시물 등 와 In-class에서 협동학습을 통한 평가 개인 및 팀별 수행과제 등에 대하여 자세히 구분하여 평가해야 한다.

Flipped Learning에서의 학업성취도를 확인하기 위해서는 사선 과제 및 수업 활동에 대한 공정한 평가방법을 안내하는 것이 바람직하다. 학습자들은 대부분 객관적인 평가 기준을 요구하기 때문에 사전에 평가요소들을 확인시킬 경우 수업에 대한 신뢰도가 증가한다.

한편 Flipped Learning의 특성상 능동학습이 주를 이루므로 학생들이 학습경험을 통해 깨닫게 되는 내적 성장에도 주목할 필요가 있다. 학습 성찰은 학업성취와 밀접한 연관이 있기 때문에 가능하면 매주차, 학습 성찰을 통해 학습자들이 자신을 뒤돌아보는 계기를 마련하는 것이 필요하다. 또한, 수업이 종료되는 시점에 학습자들은 각자의 학업양식에 대한 제고와 동료 학습자와의 협업 활동을 되새겨볼 필요가 있다. 이는 학습자가 지식습득 이외의 또 다른 태도적 변화에 교육의 의미를 찾고자 함이 목적이다. 수업 성찰은 시간마다 진행할 수도 있지만, 수업시간이 부족할 경우, LMS의 성찰노트 게시판을 생성하여 운영하거나 학기 전체가 끝날 무렵 학기 전체에 대한 성찰도 의미가 있겠다.

Flipped Learning 학습자 평가 구성요소

대상	구 분	내 용
학습자	▪ 수업성취도	진단, 형성, 수행, 중간, 기말평가 등
	▪ 수업만족도 설문조사	진단, 사전 / 사후 설문조사(동형검사) p.154, 155 예시 참조
		Flipped Learning 재수강 희망 여부
	▪ 교육방법의 적절성	Pre-class에서 제공된 자료의 선호도
		In-class에서 적용된 협력학습 형태 선호도
	▪ FGI(focus group interview)	Flipped Learning 운영에 관한 여론 수렴
	▪ 학습 성찰	배운 점, 느낀 점, 실천할 점

[표 2-15]

일 시 :

과목명 :

교수명 :

이번 학기 수업은 Flipped Learning 방법으로 진행할 예정입니다. 플립드러닝(거꾸로 학습)이란 「학습자가 수업 전, 자기주도적으로 미리 해당 주차의 교과내용을 일부분 예습하고 교실수업에서는 교수자의 코칭 및 동료 학습자들과 협동수업을 통해 문제해결 및 인성과 창의성을 길러내는 교수학습방법」입니다. 플립드 러닝은 학업성취도에 매우 좋은 방법론이니 적극 참여 바랍니다. 아래는 수업의 질 개선을 위한 설문조사이니 협조해주면 큰 도움이 되겠습니다.

설문 내용	전혀 아니다	아니다	보통 이다	그렇다	매우 그렇다
	1	2	3	4	5
1 Flipped Learning이 본 교과목을 학습하는 데 효과적일 것이라고 생각합니까?					
2 Flipped Learning이 주차별 강의주제(학습 목표)를 이해하는 데 도움이 될 것으로 생각합니까?					
3 Flipped learning이 자기주도적으로 학습하는 데 도움이 될 것으로 생각합니까?					
4 교수자가 강의만 하는 방법과 비교할 때 Flipped Learning이 효과적일 것으로 생각합니까?					
5 학생중심 Active Learning(협동학습)이 본 교과목을 교육목표를 달성하는 데 도움이 될 것으로 생각합니까?					
6 사이버교육시스템(LMS: 교내 이러닝 홈페이지)을 자주 활용하는 편입니까?					
7 학생이 원하는 교육방법은 무엇인가요?					
8 학생이 원하는 협동학습 평가방법은 무엇인가요?					
9 해당 교과목을 예습(선수학습)하는데 몇 시간을 할애할 예상인가요?					
10 기타, 한 학기동안 교수님께 바라는 점을 자유롭게 적어주세요.					

일 시 :

과목명 :

교수명 :

이번 학기수업은 Flipped Learning 방법으로 진행되었습니다. 플립드러닝(거꾸로 학습)이란 「학습자가 수업 전, 자기주도적으로 미리 해당주차의 교과내용을 일부분 예습하고 교실수업에서는 교수자의 코칭 및 동료 학습자들과 협동수업을 통해 문제해결 및 인성과 창의성을 길러내는 교수학습방법」입니다.
아래는 Flipped Learning 수업에 대한 만족도 조사 및 다음 학기 질 개선을 위한 설문조사이니 협조해주면 큰 도움이 되겠습니다.

설문 내용	전혀 아니다	아니다	보통 이다	그렇다	매우 그렇다
	1	2	3	4	5
1　Flipped Learning은 본 교과목을 학습하는 데 효과적인 교수학습 방법이었다고 생각합니까?					
2　Flipped Learning은 학습 목표를 달성하는 데 도움이 되었다고 생각합니까?					
3　Flipped Learning은 학생이 자기주도적으로 학습하는 데 도움이 되었다고 생각합니까?					
4　교수자가 강의만 하는 방법과 비교할 때 Flipped Learning은 효과적이었다고 생각합니까?					
5　학생중심 Active Learning(협동학습)이 본 교과목을 교육목표를 달성하는 데 도움이 되었다고 생각합니까?					
6　사이버교육시스템(LMS: 교내 이러닝 홈페이지)을 사용하며 어떤 불편한 점이 있었나요?					
7　다음 학기에 학생이 원하는 교육방법은 무엇인가요?					
8　다음 학기에 학생이 원하는 협동학습 평가방법은 무엇인가요?					
9　해당 교과목을 예습(선수학습)하는데 평균 몇 시간을 할애하였나요?					
10　한 학기 동안 Flipped Learning 교과목으로 수업을 진행하며 느낀 점을 자유롭게 적어주세요.					

2. 교수자 자가평가

Flipped Learning으로 한 학기를 운영한 이후에는 보통 학습자들만을 대상으로 평가를 수행한다. 그러나 차후 Flipped Learning 수업의 질 개선을 위해서는 다각도의 교과목 평가분석을 시행해야 한다. 다음은 교수자가 분석하는 평가요소 및 자가진단에 관한 내용을 정리한 것이다. 실제 교수자 자가평가는 CQI [7]형태로 본 책자 제 4장 일반대학 사례 편에서 자세히 제시하였다.

Flipped Learning 수업 평가 구성요소

대상	구분	내용
교수자	■ 교과목 평가분석	교과목 운영 및 교과목 성과 평가
	■ 학습자 성적분석	수강생 종합 성적 분석
	■ 교수자 강의 평가 분석	학습자들에 의한 평가
	■ 교수자 사후 자가진단	교수자의 수업 성찰, 수업개선안 도출

[표 2-16]

---

7 CQI(Continuous Quality Improvement)란 「지속적 품질개선」을 뜻하는 용어로, 교육효과를 극대화하기 위한 "순환적 자율 개선형 교육"체계를 말한다. CQI를 통해 수업의 질을 개선하기 위해서는 학습목표 설정 → 수업실행 → 수업검증(측정) → 결과분석 → 교육수준제고 등의 선순환 구조를 취해야 한다.

Flipped
Learning

Flipped

PART
03

Learning

Flipped Learning
교수학습 전략

03 PART

Flipped Learning 교수학습 전략

수업콘텐츠
제작 Tip

앞서 2장에서는 Flipped learning 교과를 개발하기 위한 내용을 다루었다. 이번 장에서는 실제 수업을 운영할 때 도움이 될 만한 수업전략들을 다양하게 제시한다.

마스크 관리보다 보이스 관리

사전학습 동영상을 제작할 때 많은 교수자가 다음과 같은 사항을 고민한다.

- ✓ 강의자료 배경화면에 얼굴을 노출하는 것이 좋을까, 아닐까?
- ✓ 나는 외모에 자신이 없는데 굳이 노출해야 하나?
- ✓ 학생들이 내 얼굴을 보고 혹 지루해하지는 않을까?
- ✓ 의상과 헤어스타일에 얼마나 많은 신경을 써야 할까?
- ✓ 내 목소리는 듣기 좋고 정확한 발음을 내는가?
- ✓ 이제라도 별도로 보이스 트레이닝을 받아야 하나? 등

사실 위 내용은 모두 개인적인 견해가 다양하다. 그러나 몇 가지 분명한 포인트는 확인해야 한다.

첫 번째는 교수자의 얼굴노출에 관한 것이다. 많은 학생들과 인터뷰를 해본 결과 학생들은 교수자의 얼굴을 확인해야 강의에 일체감을 느낀다고 대답했다. Pre-class는 이러닝e-learning 형태로 진행되기 때문에 생생하지 않고 주의집중력이 떨어진다는 단점이 있는데 교수자의 육성으로만 녹화된 강의 동영상은 더욱 집중하기 힘들다는 것이 학습자들의 의견이다. 매 주차가 힘들면 격주라도 교수자의 얼굴을 노출하는 것이 바람직하다.

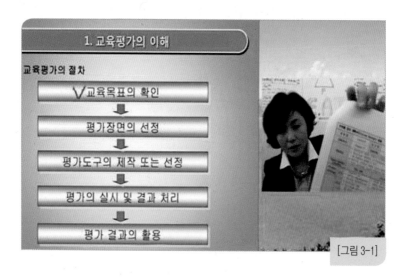

[그림 3-1]

덧붙이면, 교수자가 강의 내용을 설명할 때 약간의 동작을 가미하면 효과적이다. 강의 촬영 시 얼굴과 흉부만 노출되는 경우가 대부분이므로 가벼운 손동작 등으로 주의집중을 이끌어 낼 수 있다.

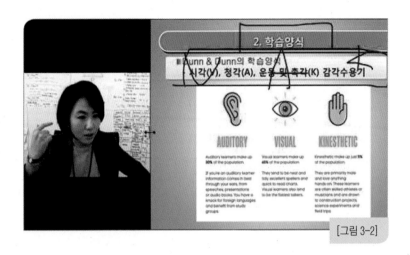

[그림 3-2]

또한, 강의 중에 질문을 던지고 1~3초간 잠시 멈춘 후 대화하듯이 강의를 이어가면 심리적으로 학습자들과의 거리를 더 좁힐 수 있다. 그리고 강의 중간에 돌발 퀴즈나 과제를 제시하고 In-class에서 그 내용을 평가하는 과정을 통해 강의에 집중했는지에 대한 여부도 확인할 수 있다.

교수자가 강의내용을 개괄적으로 설명하고 그에 따른 각 하위 개념들을 학생들이 직접 자유형태로 정리해 오라는 과제를 제시하고 있다(형성평가 반영)

다음으로 강의 동영상 촬영 시 교수자를 불편하게 하는 요인은 바로 카메라에 잡힌 자신의 스타일이다. 이 역시 스트레스임에는 분명한데 특히 여성 교수자가 더 많이 고민한다. 그러나 너무 크게 걱정하지 않아도 된다. 이미 학습자들은 강의실에서의 교수자 이미지가 각인되어 있어 더는 새롭게 여기지 않는다.

정작 실제 고민은 교수자의 강의 촬영과 관련된 부가적인 문제들이다. 강의 촬영은 몇 주차를 몰아서 진행하는 경우가 대부분이다. 그래서 매 차시마다 교수자의 모습이 동일하게 보이게 되는데, 그러다 보면 학습자들이 조금 싫증낼 수 있기 때문에 의상을 갈아입어야 하는 수고를 감수해야 한다. 그런데 이 역시도 현명하게 대처하면 된다. 매 차시 촬영 때마다 의상을 준비하지 말고 눈에 띄는 액세서리_{복장의 조화를 도모하는 장식품}와 스카프, 브로치 등을 다양하게 준비하여 주 차별로 다르게 스타일링하면 감쪽같다. 남성 교수자의 스타일링 또한 간단하다. 넥타이만 바꿔 매면 색다른 분위기가 연출된다. 넥타이가 식상하다면 보타이와 모자, 안경 등으로 스타일에 변화를 줄 수 있다.

마지막으로 가장 중요한 사항인 교수자의 목소리 연출법에 대해 언급하겠다. 실제 학습자가 교수자의 외모에 관심을 두는 시간은 그리 오래 걸리지 않는다. 대신 교수자의 목소리는 길게는 30분, 짧게는 10분 정도 강의에 귀를 기울여야 하므로 어찌 보면 앞서 이야기한 사항들보다 더 중요하다. 일반적으로 강의 촬영 시, 보통 교수자는 말의 속도가 조금

빨라진다. 상대가 눈앞에 보이지 않고 혼자 말을 해서 조절이 안 되는 것이다. 따라서 강의촬영 시 교수자는 일상적으로 강의할 때보다 한 박자 더 느리게 진행해야 한다. 말이 빨라지면 발음이 흐려질 가능성이 높다. 강의 동영상에서 무엇보다 중요한 것은 말의 정확도이다. 속도는 학습자가 원하는 배속[1] 으로 조절할 수 있지만, 처음부터 빠른 속도로 강의를 진행하면 느리게 들을 수조차 없게 된다. 따라서 말의 속도는 평소보다 한 템포 느리게 진행하면서 정확한 발음을 구사하도록 신경 써야 한다. 또한, 교수자의 목소리에 높이 Pitch 변화를 주면 생동감 있는 강의를 연출할 수 있다. 너무 큰 목소리는 귀가 멍하지만, 시종일관 작은 목소리도 불편하다. 특히 남성 교수자는 저음 톤에 음성변화가 크지 않으므로 의도적으로 음의 높낮이를 구사할 필요가 있다. **Pre-class** 동영상을 촬영하기 전, 발음과 음 높이 연습을 하면 훨씬 부드럽게 촬영을 할 수 있다.

Tip 발음 연습하는 법

1. 자음 – 모음 발음법
[입안을 혀로 마사지하고 입을 크게 벌려 발음기 주변 근육을 이완시킴]

훈련1. 큰 소리로 또박또박 입을 벌려 배를 두드리며 한 발음씩 정확하게 발음

훈련2. 배를 두드릴 때 소리를 내뱉는다.

훈련3. 거울을 보며 입 모양을 보고 발성을 겸한다.

가 나 다 라 마 바 사 아 자 차 카 타 파 하

게 네 데 레 메 베 세 에 제 체 케 테 페 헤

기 니 디 리 미 비 시 이 지 치 키 티 피 히

고 노 도 로 모 보 소 오 조 초 코 토 포 호

구 누 두 루 무 부 수 우 주 추 쿠 투 푸 후

---

1 간혹, 학습자들이 배속으로 강의를 청강할 때 간혹 LMS 상에 강의 이수완료를 제한하는 경우가 있으므로 확인이 요구된다(예 : 배속으로 강의를 모두 청강했는데도 사전학습 이수율이 0%가 되는 경우).

2. 크래시아 발성법

[발성, 발음, 호흡을 동시에 연습할 수 있는 발성 연습법]

훈련. 먼저 정확한 발음을 한 후, 공명을 실어서 다시 한 번 연습한다.

로얄 막파 싸리톨 ,	쥬피탈 캄파 큐을와
셀레우 아파쿠사 ,	푸랜 마네푸 슈멘헤워제
깅강후리와 디다스코 ,	바시레이아 게겐네타이
페레스테란 포로소 폰 ,	파라클레세오스 쏘테라이스
카타루사이 마카리오스 ,	에코루데산 디카이오수넨

3. 발음과 음 높이 연습

[발음과 음 높이를 동시에 연습할 수 있는 발성 연습법]

훈련. 한 단어를 읽을 때마다 한 글자만 음을 높여 읽어본다. TV 프로그램
에서 '절대음감'이라는 게임의 형태와 유사함

로얄막파싸리톨

로얄막파싸리톨

로얄막파싸리톨

로얄막파싸리톨

로얄막파싸리톨

로얄막파싸리톨

로얄막파싸리톨

4. 일반적인 발음 연습

[빠른 속도로 문장을 읽는다]

신진 샹송 가수의 신춘 샹송 쇼우

서울특별시 특허 허가과 허가과장 허과장

한국관광공사 곽진광 관광과장

경찰청 쇠창살 외철창살, 검찰청 쇠창살 쌍철창살

고려고 교복은 고급 교복이고

고려고 교복은 고급 원단을 사용했다

저분은 법학박사이고 이 분은 박 법학박사이다

5. 의태어 발음 연습

[빠른 속도로 문장을 읽는다]

호동이 문을 도로록, 드르륵, 두루룩 열었는가

도루륵, 드로록, 두르룩 열었는가

땅바닥 다진 닭 발바닥 발자국

땅바닥 다진 말발바닥 발자국

육통 통장 적금통장은 황색 적금 통장이고

팔통 통장 적금통장은 녹색 적금 통장이다

작은 토끼 토끼통 옆에는 큰 토끼 토끼통이 있고

큰 토끼 토끼통 옆에는 작은 토끼 토끼통이 있다

이러닝 학습
활성화 Tip

사이버러닝 'LMS'를 '페이스북'처럼

Flipped Learning은 Pre-class를 필수로 완수해야만 In-class에서의 협동학습이 원활하기 때문에 교수자들은 어떻게 하면 학생들이 Pre-class를 잘 듣고 올 수 있을까를 고민한다. 그런데 학생들은 근본적으로 LMS Learning Management System, 학습관리시스템에 접속하기를 꺼리고 귀찮게 생각한다. 늘 무미건조한 사이버 게시판에 교수자의 부담스러운 강의 동영상만 제시되어 있고 과제물과 퀴즈, 평가 등이 주메뉴로 구성되어 있어 흥미를 느끼지 못한다. 이때 교수자의 남다른 아이디어가 필요하다. 강의 동영상은 기본으로 제공하고 그 이외에 학생들에게 도움이 될 만한 자료들, 특히 동기를 부여할 수 있는 동영상이나 전공과 관련된 최신 트렌드, 흥미를 이끌만한 자료들을 올려놓는 것이다 Youtube url 연동. 물론 보조자료는 청강의 필수사항이 아니다. 그저 학생들이 자주 들어오고 싶어 하는 LMS를 만들자는 것이 핵심이다. 곧 '사이버러닝 놀이터' 공간을 연출하여 강의를 들으러 가는 목적이 아닌 부수적 목적으로라도 접속횟수를 늘려서 나중에는 강의도 긍정적으로 인식하게 만들자는 전략이다.

　또한, 학습자들의 과제물이나 동료 평가, 학습 성찰 등 그들의 생생한 자료물들에 피드백이나 댓글을 달게 함으로써 자연스럽게 관심을 유도하고 활동을 촉진시켜보자. 커피교환권이나 문화상품권을 경품으로 내거는 것도 경쟁심을 부추길 수 있다. 이러한 활동들이 빈번해지면 하루에도 몇 번씩 LMS에 들어오고 싶은 마음이 생길 것이다. 디지털 세대 학습자들의 성향을 고려하여 사이버러닝 LMS를 페이스북과 같이 만들어 재미있고 유용한 놀이터로서 효과적으로 활용하길 바란다.

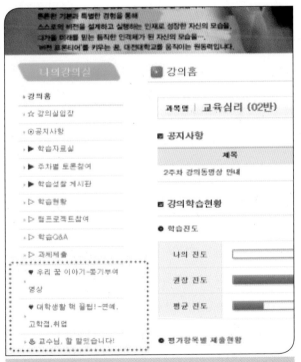

예: '우리 꿈 이야기-동기부여 영상', '대학생활 핵 꿀 팁!-연예, 고학점, 취업', '교수님 할 말 있습니다!' 이중 특히 재미있는 게시판은 '교수님 할 말 있습니다!' 인데 평소 수업시간에 무임승차자를 고발하는 용도로 활용되는 해프닝도 있음)

학습자 유형V.A.K.에 따른
교수 · 학습 Tip

사람은 누구나 오감을 활용하여 외부로부터 자극과 정보를 받아들인다. 그래서 누구나 주로 사용하는 자신만의 신체적 선호감각Channel이 있다.

감각은 크게 시각Visual, 청각Auditory, 체감각Kinesthetic으로 구분하는데 통칭 V.A.K.로 명명한다. V.A.K.는 학습양식 모형 중 지각적 요소를 의미하기도 한다Dunn&Dunn, 1979. V.A.K.를 Flipped Learning의 학습자 분석 도구로 활용하면 학습자들에게 익숙한 수업자료원을 제공함과 동시에 수업 활동을 선택하는데 도움이 된다.

모든 학습자는 새로운 정보를 받아들이고 학습하고 경험하기 위해 이 세 가지 감각 수용기를 사용한다. 그러나 모든 사람이 이 세 가지 감각 수용기를 똑같이 사용하지는 않는다. 어떤 이는 보는 것을 통해 정보가 더 잘 입력되고, 어떤 이는 듣거나 체험하는 것을 통해 더 잘 배운다. 이렇듯 학습자들의 선호감각을 분석하여 그들이 원하는 학습 형태로 수업의 자료원과 교육 방법을 선별하여 제시하면 교육의 효과는 배가 된다. V.A.K.를 선별하는 방법은 분석도구를 이용하는데 본 책자의 부록에 수록하였으니 참고하기 바란다. 축약형 설문지 형태로 쉽고 간단하게 자신의 선호감각채널V.A.K.을 확인할 수 있다.

다음은 V.A.K. 성향에 따른 학습자특성을 정리해 보았다. 각 학습유형이 갖는 고유의 특징들을 잘 확인하여 맞춤형 교수학습전략을 수립하는데 참고하길 바란다.

1. 시각형Visual

시각형 학습자는 말 그대로 시각적 자극에 민감한 유형이다. 그래서 학습할 때 강의나 연설처럼 단순히 말로만 하는 교육과정에 불만을 호소하는 경우가 있다. 설명의 배경이 되는 그림이나 PPT, 동영상 등이 같이 제시된다면 훨씬 잘 이해할 수 있다. 다음의 몇 가지 특성을 고려하여 교수자는 시각형 학습자들의 학습이 활발하게 촉진될 수 있도록 수업자료나 수업 방식을 점검할 필요가 있다.

- 칠판에 판서하는 대신 색깔로 표시된 클립차트를 사용. 거기에 중요한 정보를 적어 전달하고, 나중에 다시 참조할 수 있도록 교실 안에 걸어두기
- 학생들이 차트를 만들고 지도를 그리고, 다이어그램을 그리고 색깔을 사용할 수 있도록 하기(단 시간을 꼭 여유있게 주기)
- 한 덩어리의 정보를 전달할 때 가만히 있다가 정보 전달이 끝날 때 움직이기
- 중요한 구절 혹은 수업의 개요를 복사해 나눠주고 필기할 수 있도록 여백을 두기
- 색을 사용하여 구분한 자료나 장비를 학생들에게 주어 다른 색깔을 사용해 그들의 학습을 정리할 수 있도록 하기
- 핵심 개념을 나타내는 시각부호나 상징을 만들어내고 내용을 전달할 때에는 상징 언어를 사용하기

2. 청각형 Auditory

청각형 학습자는 시각보다 청각을 통해 정보를 입력하고 처리하는 것을 선호한다. 그래서 실제 책을 보는 것보다 다른 사람이 말로 설명하는 것을 더 좋아한다. 교수자는 청각형 학생들과 수업을 진행할 때 특히 자신의 음성에 많은 신경을 써야 한다. 가령 말의 속도, 발음 정확성, 음 높이의 조절 등 강의식 수업을 할 때 음성에 변화를 주어야 한다. 사실 청각형 학생들만을 위해 보이스 트레이닝을 해야 한다고는 볼 수 없다. 언제 어디서 누구에게나 교수자의 매력을 가장 많이 돋보이게 할 수 있는 것이 바로 목소리 연출이다. 따라서 교수자는 늘 자신의 목소리와 설명 방식을 멋지게 표현할 수 있도록 노력해야 한다.

- 내용을 전달할 때 음성에 변화(억양, 속도, 음 높낮이)를 주어 말하기
- 말과 소리를 통한 방식으로 테스트하기
- 핵심 개념이나 지시사항을 학생들이 따라서 외치게 하기(복창)
- 수업 중간마다 배운 내용을 요약 정리하게 만든 후 동료 학생에게 설명하기
- 수업활동 전개 시 신호로 음악 사용하기(시작과 전개, 결말에 따른 효과음 따로 구비하기)
- 노트필기 시간을 충분히 할애해 줄 것

3. 체감각형Kinesthetic

체감각형 학습자는 실제로 자신들이 활동하고 직접 체험하는 것을 통해 가장 많이 학습한다. 이들은 외부적 자극이나 신체 활동이 없는 학습상황에서는 주의집중력이 약해지는 경향이 있다. 그래서 교수자는 체감각형 학생들의 특성을 고려하여 수업을 입체적으로 설계하고 다양한 활동을 수행할 수 있도록 지원해야 한다. 특히 체감각형 학생들은 시각형이나 청각형의 학생들보다 사회성이 많이 발달해 있어 팀 구성원 중 가장 적극성을 보이기 때문에 교수자를 돕는 조교 역할을 톡톡히 해내는 경우가 많다. 남다른 열정과 창의력이 넘치는 체감각형 학습자는 동료 학습자 사이에서도 인기가 많은 편이다.

- 핵심개념에 대한 궁금증을 촉발시키고 강조하기 위해 소품을 사용하기
- 학생들이 경험할 수 있도록 개념에 대한 모의실험을 만들기
- 문제 상황에 따른 시연(역할극)에 도전해 보기
- 가능한 수시로 개별적으로 이야기하는 것을 시도하기. 자신의 행동에 관심을 갖으면 학습태도가 가장 많이 좋아짐("오늘 굉장히 열심히 참여하던데?")
- 자신이 경험한 학습성찰을 동료학습자들과 공유시키기
- 강의실 내에서 이동을 허락하기

V.A.K.에 따른 교수법 구분

선호감각 채널	학습자 특징	효과적 교수법
시각형 (V)	◆ 정보를 눈으로 보는 것을 좋아함 ◆ 그림이나 표로 제시된 것을 볼 때 잘 학습함 ◆ 영상이나 프레젠테이션 자료를 잘 활용함 ◆ 색상이나 시각 효과에 민감함 ◆ 다양한 영상이나 인쇄물을 나누어 주는 수업에 잘 적응함	강의, 시각연상기법, 그림학습, 시뮬레이션, 지도활용법, NGT, 아이디어박스 등
청각형 (A)	◆ 정보를 귀로 듣는 것을 좋아함 ◆ 말로 표현한 것을 들을 때 잘 학습함 ◆ 녹음된 학습자료를 잘 활용함 ◆ 음향 효과에 민감함	강의, 토론, NIE(Newspaper In Education), 인터뷰, 스토리텔링 등
체감각형 (K)	◆ 손으로 만지면서 정보를 파악하는 것을 좋아함 ◆ 실제 행동을 할 때 잘 학습함 ◆ 몸을 움직이는 것에 민감하게 반응함	역할극, 액션러닝, 사례연구, 프로젝트 수업, 대상실물교육, 현장학습, 게이미피케이션 등

V.A.K. 실전 활용사례

Flipped Learning은 학습자들의 자기주도적 학습력이 매우 중요하므로 자신의 학습스타일을 확인하고 자신만의 학습양식을 인지할 필요가 있다. 실제로 필자는 학기 초 오리엔테이션 시간에 **V.A.K.** 테스트[2]를 거쳐 학습자들의 성향을 분석한다. 또한, **V.A.K.**를 바탕으로 **Pre-class** 내용을 각자의 방식으로 자유롭게 정리해오는 방식을 주로 활용한다. 흥미로운 사실은 똑같은 지시사항(출제문)을 제시하였는데 감각 유형별로 각각 다른 결과물들이 도출되었다는 점이다. 이 사실을 보고 고유한 학습스타일이 학습자들의 창의성과 학습몰입에도 영향을 미친다는 사실을 알게 되었다.

시각형 학습자들의 과제 유형 : 주로 마인드 맵이나 그림을 통해 시각화한 것이 특징

---

2 부록 V.A.K. 진단지(p.379) 참고

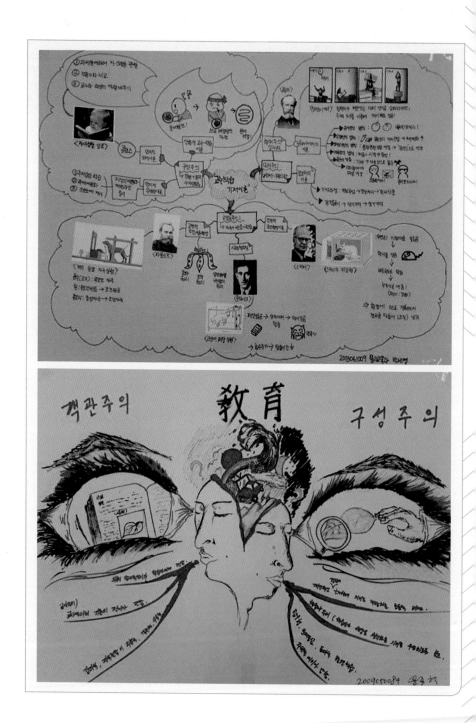

청각형 학습자들의 과제 유형 : 자세하고 상세하게 논리적으로 노트필기를 정리해 오는
것이 특징

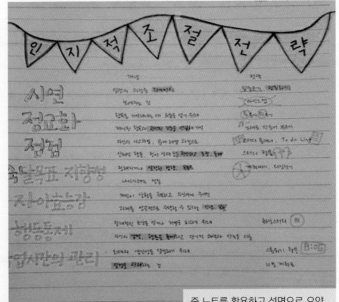

줄 노트를 활용하고 설명으로 요약

청각과 시각이 고루 발달된 학습자들의 과제 유형 : 마인드 맵으로 주제를 구분하지만 부가적인 설명문구를 추가 구성하는 것이 특징

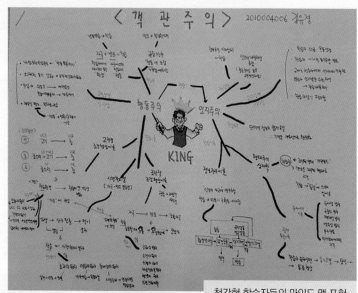

청각형 학습자들의 마인드 맵 표현

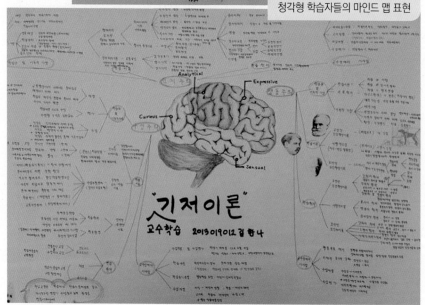

체감형 학습자들의 과제 유형 : 문제를 해결하는데 적극적으로 대응하여 창의적으로 과제를 수행하는 것이 특징

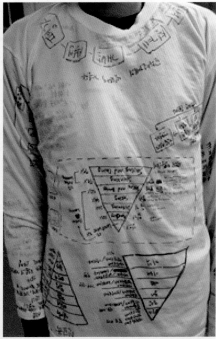

시각과 체감형이 동시에 발달한 학습자의 과제 유형 : 시각적으로 잘 표현하며
입체감이 돋보이는 것이 특징

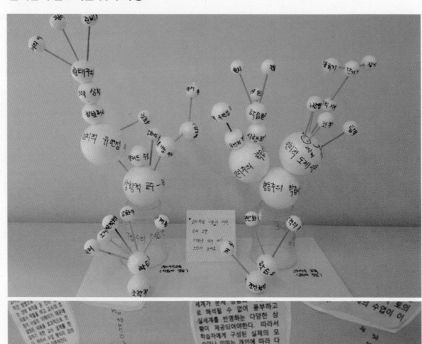

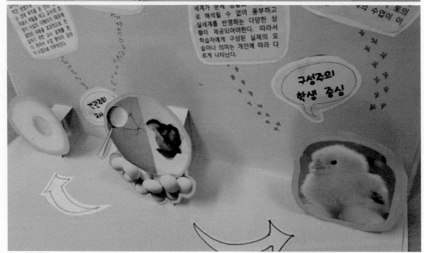

또 하나, V.A.K.를 활용하는 방법으로 팀 활동 시 학습자 유형별로 조를 편성하는 방법이 있다. Flipped learning에서 주로 행해지는 In-class 활동은 협동학습이 많아서 필수적으로 팀을 구성해야 한다. 보통 교수자들은 학습자들끼리 조를 편성해오라고 지시하는데, 이러한 방법은 학습자들의 수준, 특성, 성향 등이 고려되지 않기 때문에 비효과적이다. 학생들의 자율성을 인정하겠노라는 교수자의 의도가 있을지 몰라도 교육적으로는 도움이 안 된다. 더구나 친분 위주로 팀을 구성하기 때문에 자칫 소외자가 발생할 수 있다. 따라서 학습자 유형을 토대로 팀을 균형있게 구성해줄 필요가 있다. 팀 구성 시, 빠른 시간 안에 문제해결을 요구하는 과정일 때에는 동질 모둠으로 팀을 편성하는 것이 효과적이다. 반면 창의적이고 기회탐색형 아이디어를 도출해야 하는 과정일 때에는 이질 모둠으로 팀을 편성하는 것이 좋다.

이때, 염두해야 할 사항은 반Class마다 V.A.K.비율이 무 자르듯 정확하게 구분되지 않기 때문에 융통성있게 편성해야 한다.

※ V : 시각형, A : 청각형, K : 체감각형

종합해보면 V.A.K.는 학습자 팀 편성과 학생들의 창의적 학습결과물을 개발하는 데 유용한 기초정보로 활용할 수 있다.

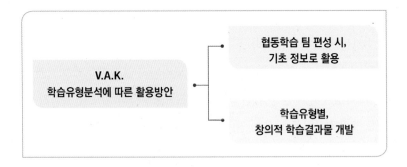

팀 학습
운영 Tip

(1) 학습 팀 구성

In-class에서는 활발한 팀 활동이 전개된다. 팀 활동을 진행할 때 가장 먼저 해야 할 일은 팀원들을 구성하는 것이다. 다음은 팀모둠을 구성하는 대표적인 방법들의 예시이다.

동질 모둠	① 분석 도구 활용 : 인지양식(Cognitive style), 학습양식(Kolb), 선호채널 유형(V.A.K.), 행동유형(DISC), 성격유형(MBTI) 등의 각종 분석도구를 활용하여 같은 성향의 학습자들로 팀을 구성함 ② 흥미도 확인 : 평소 자신이 관심 있는 분야를 확인하고 비슷한 분야에 관심이 있는 학습자들끼리 팀을 구성함
이질 모둠	① 위 동질 모둠의 (①, ②)번에서 도출된 결과를 토대로 서로 다른 유형의 학습자들끼리 팀을 구성하면 자연스럽게 성향이 각자 다른 이질 모둠이 됨 ② 학력차이 균형 모둠 : 간단한 학력 테스트를 실행하여 등급을 정하고 점수의 편차가 크지 않도록 학습자 그룹을 편성함 ③ 무작위 모둠 : 말 그대로 아무 제약사항 없이 무작위 접근으로(Random access) 팀을 구성함

위와 같이 팀원을 구성하는 방법은 다양하지만, 학습목적에 따라 팀 구성원을 조합해야 한다. 가령 문제해결학습을 위한 조직 구성이라면 동질 모둠으로 편성하는 것이 효과적이다. 굳이 상대방들과의 라포 형성에 에너지를 쏟지 않고 빠른 시간에 과제에 몰입하여 결과물을 도출하고 이에 따른 반대의견도 최소화하는 장점이 있다. 반면, 창의적인 결과물을 도출해야 한다거나 기회 탐색형 학습을 진행하는 경우라면 이질 모둠이 효과적이다. 서로 다른 양식과 채널, 수준을 가진 학습자들은 각자의 특성들을 바탕으로 다양한 아이디어를 도출하여 새로운 관점으로 과제를 해결해 나갈 확률이 높다.

문제해결 학습 유형	기회탐색 학습 유형
동질 모둠	이질 모둠

(2) 스터디 그룹 운영 팁

학습자들은 보통 한 학기에 많게는 전 과목, 적게는 1~2과목에서 일명 팀플[3]을 경험한다. 그러나 모든 팀플이 성공적으로 완수되는 경우는 흔치 않다. 속칭 무임승차자의 반칙이나 외향적인 학생들의 개인플레이로 과제가 편향될 확률이 높기 때문이다. 그래서 학습자들 간 역할분담이나 규칙을 정하고 시간·목표관리를 위한 교수자의 코칭이 필요하다. 이를 위해 효과적인 스터디 그룹 운영 팁으로서 P.L.A.Y. 전략을 소개한다.

---

3 team play, team project의 준말이자 신조어로써 팀 단위로 문제해결을 위해 구성된 학습형태를 말함

구분	내용
Play	▷ 스터디 모임은 부담이 아닌 즐거운 과정임을 재인식시키고 구성원들이 모두 공감하고 참여할 수 있도록 래퍼를 형성하는 단계임. ▷ 스터디 모임(In-class 또는 Post-class)에 가담하는 순간, 주변의 다른 것은 잊고 짧은 Ice breaking을 통해 흥미를 유발하여 순간 몰입의 효과를 거두기 위함(Ice breaking은 모임마다 팀원이 돌아가며 실시함 : 5분 이내).
Layout	▷ 스터디 결과를 도출할 수 있도록 항시 레이아웃(어젠다, 회의안)을 기준으로 팀 내 활동을 유도함. ▷ 팀 구성원 모두에게 역할을 분배하여 책임을 부여함. ▷ 시간 관리, 목표관리에 효과적임.
Agreement	▷ 무임승차자가 발생하지 않도록 팀 내 구성원들이 미리 정해놓은 규칙을 이행하도록 약속함. ▷ 규칙을 위반한 학습자에게는 적당한 벌칙을 부여함. 선의적인 태도로 바뀌도록 교수자는 격려하고 관찰해야 함.
Yell	▷ 스터디 과정에서 긍정적인 팀 문화를 만들기 위해 서로 격려와 칭찬(Say Yell~! 외침)을 의도적으로 훈련시킴.

예시 - Layout

2차 미팅(사회과학대, 로비cafe) **2017. 9.23. 최고조! AGENDA**

시간(PM)	내용	역할자	비고
6:10 ~ 6:20	그 동안 이야기, 팀 구호 외치기, 아이스브레이킹	이끔이	돌아가며 아이스브레이킹 하기
6:20 ~ 6:40	개별 과제 발표(돌아가며 말하기)	똑똑이	프린트물 꼭 가져오기
6:40 ~ 6:50	공통 연구내용 토의(1:1 하브루타)	하베르	발표준비 철저히
6:50 ~ 7:00	협업학습 결과물 작성	꼼찌	모두 협업하기
7:00 ~ 7:10	- 휴식 -		
7:10 ~ 7:20	과제선정 및 다음 아젠다 작성	꼼찌 + 똑똑이	시간 부족하지 않게 시간관리 철저
7:20 ~ 7:30	학습성찰 나누기	무도사	각자 LMS 탑재하기

예시 - Agreement

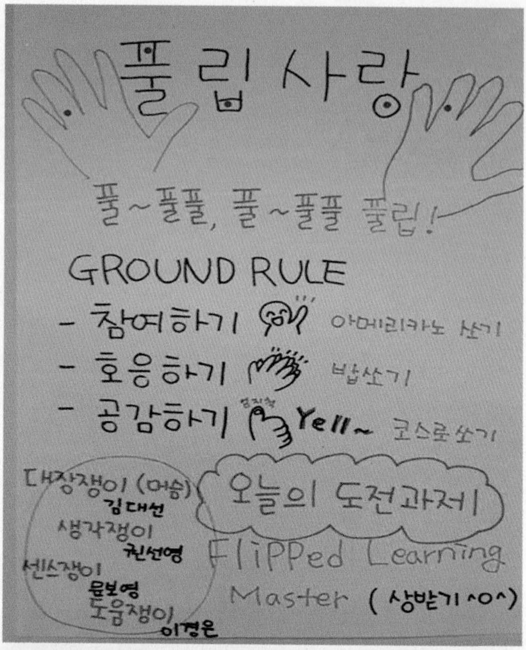

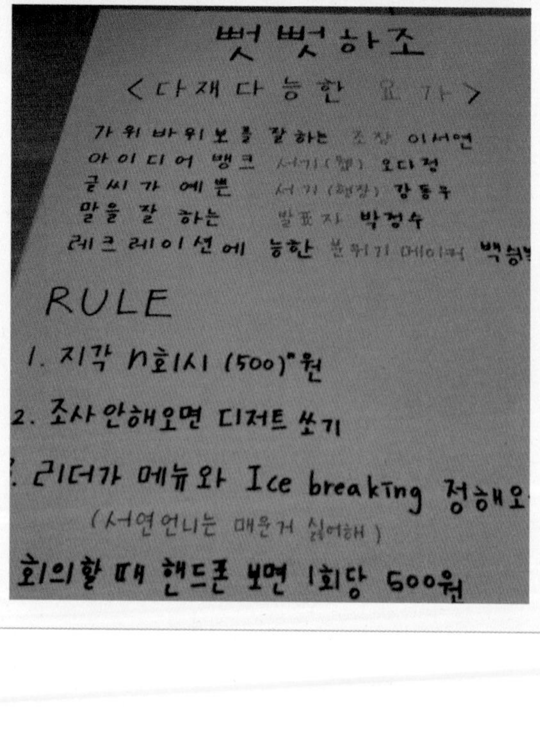

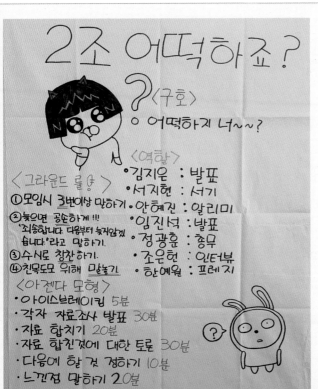

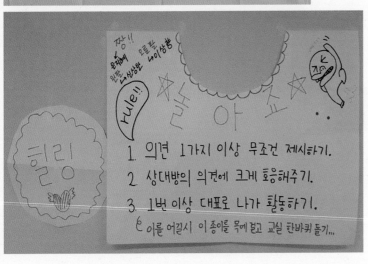

(3) 학습 근력 개발 Tip

　Flipped Learning은 온전한 학습자 중심 교수학습구조다. 그래서 강의실 수업방법 적용에 있어 다양하고 능동적인 협력학습이 이루어져야 한다. 협동학습Active Learning은 강의만 청취하는 수동적인 학습에서 토론, 발표, 문제해결 등 직접 학생이 능동적으로 참여할 수 있는 수업 구조이다. 그런데 이러한 협동학습이 원활하게 이루어지기 위해서 학습자들은 기초 학습능력을 갖추어야 한다. 대표적으로 학생들 간의 동료교수법Peer-Instruction을 통하여 학습근력을 높일 수 있다. 물론 학습활동에서 교수자의 코칭과 촉진자 역할을 통해서도 학습성과는 얻을 수 있겠지만 무엇보다 학생과 학생 간의 상호작용이 활발하게 이루어질 때 가장 큰 성과를 기대할 수 있다.

1 Flipped Learning을 위한 기초학습 근력 동료교수법Peer Instruction

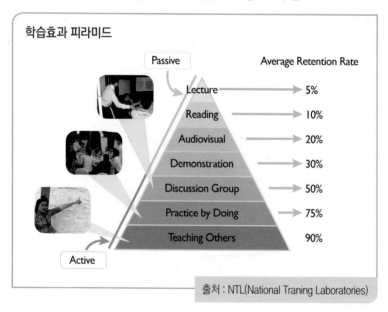

앞서 위 학습효과 피라미드에서도 확인할 수 있듯이 동료교수법은 매우 효과가 높은 학습방법이다. 동료교수법은 단순하게 생각하면 학생들 서로가 서로에게 설명하고 가르쳐 주면서 자신이 아는 내용과 모르는 내용을 자각하며 학습력을 높이는 방법으로 이해할 수 있다. 정형화된 절차는 없으나 필자는 'Pre-class'와 'In-class' 사이를 잇는 연계과정에서 동료교수법을 적용하고 있는데 학습자들의 반응도 긍정적이고 학습 효과도 높아 다양한 교과에 활용하고 있다. 다음은 동료교수법의 한 예로 사전학습 재생Review하는 데 활용되는 SAM[4] 과정을 단계별로 구분하여 제시한 것이다. SAM 양식을 가지고 서로가 서로에게 자신들이 공부한 내용을 설명하고 각자 정리할 수 있도록 계기를 마련해 주면 학습에 큰 도움이 된다.

---

4   SAM 전략은 앞서 2장. 135페이지에서 자세히 안내하였으니 참고하기 바람

예시) SAM 동료교수법 활용

단계	내용
1	개별 Pre-class를 통해 사전지식을 쌓고 SAM을 작성해 오도록 한다.

[Flipped Learning Pre-class Check]

작성 정보	수업 차시	작성일

단계 2

Summarizing	☞ Pre-class를 통해 확인된 용어 및 개념을 적으시오.	
	1	
	2	
	3	
	4	
	5	

Assessment	☞ Pre-class 평가에 대한 정답을 적으시오.	
	1	
	2	
	3	
	4	
	5	

Making question	☞ In-class 학습에서 다룰 핵심 사항에 대하여 문제의 난이도	
	1 [下]	
	2 [中]	
	3 [上]	

단계	내용
3	1:1로 학생을 매칭시켜 SAM 자료를 서로 바꿔보고 설명하게 한다.

위 3번 과정이 끝나면 교수자는 별도의 평가지를 제공하고 각자 작성하게 한다.

Chapter.	

단계 4

상호평가 / 내용	수행 수준		
	매우 우수	우수	보통
	3	2	1
Summarizing			
Assessment			
Making question			
평가 합계			

단계	내용
5	4번 과정이 끝나면 결과를 형성평가에 반영한다.

전공	학번	성명

하여 평가문항을 개발하시오.

평가자 대상자		평가일	

피드백

칭찬할 점	개선할 점

❷ Flipped Learning에 적합한 토론모형 : 하브루타HAVRUTA

학생들의 학습 근력을 키우는 방법 중 하나로 '토론'을 적극 추천한다. 토론의 교육적 효과는 이미 널리 알려져 있다. 그런데 실상 토론 모형이 복잡하고 어렵다는 이유로 교수자와 학생 모두 그다지 선호하지 않는 것이 현실이다. 그렇지만 얼마든지 쉽고 간단하면서도 흥미로운 토론방법들이 존재한다. 그동안 너무 일관된 방식으로 토론을 진행했기 때문에 학생들이 토론을 싫어하는 것이다. 그래서 이번 장에서는 최근 Flipped Learning에 적합한 토론모형으로 회자가 되고 있는 '하브루타'를 소개하고자 한다. 하브루타는 누구나 재미있게 경험할 수 있는 토론모형이므로 수업에 적극 활용해 보기를 바란다.

■ 하브루타 러닝

① 하브루타 러닝 의미

하브루타 러닝이란 인성과 창의성을 계발하는 2인식 토론형 학습법으로서 1:1 대화, 협상력을 키울 수 있는 최고의 방법이다. 다양한 주제에 대한 토론을 통해 사람의 심리를 파악하거나 효과적으로 설득하는 방법까지 기르는 학습방법이다.

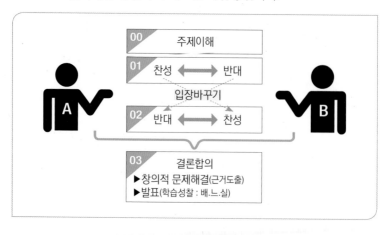

② 하브루타 러닝 원칙

■ 두 명이 한다.

하브루타 러닝은 반드시 두 명이 한 팀이 되어 진행하는 학습방식이다. 반드시 두 명이 하는 것은 두 명의 참가자가 주도적으로 토론에 집중할 수 있게 해주기 때문이다.

■ 찬성과 반대를 스위칭Switching 한다.

두 명이 찬성과 반대의 입장에서 토론하고 난 후, 입장을 바꾸어 진행한다. 일반적으로 토론은 찬성, 반대의 입장에서 자신이 주장하는 쪽의 입장을 상대방 또는 팀에게 설득하는 과정이다. 하지만 하브루타 러닝은 하나의 주제를 가지고 찬성과 반대 입장을 바꾸어서 토론하면서 새로운 시각을 갖게 되고, 역지사지로 다른 사람의 입장을 잘 이해할 수 있게 된다.

■ 실습할 때마다 상대방을 체인징Changing 한다.

상대방을 바꿔서 새로운 지식, 경험, 지혜를 가진 사람과 토론을 함으로써 다양한 의견을 접할 수 있다. 또한, 사람에 따라 어떻게 소통해야 하는지도 배울 수 있다.

③ 탈무드 하브루타 러닝 효과

• 공부가 즐거워진다.
• 경청능력이 향상된다.
• 집중력이 향상된다.
• 논리력이 향상된다.
• 창의력이 향상된다.
• 발표력이 향상된다.

- 의사소통력이 향상된다.
- 협상력이 길러진다.
- 글로벌 리더십이 길러진다.

④ 최고의 방법 '하브루타 러닝' 진행 프로세스

주제 이해	→	하브루타 실시	→	상호 피드백

하브루타 러닝의 운영 프로세스는 아주 간단하므로 누구나 쉽게 적용하고 활용할 수 있다. 프로세스는 간단하지만 하브루타를 진행할수록 그 방법이 심화·발전되어 지식을 이해하고 공동의 지혜를 창출하는 훌륭한 방법임을 깨닫게 된다. 하브루타 러닝의 진정한 효과는 프로세스를 아는 것에 있는 것이 아니라, 그것을 실제로 적용해서 우리 수업에 교육적 목적으로 활용하는 것이다.

■ 주제 이해

주제를 이해하는 과정은 하브루타를 효과적으로 진행할 수 있는지 아닌지에 매우 중요한 역할을 한다. 주제를 이해하는 과정은 주제 선정, 주제 읽기, 주제 이해가 있다.

■ 하브루타 실시

2인 1조로 구성하고, 진행할 때마다 상대방을 바꾼다.

■ 상호 피드백

상호 피드백은 하브루타를 진행한 후에 내용을 정리하는 활동이다. 찬성과 반대 의견에 대한 자신의 주장과 근거를 논리적으로 글로 쓰는 연습을 하게 된다.

'토론·토의 하브루타 러닝' 운영절차 예시

구분	세부 활동	시간
두뇌 열기	– 간단한 게임, 퀴즈 등 생각 열기 – 2인 1조로 조 편성	5분
주제 이해	– 주제 소개 – 주제 소리 내어 읽기 – 주제 분석하기 – 주제 서로 이해하기	10분
하브루타 실시	– 찬성 / 반대 결정 : 간단한 게임 활용 – 하브루타 1 * 주제에 대한 자신의 입장을 명확히 밝힌다(찬성/반대). * 자신의 입장에 대한 주장과 근거를 제시한다. * 상대방이 주장하는 것에 대해 반론을 한다.	15분
	– 역할 바꾸기 – 하브루타 2 * 주제에 대한 자신의 입장을 명확히 밝힌다(찬성/반대). * 자신의 입장에 대한 주장과 근거를 제시한다. * 상대방이 주장하는 것에 대해 반론을 한다.	15분
상호 피드백	– 하브루타 결과 찬성/반대의 내용을 작성한다. – 두 사람의 생각을 모아 창의적 해결을 찾아낸다. – 합의 내용을 발표 공유한다.	15분

생생한 하브루타 러닝 강의 동영상 안내

KOCW에 접속하여 메인 화면에서 최정빈 Q 을 검색하면 "입이 트이고 세계관이 커지는 하브루타 토론 교육법"을 청강할 수 있다.

하브루타 예시-1

하브루타 양식지	
주제	최근 중학교에서 실시되고 있는 자유학기제에 대해서 어떻게 생각하세요? (찬성논거 다룬해 근거하며 토론)
하베르(성명)	2015년 3학년 ○○○ · 2015년 3학기 ○○○
심리 — 찬성	체험학습의 활동을 통해 자신의 적성을 찾고 이에 맞는 자기 개발 및 인성함양의 가능성을 높여 학습동기를 강화시킬수있다. 시험부담에 줄어 반측강이 돌고 행복한 학교 생활이 가능하며 이를 통해 공교육 신뢰회복과 정상화가 가능할것이다. 학생스스로가 체험을 통해 직접 몸으로 습득하는 학습이 가능하고 이를 통해 다양한 생각들과 미래를 계획할 수있다.
심리 — 반대	사립학교(외고, 인사고)에 진학을 희망하는 학생들에게는 자유학기제의 시험해제가 기존 학교생식 보다 더 부담이 될수있다. 자유학기제 이후 다시 기존 방식의 학기가 운영되면 학생들이 더 스트레스를 받을 수 없고 더 강도 높은 경비를 하게 된수 있다. 중학교 1학년만 자유학기제를 실행하고 있는데 중학교 1학년만 진로진학 탐색 활동이 필요한가에 대한 의문이 있다.
Creative Solution (상의직 해결)	저희도 찬성의편입니다. 다만 반대의견에서 한학기반 운영되는 학기제를 전학기로 변경하게서 학생들이 더 많은 체험을 하고 진로를 찾을수 있도록 도움을 주어야 합니다.
소감	서로 의견을 주고 받으면서 자신이 알지 못했던 것들을 새롭게 알게 되고 자신의 의견을 보충할수 있다. 또 자신의 문제점을 알고 그것을 반박할수 있다.

로봇교사, 과연 적합한가

찬성 　　　　　 반대

찬성	반대
한명의 선생이 맡고있는 행정적 업무가 너무 과함 → 해결의 불급 가능	선생님 한 명의 행정적 업무가 과도함. 검문, 교육,게다 등의 분야, 체육, 음악, 미술을 한가지 로봇으로서 할 수 업무에 대한 몸에 X
경제성의 확보 (논리 자본으로만 하면, 관리비만는 적음), 행정적 결함을 위한 미래에는 적극적 비용절감	현재, 실습들이 애정실정 중 (취업분위기) 교사, 교수 되겠다에 애정을 존경하는 울려남
지역에 상관없이 평준화된 교육을 할수 있음 → 지식교육 · 단지교육 실현이 가능	사회적 이로하는 딱딱하로 하게, 감지각적 평면하면 쓴몸에들에 어려움이 있음.
수업에 전반적 활동은 사실상 많이 들어 되어 이뤄는.. 퇴를수 있으나, 능동적 적성으로 새롭게게에 기립할

(진하영, 최형준)조

로봇과 함께하는 미래교육

학생들의 다중지능 발달도움

언어, 음악 교과의 체험가능

창의적인 교육방식의 적용

· 교사의 다양한 잡무해결

· 학업수준에 맞는 수업가능

· 발음, 교과목 관련 지능 활용 용이

2+2=4

1. 인간교사의 일자리 감소

2. 지식을 배우는 것에만 치우친 학교교육

3. 학생들의 심리상태 파악하여 반영가는 것의 어려움

4. 교실의 부재로 교우관계 형성의 어려움

5. 학교기밀 및 학생들의 개인정! 보안의 어려움

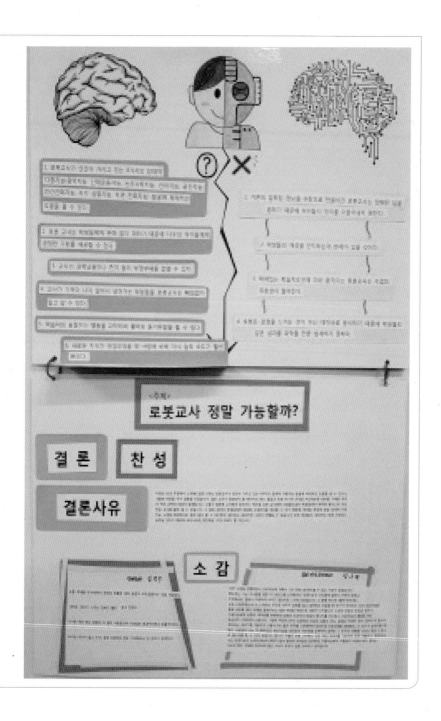

협동학습
적용 Tip

다음은 In-class를 위한 협동학습 방법에 관한 교수학습모형들을 본격적으로 소개한다.

(1) 완전학습을 위한 협동학습 모형

완전학습이란 학업성취도를 90% 이상 접근시키려는 이론이다. 한마디로 요약하면 수업의 질을 높이려는 방안으로 동기가 부족한 학생에게 충분한 학습기회를 제공하고, 지구력이 약한 학생에게는 지구력을 높이는 교육방법을 처방하여 대다수 학생이 교육목표를 달성하게 하는 것이다. 완전학습을 주장한 대표적인 학자로 블룸 B.S.Bloom을 들 수 있는데 그는 전체 학습자의 95% 이상이 90%의 학습 목표를 달성할 때를 완전학습으로 인정했다.

이 책에서는 완전학습의 모형으로 가장 널리 활용되고 있는 STAD와 TGT를 소개한다.

① STAD 모형Student Teams Achievement Divisions : 모둠 성취분담 모형

■ STAD 교수학습모형

STAD 모형은 홉킨스대학The Johns Hopkins University의 슬래빈R.Slavin과 그 동료들1977에 의해 고안된 모형으로써 대표적으로 수학이나 물리, 과학 교과 등에 많이 활용된다. 특히 대학에서는 공과계열 교과목에 적용 가능성이 높은데 그 이유는 기초지식 습득과 이해과정을 기반으로 심화학습이 가능하도록 구체적인 방법이 절차적으로 구조화되어 있기 때문이다. 또한, 협동수업에서 가장 빈번하게 발생하는 무임승차의 단점을 보완할 수 있도록 개별적 책무성과 성공 기회가 균등하게 마련되어 학생들에게 호응도가 높다.

STAD 모형은 절차가 간단해서 실제 수업에 적용하기 쉽다. 특히 대부분 학습자 중심 교수학습모델이 가지는 긍정적 상호작용을 모두 갖추고 있다는 장점이 있어 협동 학습을 처음 시도할 때 가장 좋은 모델이 된다.

STAD 주요 특성

첫째, (집단의 목표) 구성원 각자의 목표뿐만 아니라 집단의 목표가 있어 서로 돕고, 도움을 받으려 한다.

둘째, (개별적 책무성) 집단에 대한 책무성과 과제에 대한 분업이 이루어져 개별적 책무성이 강조됨으로써 개인의 능력을 최대로 발휘할 수 있다.

셋째, (성공의 기회균등) 개인의 능력에 관계없이 집단에 기여할 수 있는 성공의 기회가 균등하게 주어져 스스로 노력하게 된다.

넷째, (소집단 간의 경쟁) 소집단 간의 경쟁이 유발되어 구성원들의 결속이 다져지고 구성원들의 학습 동기가 촉진된다.

그럼, 실제 **STAD**의 진행과정에 대하여 자세히 설명하겠다.

■ STAD 모형의 수업 절차

수업 소개
학습목표 제시

모둠 편성

학습내용 제시
모둠 내 동료학습활동

형성평가(Test)

개별, 모둠 향상 점수 산출

모둠 점수 게시 및 보상

[1] 수업 소개 학습목표 제시

STAD의 수업 절차는 가장 먼저 수업 내용을 제시하는 것으로 시작된다. 이는 교사에 의해 강의나 토론 발제형식으로 이루어지는데 때로는 시청각 자료나 신문기사 등을 통하여 흥미를 유발하는 방법으로도 전개된다. 더불어, 수업을 소개하는 과정에서 단원 전체의 개요 및 교육목표를 필수로 안내하고 학습활동의 도입, 전개, 과제수행의 절차를 반드시 학생들에게 주지시킨다.

[2] 모둠 편성

모둠은 4~6명 정도로, 학업 능력, 성별 등을 고려하여 이질적으로 구성한다. 이렇게 편성된 모둠 내 첫 번째 활동은 학생들에게 주어진 과제_{일종의 산술문제나 공식풀이 등}를 일정 시간 동안 동료학습 간의 상호작용을 활발히 하면서 학습할 수 있도록 한다. 이때 구성원들은 다양한 수업의 자료원_{사전 동영상 강의, 학습 과제물, 관련 정보물}을 활용하여 학습 과제 내용을 해결하며 서로 가르치고 배우는 방식으로 진행한다. 즉, Pair learning 체계로 동료교수법을 수행하는 것이다. 그 과정에서 서로의 해답을 비교하고 오답을 낸 학생들에게는 잘못된 것을 바로잡아준다.

STAD의 가장 중요한 특성은 모둠이다. 집단 안의 신뢰감을 형성을 위하여 모둠 구성 초기에 팀 명과 팀 구호를 제정하여 단결과 협력을 강화시키고 6~8주 정도 지난 후에는 모둠을 재구성하는 것이 바람직하다.

STAD 모둠(조) 편성 팁

❝ STAD 수업은 4명 1 모둠 수업이 가장 좋으며 반 편성할 때와 마찬가지로 성적을 기준으로 팀 편차를 최소화하여 균등하게 모둠을 편성해야 한다. 예를 들어 40명을 4명당 1 모둠으로 편성하려면 1등부터 10등의 학생이 각각 1 모둠부터 10 모둠에 배치된다(총 10개의 팀일 경우). 그리고 11등은 10조, 12등은 9조 순으로 하여 20등은 1조가 된다. 모둠은 과제가 변동되는 시점으로 몇 주간 후 다시 편성하는 것이 학습성과 측면에서 효과적이다. 그리고 성별이나 성격도 고려하여 최대한 이질적으로 구성하면 더욱 좋다. 그 이유는 이러한 이질성이 모둠 동료 간에 상호작용을 활발하게 해주기 때문이다. ❞

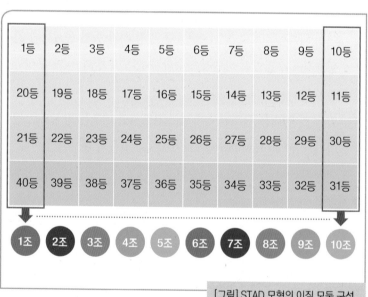

1등	2등	3등	4등	5등	6등	7등	8등	9등	10등
20등	19등	18등	17등	16등	15등	14등	13등	12등	11등
21등	22등	23등	24등	25등	26등	27등	28등	29등	30등
40등	39등	38등	37등	36등	35등	34등	33등	32등	31등

1조 2조 3조 4조 5조 6조 7조 8조 9조 10조

[그림] STAD 모형의 이질 모둠 구성

[3] 학습내용 제시모둠 내 동료학습 활동

　모둠을 편성하고 난 이후 실제 수업에서 전개할 사항은 먼저 교사가 진행하는 기본 강의를 듣고 그와 관련된 협동학습 활동을 수행하는 과정이다. 이때 한 모둠 내에서 2인 1조의 형태를 취하여 서로 가르쳐주기 형태로 동료학습을 전개한다. 이 과정에서 교수자는 효과적인 학습활동을 돕기 위해서 2인당 1장씩 학습지Work sheet를 배부하여 파트너끼리 서로 토의하면서 학습과제를 완수할 수 있도록 한다. 다음으로 시간이 여유가 된다면 한 모둠 내에서 새로운 파트너를 지정하여 또 다른 학습활동을 전개한다.

예시 : 위 그림을 토대로 한 모둠 내 동료 학습자 파트너 편성

과제 종류	모둠 내 파트너 편성	
A 과제	석차 1등 + 석차 20등	석차 21등 + 석차 40등
B 과제	석차 1등 + 석차 21등	석차 20등 + 석차 40등

[4] 형성평가간단한 테스트

　교사의 강의와 모둠 내 협동학습 활동이 이루어지고 나면 학생들은 개별적으로 시험을 치르는데 이 시험에서는 교사가 제시한 내용, 즉 협동학습 활동에서 얻어진 지식을 테스트하게 된다. 이때는 서로 도와줄 수 없으며 개인 점수로 계산한다. 이렇게 함으로써 학습의 책임성을 강화시킨다. 교사는 약 15분 정도 실시할 간단한 문제를 만들어 사용할 수도 있고 교과서에 나오는 연습문제나 그 밖의 문제를 사용할 수도 있다.

[5] 개별·모둠 향상 점수 산출

이제 앞서 진행했던 평가 점수를 개인별로 산출하고 모둠별로도 점수를 집계한다. 모둠별 점수 집계는 팀 구성원들 개개인의 성적 향상폭을 계산 후 합산하면 된다. 가령 A학생이 개별 테스트test 전 예전 점수가 55점인데 팀 학습 후 개별 테스트에서 획득한 점수가 70점이라면 +15점이 확인된다. 즉, 향상폭이 15가 되는 셈이다. 이 때 향상폭에 따른 최종 향상 점수가 책정된다. STAD의 득점 체계에서는 학생 성적이 과거에 비해서 명백한 진보가 일어났다면 어떤 학생이라도 모둠에 점수를 보탤 수 있다.

개별 향상 점수는 각각의 학생마다 기본 점수를 세우고 학생들이 공부한 것을 형성평가를 통해 얼마만큼 향상되었나를 측정 평가하는 것이다.

모둠 향상 점수는 모둠원의 개별 향상 점수의 평균 점수이다. 이 때 향상 점수의 계산 방법은 학습자들에게 충분히 설명해서 모둠 점수 향상에 기여토록 한다. 각 학생에게는 기준점수가 부여되고 시험을 시행한 후 기준점수를 초과하면 팀에 초과된 점수를 기여하게 된다.

[6] 모둠 점수의 게시와 보상

수업이 끝나면 즉시 모둠 점수와 뛰어난 개인의 성과를 게시하고, 우수한 개인이나 소집단에게 다양한 방법으로 시상한다. 모둠 점수와 개인 점수는 수행평가에 반영한다. 스티커를 많이 받은 팀이나 학생들에게는 다양한 보상뿐만 아니라 성적에 반영하여 학업 성취도가 낮았던 학생들에게는 긍정 경쟁을 유도하고, 성적이 높은 학생들은 모둠의 점수를 높이기 위하여 팀원들을 잘 이끌어야 하는 협동심을 고취시킨다. 즉, 구조화된 협동학습 경험을 통해 팀 내 기여도와 모둠 간 선의의 경쟁을 유도한다.

모둠활동 및 점수기록표_STAD(Student Teams Archievement Devisions)

모둠명		최강수학		평가일시		2017년 9월 1일
기록자		이나라		확인자		최정빈 교사

개인별 점수					모둠별 점수				
이름	기본 점수 (예전)	테스트 (오늘)	향상 폭	향상 점수	향상 점수 총점	모둠 향상 점수①	모둠 태도 점수②	총 모둠 점수 ①+②	등수 및 시상
김수진	90	95	5	10					
황여진	80	75	−5	−10					
최장인	75	85	10	20	50	12	5	17	2위 스티커 3장
이서준	55	70	15	30					
합계	300	325	25	50					

* 향상 점수는 이렇게 계산하세요

향상 점수 기준표

점수 향상폭	향상 점수
+11 이상 내지 만점	30
+6~+10점	20
+3~+5점	10
−2~+2점	0
−3~−5점	−10
−6~−10점	−20
−11점 이상	−30

* 모둠 향상 점수는 이렇게 계산하세요

모둠 향상 점수 기준표

향상 점수 총점	향상점수
0~20	4
20~40	8
40~60	12
60~80	16
00~100	20

* 모둠 태도 점수는 이렇게 계산하세요

모둠 태도 점수 기준표	점수	
	아니다. 0	그렇다. 1
1. 학습준비물(책, 노트, 필기구, 기타)을 모두 준비하였는가?		
2. 짝꿍이 설명하는 내용을 열심히 듣고 학습하였는가?		
3. 다른 모둠에 방해되지 않도록 작은 소리로 이야기하였는가?		
4. 모둠 친구 간의 상호작용을 활발히 하면서 가르치고 배우면서 활동하였는가?		
5. 모둠의 역할 분담이 알맞게 되었으며 각자가 맡은 역할을 잘 수행하였는가?		
총점		

② TGT Team Game Tournament : 모둠 게임 토너먼트 모형

■ TGT 모형

TGT는 홉킨스대학에서 연구 개발된 학습자 중심 팀 학습 STL: Student Team Learning의 한 방법이다. TGT는 재미있는 퀴즈게임을 통해 개인과 모둠 간의 경쟁을 자연스럽게 유도하며 개인이 얻은 점수를 통해 모둠보상으로 혜택을 나누는 보상 중심의 협력학습 방법이다. 특히나 TGT는 모든 학생이 참여해야 하는 수업의 구조를 띠고 있기 때문에 무임승차 Free-rider를 방지할 수 있다.

TGT의 중요한 특징 중 하나는, 매주 토너먼트 성적에 의해서 선수로 출전하는 테이블 학습의 場이 바뀐다는 것이다. 즉, 해당 주차에 좋은 성적을 얻은 학습자는 다음 주에 더 높은 경쟁자들이 모이는 상위의 테이블에 대표선수로 나가고, 반대로 좋지 않은 성적을 얻

은 구성원은 자신이 출전했던 테이블보다 하위의 테이블에 출전한 다. 이러한 흥미진진한 게임 과정을 통해 지루하기 쉬운 학습을 게임 형식으로 변형시켜 학습자들이 능동적으로 학습에 참여하도록 유도하는 장점이 있다. 반면에 다른 협력학습 방법과는 달리 게임 과정에서 상대적으로 많은 시간이 할애되기 때문에 심화학습 시간 이 줄어드는 단점이 있다. 그러나 게임에 승리하기 위해 모둠원들 끼리 하나의 목표를 공유하고 문제를 해결하는 과정 때문에 학습 몰입도는 더 강하다고 볼 수 있다.

이렇듯 장점이 많은 TGT를 교수자들이 한 한기에 두, 세 번 정도는 꼭 경험해보길 권유한다. 여러 협동학습의 모형 중 단연 학습자들에게 인기가 많은 모형이기에 추천한다. 그러나 TGT를 처음 접하는 교수자는 수업모형이 다소 복잡하게 느낄 수 있으므로 이 책에서는 TGT의 원취지는 살리되, 우리나라 학습자들 성향과 수업환경에 맞게 간략화된 TGT 모형을 안내하겠다.

■ TGT 모형의 수업 절차

TGT는 모둠 내 활발한 학습 활동을 전개하는 측면에서 STAD와 비슷한 절차를 거친다.

다음 그림은 TGT의 일반적인 수업 흐름을 표현한 것이다. TGT 수업의 구조가 그리 어렵지는 않지만, 책의 내용만으로는 이해가 부족할 수 있으므로 전체 수업 절차를 머릿속에 그리고 세부적인 사항들에 대해서는 아래 본문의 내용을 참고하기 바란다.

1 수업 소개 및 학습목표 제시

2 모둠 편성

3 강의제공 및 모둠 내 동료학습

4 수준별 토너먼트 게임

5 모둠으로 복귀 후 게임점수 합산

6 모둠평가 및 모둠 내 개인 보상

TGT의 수업 절차는 크게 6단계로 구분할 수 있는데 1, 2, 3단계는 '학습목표 제시 → 모둠 편성 → 학습내용 제시 및 모둠 내 동료 학습 활동'으로 STAD의 수업절차와 같다. 다음으로 뒤이어 추가되는 핵심과정이 있는데 그것이 바로 '토너먼트 게임'_{위 그림 4, 5단계에 해당}이다. 그리고 마지막 6단계는 STAD와 마찬가지로 모둠평가 및 개인평가로 마무리된다.

[1] 수업 소개 및 학습 목표 제시

교수자는 본 차시 학습의 개요에 대해 전반적으로 설명하고 학습활동의 '도입, 전개, 과제수행' 등의 절차를 학습자에게 먼저 주지시킨다. 그다음 세부적인 학습 목표를 공유한다.

[2] 모둠 편성

TGT의 모둠 편성은 STAD와 마찬가지로 이질 모둠으로 구성해야 한다. 우선 이해를 돕기 위해 소규모 학습그룹에서 모둠을 편성하는 예를 들겠다.

한 학급_{class}의 학생 수가 16명일 경우 한 모둠 당 4인으로 구성한다. 이때 학업의 성취도를 선별하여 각 모둠의 학업능력 수준의 편차를 최소화하는 것이 중요하다. 따라서 TGT를 운영하기 전에 간단한 테스트를 통해 학습자들의 석차를 모두 확인해 둔다.

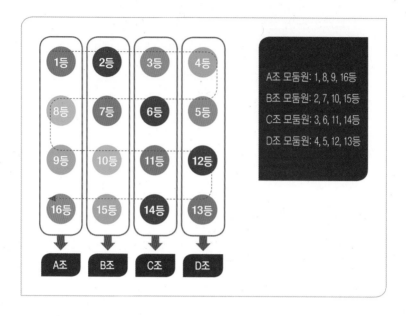

A조 모둠원: 1, 8, 9, 16등
B조 모둠원: 2, 7, 10, 15등
C조 모둠원: 3, 6, 11, 14등
D조 모둠원: 4, 5, 12, 13등

[3] 강의제공 및 모둠별 동료학습

　　4인 1조로 구성된 학습자들은 모둠 형 테이블로 자리를 배치시키고 교수자는 강의를 제공한다. 이때 강의는 긴 시간 동안 진행하지 말고 핵심사항 위주로 문제를 해결하기 위한 단서 정도만 제공해야 한다. 어차피 협동학습에서 학습자가 해결해야 하는 문제들이 제시되기 때문에 너무 구체적으로 강의를 진행하지 않고 학습자로 하여금 질문을 많이 받는 시간을 갖는 것이 더 효과적이고 효율적이다.

　　강의가 끝나고 나면 뒤이어 한 모둠 내에서 모든 구성원이 학습 내용을 공유하고 토론하도록 만든다. 이때는 굳이 STAD처럼 모둠 내에서 다시 2인 1조의 미니 그룹 형태를 취하지 않고 4인이 모두 함께 학습_{자유발언, 돌아가며 발표하기, 토론·토의, 질의응답 등}한다.

[4] 수준별 토너먼트 게임

　　모둠 내 동료학습이 끝나면 학생들을 다시 새로운 자리로 이동 배치한다_{학업수준별 학습자 그룹으로 재편성: 토너먼트 게임 대형}.

　　이제 자신들이 속해있는 모둠을 떠나서 수준이 비슷한 다른 모둠의 학생그룹_{상위 리그, 중상·하위 리그, 하위 리그}에 퀴즈를 대결하러 원정을 나서야 할 때이다. 즉, 각자의 모둠의 대표성을 띠고 수준별로 다시 모이는 테이블로 이동하는데 이 테이블을 '토너먼트 게임 테이블'이라 부른다. 이때 수준별 재구성한 토너먼트 게임 테이블에 4명의 학생이 게임을 할 수 있도록 학급 학생 수와 소집단의 수를 잘 조절해야 한다.

A-1등	B-2등		D-5등	C-6등		A-9등	B-10등		D-13등	C-14등
D-4등	C-3등		A-8등	B-7등		D-12등	C-11등		A-16등	B-15등
상위 리그			중상위 리그			중하위 리그			하위 리그	

※ 토너먼트 게임하기

　　토너먼트 테이블에 4명의 학습자가 둘러 앉으면 교수자는 미리 준비해 둔 문제카드와 정답지, 평가기준표, 그리고 개별 답안기록장, 개별 점수기록표를 가려진 상태로 테이블 위에 마련해둔다.

　　이제 퀴즈_{문제카드}를 풀 차례인데 누가 먼저 문제를 풀 것인지 '선_先'을 정하게 한다. 보통 가위, 바위, 보로 정하든지 아니면 가벼운 아이스브레이킹으로 학습자들 간의 서먹함을 지우고 선을 정하는 것도 좋은 방법이다.

'선'이 결정되면 오른쪽으로 1번 도전자, 2번 도전자, 3번 도전자로 순서를 매겨준다.

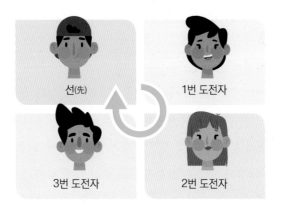

다음으로 '선'은 임의의 카드를 선택한 후 그 카드를 뒤집어서 카드 뒤에 있는 문제를 다른 학생들이 들을 수 있도록 읽어주고 필요할 때 문제카드를 다른 도전자들과 함께 돌려본다. 그러면 본격적으로 문제에 대한 답을 맞히는 베틀이 시작되는데 순서를 정했기 때문에 차례로 답을 말하게 된다. 이때 가장 먼저 누가 답을 말할 권리가 있느냐면 바로 '선'이 우선권을 가진다. '선'의 권한은 자신이 선택한 문제의 답을 먼저 말할 수 있고, 틀려도 감점이 없다.

'선'이 생각한 답을 말한 다음, 1번 도전자부터 자기 생각을 표현할 기회가 주어진다. 이때, 앞에서 '선'의 답변이 정답이라 생각되거나 잘 모르겠으면 '패스'를 외치고, 틀렸다고 생각되면 '찬스'를 외치고 자신이 생각하는 답을 말한다. 그러나 결과적으로 말한 답이 틀렸을 때는 1점 감점을 당한다. 다음으로 같은 패턴으로 2번 도전자 역시 '선'에서부터 앞의 1번 도전자의 답변에 대해 그 답이 정답이라고 동의하거나 잘 모르겠으면 '패스'를 외치고, 만약 아직 정답이 나오지 않았다고 생각하면 그때 '찬스'를 외치고, 자신이 생각한 답을 말한다. 이렇게 해서 마지막 도전자, 즉 3번 도전자 역시 답에 대해 대응을 하게 되면 퀴즈 게임이 끝나게 된다.

퀴즈가 끝나고 나면 구성원들 모두 교수자가 준비해둔 정답지를 확인하고 결과를 각자 기록한다. 이렇게 한 라운드가 끝나면 1번 도전자가 새로운 선이 되고, 오른쪽으로 역할이 하나씩 옮겨진다. 결국, 도전자들은 4번의 퀴즈 라운드를 거치게 되므로 테이블당 문제는 적어도 4개 이상은 준비되어야 한다. 쉬운 문제를 제시할 때는 2배수로, 즉 8개의 문제를 내도 좋고 고난도 문제 같으면 한정된 수업시간이 있기 때문에 최소 4개의 문제가 제시되면 좋다.

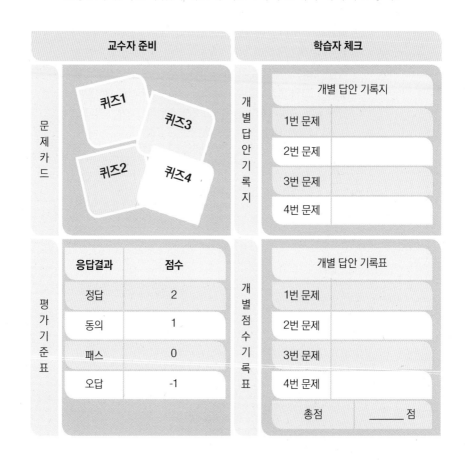

이제, 수준별로 리그를 결성하고 토너먼트 게임을 시행한다.

토너먼트 게임에 대한 자세한 내용은 앞 장에 본 내용과 같다. 그런데 학생 수가 많은 class에서는 상위리그가 두 개로 나누어져 있기 때문에 다시 최종 상위 리그 구성원을 가리기 위한 2차 토너먼트 배틀이 필요하다. 2차 토너먼트에서 최고 득점자가 나오게 되면 그만큼 자신의 모둠으로 돌아갔을 때 합산 점수에 큰 기여가 된다.

여기서 잠깐!
⇨ **응용하기**

여기서는 16명을 예시로 들고 있으나 보통 중집단 규모에서 협동학습이 이루어질 것을 고려하여 부연 설명하겠다. 만약 한 학급(class)의 학생 수가 36명이면, 6인 1 모둠의 형태로 한 조(A~F조)씩 편성하고 수준별 리그 그룹핑은 6개로 편성할 수 있게 된다. 그렇게 되면 상위리그 2개, 중위리그 2개, 하위리그 2개로 나뉘게 된다.

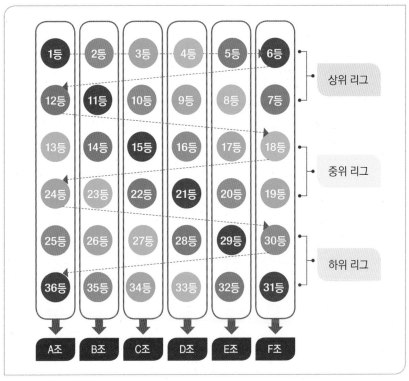

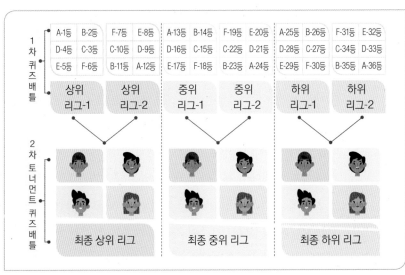

[5] 모둠으로 복귀 후 게임점수 합산

수업 종료 10분 전, 교수자는 '토너먼트 게임마감'을 알린다. 만
일 그때까지 어느 테이블에서 '선'의 역할을 하
지 못한 학습자가 있다면 평가의 공정을 위해
마지막 '선'의 임무를 수행할 수 있도록 기다려
주어야 한다. 그래서 협동수업과정 중, 교수자
는 토너먼트 테이블마다 수시로 모니터링하여
시간 관리가 잘 안 되는 팀이 있다면 반드시 독
려해야 한다. 이렇게 해서 테이블마다 게임이
모두 끝나면 '개별 점수기록표'에 결과를 기록
한 후 각자의 원래 모둠 자리로 돌아가서 모둠
별 점수 합산을 집계하도록 지시한다.

모둠 평가 기록표	
이서준	7점
김나라	10점
최현빈	3점
김학수	5점
모둠 총점	25점
모둠 순위	2위

[6] 모둠평가 및 모둠 내 개인 보상

마지막으로 교수자는 모둠마다 구성원들이 획득해온 점수 합산
기록표를 거두어 확인한 후, 결과를 공지한다. 순위에 따라 사전에
정한 모둠 점수를 부여하고 각 모둠 내 가장 기여도가 높은 개인에
게 개인보상을 부여한다.

지금까지 살펴본 TGT 협동학습의 방식은 각 구성원이 자신의
학습 능력에 따라 비슷한 수준의 학생과 게임을 하게 되므로 모두
가 동등한 조건에서 게임에 임할 수 있는 구조가 된다. 그리고 다
음 차시에서 기초학력테스트를 다시 거쳐 새롭게 갱신된 성적에
따라 모둠이 편성되고 기존의 자신의 수준이 상향된 학습자의 경
우에는 상위 테이블에 출전할 수 있어 개인 학습 동기에 긍정적 영
향을 미친다.

TGT를 위한 교수자 준비사항

준비1	모둠 형성(STAD와 같이 성적순 이질 모둠: 모둠을 편성할 때 학생 수 차이 때문에 발생하는 문제들은 교사가 적절히 융통성을 발휘해서 운영한다)
준비2	문제카드 및 해답, 테이블 기록표

2. 과제 세분화를 위한 협력학습

구성주의관점에서 본 협동학습의 가장 큰 특징은 과제를 세분화하여 학습자 스스로 지식을 형성해 나가는 데 있다. 그 대표적 학습모형으로써 아론슨E.Aroson이 개발한 직소Jigsaw모형은 교육현장에서 가장 보편적으로 활용되고 있으며 다른 학습모형에 비해 흥미 요소가 많아 매력적인 교수학습모형으로 평가받고 있다.

직소jigsaw 모형은 직소라는 말에서 힌트를 얻을 수 있듯이 직소 모형은 모둠 안에 각 구성원이 퍼즐 조각처럼 흩어졌다가 임무를 완수하고 다시 제자리의 돌아와 다시 하나의 퍼즐, 즉 팀을 구성한다는 뜻이다. 직소 모형 수업 활동의 주인공은 학습자이지 교수자가 아니며, 교수활동 자체를 학습자가 이해하고 소화시켜 스스로가 학습의 성과를 이끌어내야 하는 구조이다. 소집단 학습구조로 각 개인은 전체 학습 내용의 일부분을 담당하고 있기 때문에 집단의 모든 학습자는 주어진 학습 목표를 달성하기 위해 협력을 하지 않을 수 없다. 직소 모형은 초기 모형의 버전을 시작으로 수정·보완해가면서 여러 버전이 나왔는데 이번 장에서는 가장 기본이 되는 직소 I 형태를 소개한다.

■ 모둠 활동과 수업절차

　직소 모형에서는 모둠 구성을 이질집단과 동질집단 어느 것이든 크게 상관하지는 않는다. 다만, 수업과정 중에서 모집단 활동과 전문가 활동으로 나뉜다.

[1] 교수자는 4인 1조로 각 모둠을 구성하고 모둠원 각자에게 4가지 유형의 주제를 제시해서 각자 학습하도록 분배한다. 즉, 각 모둠은 교사에게서 하달된 주제를 4등분하여 구성원들이 나누어서 학습한다. 교사가 준비한 학습 내용을 모둠마다 똑같이 나누어 주고, 조마다 1, 2, 3, 4 학생이 그 내용을 나누어 개별학습한다. 이때 A조의 1번 학생 내용과 B조의 1번 학생 그리고 C조의 1번 학생, D조의 1번 학생은 모두 같은 주제를 학습한다

A1=B1=C1=D1, A2=B2=C2=D2, A3=B3=C3=D3, A4=B4=C4=D4.

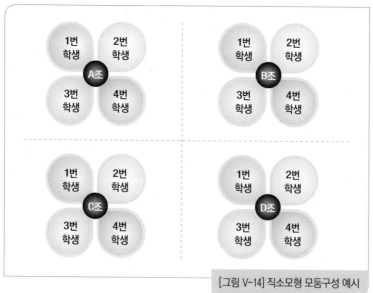

[그림 V-14] 직소모형 모둠구성 예시

[2] 다음으로, 각자 학습하는 내용을 기록할 수 있도록 교사는 학습
지를 미리 준비한다. 결국, 각 주제를 맡은 구성원은 그 소주제
에 한하여 전문가가 되는 것이다. 그리고 각 모둠에서 동일한 주
제를 맡은 전문가끼리 따로 전문가 모둠을 구성하여 함께 학습
활동을 한다.

[3] 전문가 집단의 모둠 학습활동이 끝났으면 다시 원래의 모둠으
로 돌아와서 복귀하여 자신의 전문적 지식을 모둠 안의 다른 동료
학습자에게 전수한다.
다른 동료 학습자들은 자기가 전문으로 선택한 것 외에는 전혀
학습하지 않았기 때문에 자신이 전공하지 않은 영역은 전적으
로 동료 전문가의 지식에 의존할 수밖에 없다. 따라서 동료의
가르침을 적극적으로 수용하게 된다. 그 과정이 끝나면 전체 과
제를 통하여 개인 평가를 받는다.

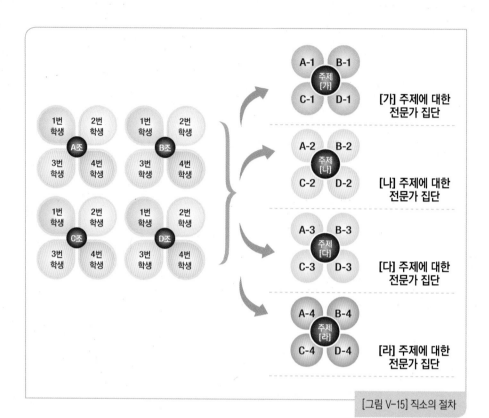

[가] 주제에 대한
전문가 집단

[나] 주제에 대한
전문가 집단

[다] 주제에 대한
전문가 집단

[라] 주제에 대한
전문가 집단

[그림 V-15] 직소의 절차

3. 문제중심해결 협력학습

■ 목표기반시나리오 Goal-Based Scenarios

① GBS의 정의

GBS Goal-Based Scenarios 모형은 Schanks 1995에 의해 개발된 시나리오 형태로 구조화된 목표를 제시하는 구성주의 교수설계모형이다. GBS 모형은 정해진 목표를 중심으로 학습에 필요한 모든 것, 예컨대 학습자의 활동, 학습자료, 피드백 등을 시나리오라는 설정된 상황에 배치하여 학습자들이 마치 연극이나 상황극을 수행하여 그 과정에서 자신도 모르게 정해진 목표를 성취하도록 하는 교수학습모형이다. 따라서 인성을 도모하기 위한 교육방법론으로 최적화된 교수학습모형이다.

② GBS의 특성

실제적인 맥락을 강조하는 점에서 구성주의적이지만, 교수설계 과정을 통해 분석된 목표를 중심으로 학습에 필요한 모든 과정을 절차화하기 때문에 객관주의적인 관점을 함께 절충하고 있다. 그래서 객관주의적 관점에서 구성주의 관점으로 넘어가는 중간 입장에 위치하는 이론의 특징을 가진다.

③ GBS의 구성요소

• 목표

GBS를 통하여 학습자들이 획득하기 원하는 지식과 기술, 태도 KSA: Knowledge, Skill, Attitude를 제시하는 단계이다.

• 미션

학습자가 설정된 목표를 성취하기 위해 수행해야 하는 과제로 목표와 미션은 서로 밀접한 관련을 가진다. 미션을 설정할 때는 학습자가 지속적으로 미션을 끈기 있게 추구할 수 있도록 적절한 동기를 유발할 수 있어야 한다. 따라서 미션은 실제적이어야 하며, 학습자가 현실에서 당면하고 있는 실제 상황과 유사할수록 동기가 유발된다.

• 표지 이야기

커버스토리Cover story라고도 하며, 목표달성을 위해 학습자가 수행해야 할 미션과 관련된 맥락을 이야기 방식으로 설명함으로써 학습자가 취해야 할 행동을 구체적으로 이해시키기 위해 만든다. 표지 이야기를 통해 미션을 정확하게 이해하고 미션 수행을 위해 무엇을 해야 하는지를 구체적으로 알 수 있다.

• 역할

GBS는 시나리오 기반 모형이기 때문에 학습자가 각자의 역할을 맡음으로써 표지 이야기 안의 스토리 전개에 따라 미션을 수행한다. 어떤 역할이 목표를 성취하는 데 최선인가를 파악하고 학습자의 역할이 흥미롭고 실제적이어야 효과적이다.

• 시나리오 운영

GBS 모형에서 가장 중요한 부분이기도 한 시나리오 운영은 학습자가 미션을 수행하는 모든 구체적인 활동이 설계되어 제공되어야 한다. 학습자가 무엇을 해야 하는지 의사결정을 하거나, 지시를 내

리게 하거나, 질문에 답하게 하거나 도구를 사용하고 필요한 정보
를 탐색하게 하는 등의 활동으로 구성된다.

• 자원

미션을 수행하는 데 필요한 정보는 잘 조직되어 있어야 하며 어렵
지 않게 접근하도록 사전에 필요한 자원을 제공해야 한다. 자원은
과정지식을 습득하는 데 필요한 정보와 내용지식을 습득하는 데
필요한 정보 모두 적절하게 제공되어야 한다.

• 피드백

학습자들이 미션을 수행하는 과정에서 발생할 수 있는 어려움을
해결하기 위해 교수자는 피드백을 제공해야 한다. 피드백은 학습
자의 미션 수행의 맥락에서 이루어지며, 적절한 시기에 제공될 수
있도록 설계되어야 한다. 피드백은 임무 수행 과정에서 밟는 행동
의 결과에 대한 피드백, 학습자가 필요로 하는 시기에 학습자를 돕
기 위한 조언이나 권고를 제공하는 코칭, 전문가들이 실제 미션을
수행할 때 겪게 되는 경험에 대한 간접적인 체험 등의 형태로 제
공한다.

④ GBS의 절차

GBS 절차는 모형의 요인들을 조합하면서 절차적으로 구성한
다. 이 과정을 간략하게 정리하면 다음과 같다.

GBS 절차

구분	단계	학습활동 내용	구성요인
도입	정의	학습 목표 설정	목표, 미션
도입	연구	학습과제 연구(토론)	표지 이야기, 자원, 피드백
전개	해결	문제해결을 위한 세부적인 상황을 시뮬레이션	역할, 시나리오 운영, 자원 피드백
결론	실천	시연하기- 5W1H[5] 중심으로	피드백

---

5   When, Where, Who, What, Why, How

팀명 : 1.2kg

목표	셰익스피어 4대 비극 중 '맥베스'에 대해 이야기하고자 한다. 맥베스는 인간의 욕망에 집중한 이야기다. 맥베스는 마녀의 예언을 듣고 욕망에 사로잡히고, 주위 사람들은 계속해서 그 욕망을 부채질한다. 많은 살인 끝에 욕망을 실현하지만, 결국 그 욕망은 비극으로 되돌아오고 만다. 여기서 질문이 생긴다. 왜 맥베스는 욕망을 이루었음에도 불행해졌을까? 맥베스가 품은 욕망은 맥베스 그 자신의 것이었을까? 현대 사회를 살아가는 우리의 모습은 맥베스와 다른가? 과연 나는 나의 꿈을 꾸고 있는가? 이러한 질문들에 답하면서 우리를 되돌아보고, 앞으로의 미래를 생각해보고자 한다.
미션	맥베스에 대한 UCC 동영상을 창작한다.
커버스토리	맥베스가 원래 연극이었을 뿐만 아니라 오늘날 영화, 뮤지컬, 오페라 등 다양한 장르로 재구성되었기 때문에, 우리가 어설픈 연기를 하는 것은 전혀 경쟁력이 없다고 판단했다. 또한, 수많은 셰익스피어 전문가와 영문학도들이 있기 때문에, 작품에 관한 꼼꼼한 해석을 하는 것 역시 현명하지 못하다고 판단했다. 그래서 맥베스의 '욕망'을 작품분석의 핵심 키워드로 잡고, 역할극 형식으로 이야기를 풀어나간다. 맥베스 사건이 일종의 연쇄 살인 사건이기 때문에, 범죄 수사 프로그램인 '그것이 알고 싶다'를 콘셉트로 하여 이야기를 진행한다. 맥베스 사건을 보도하며 다음 순으로 진행한다. 1. 진행자가 사건개요 설명(작품 줄거리) 2. 왜 이런 사건이 발생했는가, 프로파일러의 맥베스와 주변인의 심리 분석(작품 분석) 3. 공시생 자살 사건 예시, 오늘날을 살아가는 현대인들의 인터뷰(우리 주변으로 작품 끌어오기) 4. 철학자, 자크 라캉의 말을 인용하고(메시지 전달), 시청자에게 질문을 던지며 엔딩(마무리)
역할	진행자 역 : 송혜영, 프로파일러 역 : 이형주, 인터뷰이 역 : 송혜영, 염지헌(대역 재연) / 콘티 제작 및 피드백 받기 : 송혜영 / 동영상 편집 : 송혜영, 염지헌
시나리오 운영	구체적인 활동 설계는 다음과 같다. 1. 작품 정독 2. 팀원들끼리 토론 3. 토론 후 도출된 주제를 바탕으로 콘셉트 잡기 4. 주변인들 인터뷰 5. 구체적인 콘티 작성 6. 교수님께 피드백 받기 7. 동영상 촬영 8. 동영상 편집
학습자원	촬영 기구(스마트폰, 삼각대), 촬영 장소(30주년 기념관 111호), 컴퓨터, 동영상 편집 프로그램(뱀믹스), 참고도서(셰익스피어로 세상 읽기, 휘둘리지 않는 힘 : 셰익스피어 4대 비극에서 '나'를 지키는 힘을 얻다, 미움받을 용기 : 자유롭고 행복한 삶을 위한 아들러의 가르침), 피드백(최정빈 교수님, 김응준 교수님)

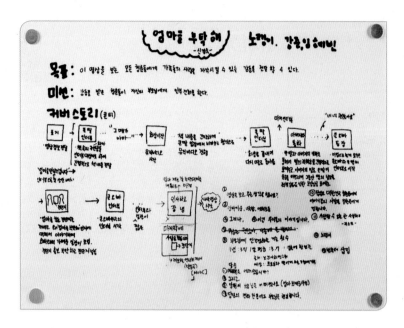

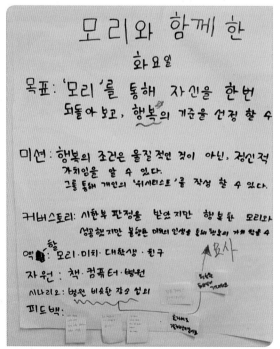

4. 문제기반학습 PBL : Problem-Based Learning

① PBL의 배경

PBL은 1950년대에 의과대학에서 이루어지는 전문의 수련학습 과정의 문제점을 개선하기 위하여 개발되었다. PBL 모형을 개발한 배로우Barrows, 1985는 의과대학 학생들이 오랜 기간 힘든 교육을 받아도 인턴이 되어 실제 환자를 진단할 때 어려움을 겪는 것에서 착안하여 PBL 모형을 고안하였다. 이때 주안점으로 학습자가 갖추어야 할 지식뿐만 아니라 기술, 태도 등이 무엇인지 분석하였다. 그 이유는 환자들을 진단해야 하는 문제 상황은 불충분한 정보에서 진단의 단서를 찾아내야 하는 비구조적인 문제 상황으로서 예비 의사들은 추론기능이 필요하며, 의대를 졸업한 후에도 끊임없이 새로운 의학기술을 스스로 익혀야 해서 자기주도적 학습능력이 필요하다고 판단했기 때문이다.

그 결과 PBL은 전통적인 학습처럼 개념이나 원리를 학습한 후에 학습 성과를 달성했는지 확인하기 위해 문제를 제시하는 것이 아니라, 실제 상황에서 일어날 수 있는 문제를 제시하면서 학습하게 되었다.

정리하면, 배로우는 '학습자에게 실제적인 문제를 제시하고 그 제시된 문제를 해결하기 위해 학습자 상호 간에 공동으로 문제해결방안을 강구하고, 개별학습과 협력학습을 통해 공통의 해결안을 마련하는 일련의 과정에서 학습이 이루어지는 학습방법'이라고 PBL에 대하여 정의했다.

PBL의 배경은 의과대학 교육과정에 기인하지만, 실제 인문, 사회 교육현장에서 가장 많이 활용되고 있다. 특히 인성을 함양해야 하는 교육과정에서는 다양한 사안이 도출되기 때문에 정형화된 커리큘럼에 비해 다양한 실제 문제를 다루어 문제해결능력을 갖출 수 있게 된다.

② PBL의 특성

배로우는 PBL의 특징을 다음과 같이 제시하였다.

- 학습자 중심으로 학습이 이루어진다.
- 소집단 안에서 학습이 이루어진다.
- 교수자는 조언자, 안내자 역할을 수행한다.
- 제시되는 문제는 학습을 자극하도록 조직된다.
- 문제는 학습자의 문제해결 능력을 개발하는 수단이다.
- 자기주도적 학습을 통해 새로운 정보를 수집한다.

결국, PBL의 특징을 요약하면 첫째, PBL에서의 학습은 문제로 시작된다. 둘째, 학습은 팀 기반의 학습자 중심학습으로 이루어진다. 셋째, 발표를 통해 학습결과를 공유하는 것으로 정리할 수 있다.

③ PBL의 절차

PBL의 절차는 크게 ① 문제 제시하기, ② 문제 파악하기, ③ 학습계획서 작성하기, ④ 자기주도적 학습 및 팀 활동하기, ⑤ 해결책 완성하고 점검하기, ⑥ 발표하기, ⑦ 평가하기의 7단계로 이루어진다.

　　PBL의 첫 단계는 '문제 제시하기'부터 시작하는데 이 단계는 학습할 문제를 학습자에게 다양한 방법으로 제시하는 과정이다.

　　두 번째, '문제 파악하기'에서 학습자는 주어진 문제가 무엇인지 파악하고 학습해야 할 목표를 찾아야 한다.

　　세 번째, '학습계획서 작성하기' 단계에서 학습자는 파악한 문제에 대해 해결안, 알고 있는 사실, 더 알아야 할 것 등에 대해 계획서를 작성한다.

네 번째, '자기주도적 학습 및 팀 활동하기' 단계에서는 문제를 해결하기 위해 다양한 형태로 학습자가 학습하는 단계이다.

다섯 번째, '해결책 완성하고 점검하기' 단계에서는 팀 토론을 통해 최종 도출된 해결책을 완성하고 점검하는 단계이다.

여섯 번째, '발표하기' 단계는 최종 해결안을 다양한 방법으로 발표하는 단계이며, 마지막 '평가하기' 단계에서는 문제해결 과정에 대해 총체적으로 성찰하고 자기, 팀, 동료 평가 활동이 이루어지고, 교수자는 문제개발, 문제해결 과정에서의 지원활동 등에 대해 스스로 교수자 평가를 시행한다. 이를 간단한 표를 통해 정리하면 다음과 같다.

PBL 수업운영 단계

단계	내용	구체적인 사항	관련 양식	활동 주체
1	문제 제시하기	수행할 문제 제시	문제 제시를 위한 워크시트	교수자
2	문제 파악하기	주어진 문제 이해하기 및 학습 목표 도출하기(팀 활동)	문제 찾기 및 학습 목표 설정 워크시트	학습자
3	학습계획서 작성하기	아이디어, 사실, 이슈 찾기	학습계획서 작성 워크시트	학습자
4	자기주도학습 및 팀 활동하기	과제 수행하기 (개별&팀 활동)	자기주도학습 및 팀 활동 워크시트	학습자
5	해결책 완성하고 점검하기	수행한 과제 해결책 완성하기, 완성된 해결책 점검하기	해결안 제시 및 점검 워크시트	학습자
6	발표하기	발표자료 준비 및 발표	발표 시나리오	학습자, 작성 워크시트
7	평가하기	평가하기 (자기, 팀, 동료, 교수자)	개인 및 팀 성찰, 학습평가서 (교수자, 학습자, 튜터)	교수자, 학습자

위 표와 같이 PBL을 하기 위해서는 절차가 필요한데 이때 교수자는 단계마다 학습활동에 필요한 양식을 준비해야 한다. 양식의 형태와 기준은 정해진 바가 없으므로 교수자의 재량에 의해 수정·보완하여 활용할 수 있어야 한다.

과제 및 학습성찰
Tip

(1) Re-Flip 과제수행 팁

Flipped Learning은 교수자뿐만 아니라 학습자들의 과업도 상당히 많은 편이다. 그래서 되도록 Pre-class 사후학습과제은 지양하는 것이 좋다. 보통 In-class에서는 협력학습만 수행하는 것으로 생각하기 쉬우나, 평소 강의식 수업일 때 제시하던 과제들을 In-class에서 마무리하는 것도 좋다. 어차피 Pre-class를 선행시키는 이유는 In-class의 시간을 여유 있게 운영하기 위함이고 그 시간 안에서 학습자들이 과제를 완료하게 하는 것이 목적이다. 특히 학습자들에게 Flipped Learning에 대한 반감을 줄이기 위해서는 과제 부담을 줄여주고 In-class에서 모든 과업을 마치도록 독려한다. 그리고 과제 결과물Outcome은 필수로 확인하고 경우에 따라서는 형성평가로 연계시킨다. 이때, 과제 역시 학습 동기를 높이기 위해서 학생이 직접 자신의 학습결과물을 동영상으로 촬영하여 LMS에 올리도록 하는 것도 한 방법이다ReFlip. 최근 대부분 학생은 스마트폰을 사용하기 때문에 LMS에 접근이 쉬우며 혹시 사정이 여의치 않을 때에는 SNS Social Network Service 등을 활용하여 과제물을 올리게 하는 방법도 있다. 또한, 이렇게 쌓이는 과제물들은 다음 학기 수강학생들에게도 좋은 사전 자료원으로 활용할 수 있어 일거양득의 효과를 거둘 수 있다.

수작업으로 과제 제작

강의실에서 스마트폰으로 학습결과물 녹화

최대 3인 1조 편성
(보통 2인 1조의 파트너를 지정해줌으로써 참여를 극대화할 수 있음)

결과물 LMS 탑재(Re-Flip)

짧은 시간에 제작된 영상이니만큼 완성도보다는 학생들이 작업을
스스로 기획하고 완료했다는 점에 의미를 둠

[학생 Re-Flip 피아제의 인지발달단계 동영상]

(2) 학습 성찰

> "교육은 인간을 변화시키고,
> 성찰은 인간을 완전하게 만든다!"
>
> – 최정빈 –

학습 성찰은 Flipped Learning 수업구조에서 매우 중요한 과정이다.
그 이유는 수업의 주체가 교수자가 아닌 학습자에게 집중되어 있어 강의식 수업에 비해 자기조절능력이 필수적으로 요구되기 때문이다. 교육은 학습자의 지식습득 이외의 또 다른 의미가 있다. 그것은 학습자의 태도 변화에 따른 내적 성장을 꾀하는 것이다.

Flipped Learning에서는 학습자가 자기주도적으로 학습을 경험하고 동료 학습자와 협업하는 과정을 통해 다양한 심적 변화를 겪는다. 대부분의 학생은 긍정적인 변화가 있는데 일부 학생들은 상대적으로 익숙하지 않은 수업 형태로 인해 부정적 심리상태를 경험하기도 한다. 긍정적으로는 자기 효능감이 높아지는 효과가 있지만, 부정적으로는 불편한 마음을 혼자 감당해서 자존감이 떨어질 수도 있다. 결국, 학업성취도를 높이려면 학습자 스스로가 자신의 감정과 생각, 태도를 통제할 줄 아는 자기성찰능력을 키워야 한다.

자기성찰능력은 자신을 올바르게 이해하고 자신의 현재 상태를 판단하고 조절할 줄 아는 객관적 시각이 발달한 능력이다. 결국, 학업을 성공적으로 이끌기 위해서는 학습자 스스로 자기성찰능력을 높이는데 신경을 써야 한다.

자기성찰능력을 키우기 위해서는 평소에 자신의 내면을 표현할 기회를 자주 얻는 것이 좋다. 학습을 통해 경험한 다양한 마음 상태들을 객관화해서 동료 학습자에게 표현하는 것도 좋은 방법이다. 교수자는 가능하면 매 주차 수업이 종료되는 시점에 각자의 학습 과정을 뒤돌아보는 학습 성찰 시간을 마련하는 것이 좋다.

그런데 학생들은 '성찰'이라고 하면 거부반응을 보이는 경우가 있다. 마치 반성적 사고를 연상하기 때문에 자신이 무엇을 잘못했는가를 먼저 생각하게 되어 오히려 부정적 영향을 미칠 수도 있다. 그래서 학습

성찰을 어떤 식으로 고민해야 할지 어려워한다. 이럴 때에는 교수자가 학습 성찰에 대해 알기 쉽게 설명해주어야 한다. 가령, '이번 교육을 통해 알게 된 사실과 수업과정에서 느꼈던 점, 그리고 향후 실생활에 적용할 점' 등에 대해 구조적으로 학습 성찰 과정을 안내하면 쉽게 학습 성찰을 이해한다.

한편, 방법적 접근에서 학습 성찰은 매시간 진행할 수도 있지만, 수업시간이 부족할 경우, LMS의 학습 성찰 게시판을 생성하여 운영하는 것도 효율적이다. 이때 학생들의 학습 성찰에 대한 교수자의 따뜻한 격려 한마디는 학습자의 자존감을 높일 수 있으므로 가능하면 자주 피드백을 주어 소통하고, 내적 성장 과정을 모니터링하는 것이 좋다. 그래서 교수자는 학습 성찰 게시판을 자주 확인해야 하는 데, 학생들이 과정마다 무엇을 생각하고 있고 어떤 점에서 불편을 겪고 있는지에 대한 정보를 알고 있어야 한다. 시간될 때마다 교수자는 학습 성찰 게시판을 자주 확인해 학습자와의 거리를 좁히기를 바란다.

마지막으로 학기 전체가 끝날 무렵 전체 교육과정에 대한 성찰도 의미가 있다. 총괄적인 학습 과정이 모두 마무리되는 시점인 기말고사 전주 정도에 한 학기를 되돌아보며 경험했던 변화와 성장에 대한 과정을 글이 아닌 그림으로 표현하고 동료들과 함께 의미를 되새기는 것도 좋은 방법이다9분할 회화법.

💬 "학기 초에 나는 개인적인 문제로 마음이 좋지 않아 학교에 오기도 싫었어요. 늘 혼자인 듯 외로움을 느꼈는데 학교에 와서 플립드 러닝이란 것을 경험하면서 때로는 마음이 더 무겁기도 했지만, 어느 순간 무지개와 같은 희망도 느낄 수 있었어요. 그동안 새장 안에 갇힌 새처럼 너무 답답하고 무엇을 어떻게 공부해야 할지 몰라서 공부도 하기 싫고 왜 해야 하는지도 몰랐는데 이제는 '공부가 재미있을 수도 있구나'라고 생각하게 되었어요. 특히 친구와 같이 1:1 동료학습, 하브루타, TGT를 경험하면서 점점 공부에 흥미를 붙이기 시작했습니다. 이제 나는 내 미래의 꿈을 향해 열심히 등반하는 자세로 하루하루 지낼 거예요. 이제 제 목표는 산꼭대기에 있거든요!"

김태양 : 가명

[그림] 학습성찰 내용 외현화(9분할 회화법)

※ 9분할 회화법

일본의 심리학자인 모리다니1986가 제안한 기법으로 도화지를 3×3으로 분할하여 각각의 칸 속에 주제에 따라 떠오르는 생각이나 상징 등을 그림으로 표현하는 방법이다. 이 기법은 복잡하게 얽혀있어 정리하기 어려운 심상을 순차적으로 그림으로 풀어 나가 마지막 칸에 자신의 생각을 통합적으로 표현하도록 하는 조사법이다. 이러한 기법을 통해 주제나 대상에 대한 이미지를 깊게 다루고 사고의 변화를 한눈에 확인할 수 있다.

준비물	A4용지, 연필, 지우개, 기본 3색 이상 펜 또는 색연필
방법	(1) 종이를 3×3으로 9분할할 수 있도록 종이를 접는다. 또는 연필로 9분할 선을 그어준다. (2) 아래의 화살표 방향에 따라 내면에서 느껴지는 형상을 차례로 그림으로 표현한다. 1번은 과거의 상태를 뜻하며 9번은 변화된 지금 나의 상태에 해당한다. (3) 발표하기. 이때, 1번 그림에서부터 시작된 마음의 변화가 9번 그림으로 표현되기까지의 의미를 탐색해보는 것이 중요하다. 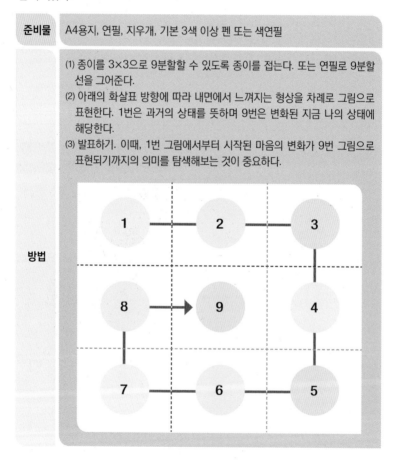

Flipped
Learning

Flipped

PART
04

Flipped Learning
수업운영

04 PART

Flipped Learning 수업운영

초등학교 특별활동
창의 인성 교육프로그램

교수자

김 정 연 _ 영재교육전공 아동학 박사

2006년 ~ 현재	대전 관평초등학교 교사 재직 중
2012 ~ 2013년	대만 까오슝 한국국제학교 재직
2009년 ~ 현재	대전교육과학연구원 영재교육원, KAIST 영재교육원, 중학교 영재 및 중국어 강사 활동 중
	대전시 건강가정지원센터 및 세종시 건강가정지원센터의 외부 강사로 활동
2010년 ~ 현재	〈영재학생 실행기능향상 게임놀이 프로그램〉, 〈보드게임의 교육적 효과연구와 학습지도안 개발〉 집필(대전시교육청 및 한국콘텐츠진흥원), 〈선생님 마음 사용 설명서〉 집필(대전시교육청)
2017년 ~ 현재	대전교육연수원 원격연수원 집필 위원

01 Flipped Learning을 만나게 된 이야기

초등학교 교사가 된 지 벌써 10년이라는 세월이 지났다. 교사생활 동안 눈빛 하나 몸짓 하나에도 민감하게 반응하는 아이들에게 무엇을 주어야 하는지는 내게 늘 고민이었다. 교육자가 어떤 마음을 먹고 어떤 방법으로 가르치는가에 따라 학생들의 잠재능력은 상당한 차이를 보인다. 그러나 교육은 교사의 의지가 아무리 강하더라도 교육방법이 적합하지 않으면 효과를 거두기 어렵다. 그러한 고민을 하던 중 Flipped Learning을 접하였고 수업시간에 충분히 다루지 못한 내용들을 새로운 방법을 통해 효율적으로 전달할 수 있었다. 또한, Flipped Learning을 통해 역동적인 학습활동들이 원활해졌으며 그 결과는 아이들의 긍정적 반응으로 증명되었다. 내 수업의 가장 큰 골자는 예습으로 미리 공부하고 수업시간엔 활동 중심으로 신나게 수업을 진행한다는 것이다. 이러한 수업 구조의 특징은 우선 학생들의 머릿속에 희미한 구름을 깔아주어 호기심을 갖게 한 후, 수업에 참여해서는 몸과 마음을 움직이는 다양한 학습활동들을 전략적으로 구상하는 것이었다. 그리고 수업 마지막에는 교사의 핵심요약강의를 제공하여 학습 내용의 명료화를 더해 학생들의 만족감을 극대화했다. 결국, 이러한 Flipped Learning은 학생들이 교사 또는 동료 학습자와의 충분한 상호작용을 통해 성장할 수 있었던 훌륭한 처방책이었다. 개인적인 수업 사례를 공유하는 것이 부담스럽긴 하지만 나와 같은 고민을 하는 교사들에게 조금이나 도움이 되기를 바라는 마음에 실제 Flipped Learning 교수설계 과정과 수업내용을 공유하고자 한다.

02 Flipped Learning PARTNER 교수학습모형 적용

　성공적인 Flipped Learning을 위해서는 다양한 수업을 고려한 절차별 교수·학습 전략을 수립해야 했다. 이를 위해 Flipped Learning 특유의 수업상황을 고려해서 개발된 'PARTNER 교수학습모형'을 기반으로 인성교육 프로그램을 주차별로 설계하였고 분석·설계·개발·실행·평가ADDIE의 절차로 교육과정을 개발하였다.

　Flipped Learning이라는 교육방법론이 얼핏 단순하게 보이나 막상 수업에 적용하려고 보니 여러 가지 어려움이 따랐다. 주변에서 조언도 듣고 다른 교수자의 책이나 영상을 보았을 때는 이해가 되었으나 내 수업에 응용하기가 절대 쉽지 않았다. 그러던 중 Flipped Learning에도 다양한 수업모형이 있다는 것을 알게 되었고, 그중 내가 원하는 교육과정에 가장 적합한 교수모형을 찾았다. 그 모형은 '교수자는 더이상 지식 전달자가 아닌 학습자들의 잠재능력을 끌어내는 파트너가 되어야 한다.'는 교육철학 아래 개발된 'PARTNER' 모형이었다. 더욱이 내가 개발하고자 했던 교육과정은 정규 교과보다 한층 정교한 인성교육 프로그램이었다. 인성이라는 것은 지식을 전달한다고 키워지는 역량이 아니다. 그래서 다른 교육과정보다 더 많은 고민을 해야 했으며 학생들의 마음을 움직일 만한 동인이 필요했다. 그러한 이유로 Pre-class에서는 '수업 맛보기', In-class에서는 '마음을 열 수 있는 다양한 활동', Post-class에서의 '가슴 속 새기기' 순으로 교육과정을 설계했다. 이 과정에서 Flipped Learning PARTNER 모형 절차에 따라 프로그램을 구성하니 교수자가 수행해야 하는 다양한 수업전략이 도출되어 프로그램 개발이 훨씬 쉬웠다.

초등학생 인성함양 교육프로그램 개발 절차

단계	세부 내용
분석(Analysis)	요구분석, 학습자 분석, 환경 분석
설계(Design)	전체 수업자료 개발계획서, 주차별 강의계획서
개발(Development)	사전학습용 강의 동영상 구성편집 및 개발, 수업자료 개발, 학습활동지 개발
실행(Implementation)	Pre-class 수행, In-class 수행, Post-class 수행
평가(Evaluation)	KEDI 인성검사 평가, 수업활동평가, 학습자만족도 평가

다음은 위 내용을 모두 담아 실제 Flipped Learning PARTNER 모형을 적용한 전체 교육과정을 설계한 내용을 소개한다.

🍎 분석

(1) 요구분석

본 프로그램을 설계하기 위해 초등학교 학생을 대상으로 요구조사를 시행하였고 요구조사 분석 결과는 다음과 같다.

인성교육에 대한 요구조사

요구조사 내용	학생수(N=21)									
인성교육의 필요성	필요함					필요하지 않음				
	21					0				
프로그램 실시 시 선호활동 조사	강의형					체험활동형				
	2					19				
인성덕목에 따른 선호도 조사 (순위별)	자기존중	성실	배려소통	책임	예의	자기조절	정의용기	지혜	정의	시민성
	1	4	3	6	5	2	7	8	9	10

위 결과, 인성교육에 대해 초등학생들도 필요성을 인식하고 있었고 교육방법도 대다수가 강의보다는 체험활동을 원하는 것을 알 수 있었다. 인성교육을 위한 교육과정은 총 10회기로 구성하였으며 각 학습 주제는 인성의 대표덕목인 '자기존중, 성실, 배려소통, 책임, 예의, 자기조절, 정직용기, 지혜, 정의, 시민성'이다.

(2) 학습자 분석

본 프로그램은 초등학교 6학년 1학급 학생 총 21명_{남 13명, 여 8명}을 대상으로 하였다. 프로그램에 참여한 학생들은 자기주도학습 경험이 있으며 학업성취도는 평균 정도 수준이다. 한편 개별 미디어매체 활용 수준을 확인한 결과 학교 홈페이지나 유투브 등을 이용할 수 있는 멀티미디어 활용 능력이 높았다.

(3) 환경 분석

본 연구를 진행하기 위한 환경 분석을 시행하였는데 교실은 학생 21명이 다양한 체험중심의 활동을 전개하기에 적정한 크기이며 교실 컴퓨터와 프로젝션 등 멀티미디어 기자재 역시 잘 구비되어 있다. Flipped Learning을 적용하기 위해서는 학습자의 개인 PC나 스마트폰의 보유현황이 중요하다. 이를 확인한 결과, 학습자들 가정의 개인 PC 보유율은 100%였으며 부가적으로 스마트폰을 소지하고 있는 학생은 85%였다.

🍎 설계

(1) 전체 수업자료 개발 계획서(Course Development)

주차	학습주제	핵심역량	Pre-class			In-class
			수업자료원		내용	수업 활동내용 및 자료
			시간(분:초)	출처		
1[1]	자기존중	자기관리역량	22:28	유투브	아이의 사생활 〈자존감 self-esteem〉	■ 책 만들기 활동 - 나무 그리기 - 미덕표에서 어울리는 단어 고르기(친구가 3개씩 3명 최종 선택) - 만족도 별표 주기
			3:40	EBS 다큐 프라임	〈나 자신에 대한 이해〉	
2	성실	자기관리역량	4:24	KBS TV 동화 행복한 세상	〈1만 시간의 재발견〉	■ 시간 관리 매트릭스 - 영역별로 급하고 중요한 일 찾기 - 매트릭스에 작성하기
			4:03		〈두부 장수〉	
3	배려 소통	심미적감성역량	3:47	TV 동화 행복한 세상	KBS-TV 동화 행복한 세상 〈시원한 친절 선물〉	■ 나의 보물(자원)을 찾아라 - 카드더미(용기, 사랑, 지혜 등) - 가진 것, 가지고 싶은 것 - V,A,K로 구체적으로 설명하기 ■ 보자기 속 물건 기억하기 ■ 틀린 모습 찾기 - 술래의 모습 바뀐 점 찾기
			5:01	YES24 - 플래시 동화	〈소중한 내 친구〉	
4	책임	공동체역량	11:29	YES24 - 플래시 동화	〈초록 지구를 만드는 친환경 우리 집〉	■ 모둠의 공통점 찾기 - 영역별로 구분하기(외모, 성격 등) ■ 'ㄱ ~ ㅎ'으로 시작하는 물건 찾기 - 교실 안에서 찾기
			9:02		〈나랑 먼저 약속했잖아!〉	

---

1   주차별 강의계획서에서 상세한 수업절차를 기술함

5	예의	의사소통역량	4:01	지식채널e	〈욕의 반격〉	■ 인생 그래프 그리기 - 나, 부모님의 인생 그래프 그리기 ■ 부모님의 명함 만들기 ■ 내가 바라는 부모님의 모습 - '어골도'로 표현하기
			5:07	인성채널 e	〈안녕! 우리말〉	
6	자기조절	자기관리역량	9:42	EBS 다큐 프라임	펙트 베이비 2부 〈감정조절능력〉	■ 감정 카드 단어 알기 ■ 감정 빙고 게임 ■ 마음 나누기 카드 활동 - 마음＝생각＋느낌
			9:07	유투브	우등생 콘서트 강연회 영상 〈자기조절 및 메타인지력〉	
7	정직용기	공동체역량	4:35	지식채널 e	〈선택의 이유〉	■ 내가 가장 정직했던 순간은? ■ 내가 가장 용감했던 순간은? - 비밀 편지에 작성해서 우편함에 넣기 - 편지를 하나씩 꺼내며 이야기하기
			3:05	유투브	청량초등학교 10인 성덕목 〈용기〉	
8	지혜	창의적사고역량	12:11	유투브	〈알렉산더의 지혜〉	■ 핵심가치 고르기 - 10 → 5 → 3가지 고르기 - 가치표(돈, 우정, 지혜 등) ■ 행복경매 - 10만 원 내외 - 행복품목 구매(지혜, 사랑, 부 등)
			5:58		TV로 보는 원작동화 〈잘못 뽑은 반장〉	
9	정의	공동체역량	13:33	유투브	EBS 신년기획 〈하버드 특강 정의. 1강 벤담의 공리주의〉	■ 솔로몬의 선택 - 내가 만약 기차의 기관사라면? - 내가 만약 의사라면?
10	시민성	공동체역량	15:23	교수자 개발 강의 동영상	〈시민성 개요 및 필요성〉	■ 세계지도 그리기 - 모둠별로 5대양 6대주를 나눠 그리기 - 지구촌 만들기
			8:15		〈올바른 시민성 함양을 위한 생활양식〉	

(2) 주차별 강의계획서(Course Design)

과목명	창의적 체험활동 - 인성교육 -	학습 주제	자기 존중	대상	6-1반 21명
단원(차시)	Chapter 1	핵심 역량	자기관리역량	강의날짜	2017. 06.10

학습목표	■자기 존중의 개념을 이해하고 설명할 수 있다. ■자기존중을 높이는 활동을 일상생활에서 적용할 수 있다. ■자신의 자기 존중감 수준을 판단할 수 있다.

Flipped Learning 단계선택 ☑		학습 내용	교수/학습 활동	시간	비고
Pre-class (사전학습)	☑ P	■자기 존중 동영상 〈자존 감 self-esteem〉, 〈나 자 신에 대한 이해〉	■학습자의 사전 학습 예습 완료	26분	예습
In-class (본 차시학습)	☑ A	■자기 존중, 자존감, 자아 존중감의 개념 ■느낀 점	■사전학습 내용 한마디로 표현하기 ■포스트잇에 적고 짝꿍에게 설명하기	3분	전체 발표
	☑ R	■본 차시 교육목표제시 ■학업성취도와 관련 있는 자기 존중 효과 설명	■자기 존중이 미치는 영향에 대한 소개 ■자존감이 인성에 미치는 영 향에 대한 카드 뉴스 공유	3분	-
In-class (본 차시학습)	☑ T	■자기 존중 개념 요약 ■자기 존중 강화 활동	■책 만들기 활동 - 나무 그리기 - 미덕표에서 어울리는 단 어 고르기(친구가 3개씩 3 명 고르기 - 본인 최종 선택 3개) - 만족도 별표 주기	25분	개별 활동 및 팀 활동
	☑ N	■현재와 미래에 영향을 주는 자기 존중의 중요성	■교수자 요약 강의 (자아 존중 감의 개념, 영향력, 자아 존중감 을 높이는 방법)	5분	공통 질문
	☑ E	■개별 평가	■작성한 학습지 확인	4분	동료 학습자 피드백
Post -class (사후 활동)	☑ R	■학습 성찰	■배운 점, 느낀 점, 하고 싶 은 것	5분	

📚 개발

(1) 수업자료 개발

1. Pre-class 자료개발

Pre-class에서 제시한 자료들은 학생들이 접근하기 쉽도록 개인 홈페이지를 개설하여 탑재해 놓았으며 동영상 자료는 유투브, TV 동화, EBS 등을 이용하였고 일부 자료는 교수자가 직접 만들어서 홈페이지에 업로드하였다.

2. In-class 자료개발

In-class에서는 실제 수업에서 사용할 수 있는 학습 자료를 개발하여 Active Learning을 중심으로 제작하였다. 강의식보다는 활동중심의 수업으로 진행해야 더 쉽게 이해하고 기억할 수 있기 때문에 다양한 방식의 활동을 개발하였다. 다음은 학습 주제에 따른 수업 활동 내용과 학습 자료를 개발한 것이다.

학습 주제별 수업 활동 내용 및 학습자료

학습 주제	수업 활동내용 및 자료	학습 자료 개발
1차시 자기 존중	■ 책 만들기 활동 - 나무 그리기 - 미덕표에서 어울리는 단어 고르기(친구가 3개씩 3명 - 최종 선택) - 만족도 별표 주기	나무 그림 그리기 **책 만들기 활동**

나무 그림 그리기 표:

1		
2		
3		
☆		

책 만들기 활동

학습 주제	수업 활동내용 및 자료	학습 자료 개발
2차시 성실	■ 시간 관리 매트릭스 - 영역별로 급하고 중요한 일 찾기 - 매트릭스에 작성하기	최근 일주일 동안 행한 일들의 목록을 다음의 표에서 골라 표시해보시오.

영역	내가 한 일	급(O) 중요(O)	급(X) 중요(O)	급(O) 중요(X)	급(X) 중요(X)
학습 관련	학교 수업 듣기				
	숙제하기				
	숙제 베끼기				
	복습하기				
	예습하기				
	계획된 공부하기				
	학원/과외 가기				
	시험공부하기				
	시간 계획하기				
	자료 조사하기				

학습 주제	수업 활동내용 및 자료	학습 자료 개발		
2차시 **성실**			긴급함	긴급하지 않음
		중 요 함		
		중 요 하 지 않 음		
		시간관리 매트릭스		
3차시 **배려** · **소통**	■ 나의 보물(자원) 을 찾아라 - 카드더미(용기, 사 랑, 지혜 등) - 가진 것, 가지고 싶은 것 - V,A,K로 구체적 으로 설명하기 ■ 보자기 속 물건 기억하기 ■ 틀린 모습 찾기 - 술래의 모습 바뀐 점 찾기	나의 보물을 찾아라		

학습 주제	수업 활동내용 및 자료	학습 자료 개발		
4차시 **(사회적)** **책임**	■ 모둠의 공통점 찾기 - 영역별로 구분하 기(외모, 성격 등) ■ 'ㄱ~ㅎ'으로 시작 하는 물건 찾기 - 교실 안에서 찾기	(성격)　　　　(외모) (소유)　　　　(기타) **모둠의 공통점**		⟨ㄱ⟩ 가방… ⟨ㄴ⟩ 노트… ⟨ㄷ⟩ … ⟨ㄹ⟩ … **물건 찾기**
5차시 **예의**	■ 인생 그래프 그 리기 - 나, 부모님의 인 생 그래프 그리기 ■ 부모님의 명함 만들기 ■ 내가 바라는 부모 님의 모습 - '어골도'로 표현 하기	 **부모님의 명함 만들기**		 **어골도**
6차시 **자기** **조절**	■ 감정 카드 단어 알기 ■ 감정 빙고 게임 ■ 마음 나누기 카 드 활동 - 마음 = 생각 + 느낌	 웃음　　사랑　　즐거움　　놀람　　화남 피곤함　　졸림　　슬픔　　아픔　　생각중 **감정 카드**		

학습 주제	수업 활동내용 및 자료	학습 자료 개발
7차시 정직 용기	■ 내가 가장 정직 했던 순간은? ■ 내가 가장 용감 했던 순간은? - 비밀 편지에 작 성해서 우편함에 넣기 - 편지를 하나씩 꺼내며 이야기 하기	 **비밀 편지 쓰기**

8차시 지혜

■ 핵심가치 고르기
- 10→5→3가지 고르기
- 가치표(돈, 우정, 지혜 등)
■ 행복경매
- 10만 원 내외
- 행복품목 구매(지혜, 사랑, 부 등)

행복 경매

행복을 위해 필요한 것은 무엇일까요?
아래의 행복 품목을 보고 순위를 정해보세요.
경매를 통해 행복을 구입할 수 있다면 각각 얼마씩 배분하겠습니까?
한번 결정한 의사결정은 바꿀 수 없습니다.
신중하게 결정하세요.
(** 단, 10만원 범위 내에서 경매에 참여해야 합니다. **)

행복 품목	순위	나의 경매 금액	구매자	낙찰액
가족				
건강				
꿈과 희망				
노력과 인내				
부				
사랑				
외모				
우정				
유머				
정직				

학습 주제	수업 활동내용 및 자료	학습 자료 개발

9차시
정의
	■ 솔로몬의 선택
	- 내가 만약 기차의
	  기관사라면?
	- 내가 만약 의사
	  라면?

		솔로몬의 선택

10차시
시민성
	■ 세계지도 그리기
	- 모둠별로 5대양
	  6대주를 나눠 그
	  리기
	- 지구촌 만들기

		시민성 In-class 자료개발

※ 이미지 출처: 네이버 및 구글 이미지

🍎 실행

Flipped Learning PARTNER 모형 기반의 인성함양 프로그램은 초등학교 6학년 학생들에게 총 10회기로 진행되었다. 프로그램 운영 시간은 1회기 당 40분이 소요되었다. 회기마다 활동내용을 기록하기 위해 사진 및 소감문을 작성하였으며 무엇보다 학습자들이 배우고 느끼고 성찰한 점을 자유롭게 표현하도록 많은 노력을 기울였다.

학습 주제별 사진 자료 및 설명

학습 주제	사진 자료 및 설명
1차시 자기 존중	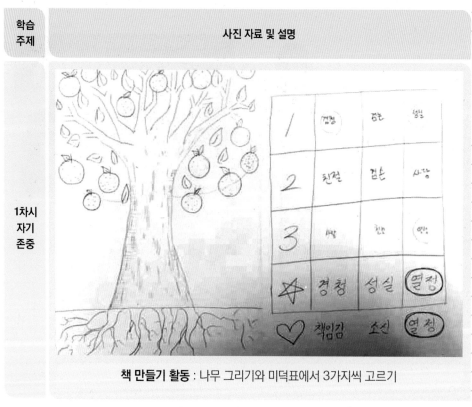 **책 만들기 활동** : 나무 그리기와 미덕표에서 3가지씩 고르기

학습 주제	사진 자료 및 설명
2차시 자기 조절	 **감정카드(감정빙고게임)** : 감정카드에 따른 빙고게임하기
3차시 성실	**시간관리 매트릭스** : 급하고 중요한 일에 따른 4자기 영역 선택

학습 주제	사진 자료 및 설명
4차시 정직 · 용기	 **비밀 편지 쓰기** : 정직과 용기를 바탕으로 비밀편지 쓰기
5차시 배려 · 소통	 **나의 보물을 찾아라** : 내면의 자원을 선정하여 고르기

6차시 지혜	

행복 경매

행복을 위해 필요한 것은 무엇일까요?
아래의 행복 품목을 보고 순위를 경매보세요.
경매를 통해 행복을 구입할 수 있다면 각각 얼마에 배분하겠습니까?
한번 결정한 의사결정은 바꿀 수 없습니다.
신중하게 결정하세요.
(** 단, 10만원 범위 내에서 경매에 참여해야 합니다. **)

행복 품목	순위	나의 경매 금액	구매자	낙찰액
가족	1		이예림	100000
건강	6		강나연	75000
꿈과 희망	2		김은혜	100000
노력과 인내	5		천른스	30000
부	11	2,100	김민영	9000
사랑	8	2,100	오서린	95000
외모	9		이가을	35500
우정	7	2,100	이채린	1000000
유비	10			
정직	3		조유빈	100000
지혜	4		강수연	2,000
건강			최예영	71000
돈			박은하	1000
합계		10만원		

행복경매 : 행복요소(사랑, 건강 등)에 따른 경매하기

7차시 (사회적) 책임	

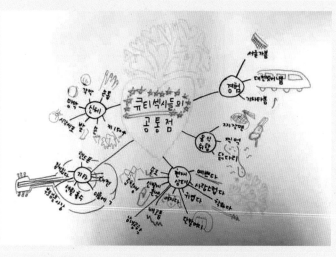

모둠의 공통점 : 영역(성격, 외모 등)을 선정하여 공통점 찾기

학습 주제	사진 자료 및 설명

8차시
정의

솔로몬의 선택 : 내가 기관사, 의사라면

9차시
예의

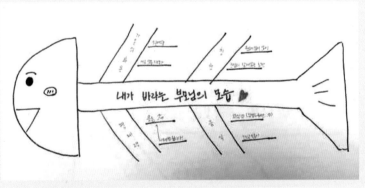

어골도(내가 바라는 부모님 모습) : 영역별(친절, 사랑 등) 작성

학습 주제	사진 자료 및 설명
10차시 시민성	 **세계지도 그리기** : 세계 시민의식 기르기

🍎 평가

본 프로그램의 평가에 대하여 프로그램 처치 이전과 이후에 실시된 KEDI 인성검사의 결과 분석을 시행하였으며 프로그램 종료 후 실시한 프로그램 만족도 및 FGI 등을 통하여 학습자의 만족도 분석을 시행하였다.

(1) 양적 평가

Flipped Learning PARTNER 모형 기반의 인성함양 프로그램의 인성요소별 사전검사와 사후검사를 시행한 결과 성실, 배려 · 소통, 책임, 자기조절, 정직 · 용기, 지혜, 시민성 등 7가지 항목은 평균 점수에서 차이를 보인 반면, 자기존중, 예의, 정의 등 3가지 항목에서는 사전검사 실시 전보다 낮은 평균점수를 보였다. 세 항목의 평균 점수가 낮아진 이유는 6학년 학생들이 학기의 후반으로 갈수록 자신에 대한 정체성 혼란 및 자아정체성 찾기에 대한 청년기적 특성에 기인한다고 볼 수 있다.

인성평가요소	교육 후	교육 전	인성평가요소	교육 후	교육 전
자기존중	4.41	4.45	자기조절	4.23	4.11
성실	4.08	3.93	정직·용기	4.27	4.01
배려·소통	4.38	4.29	지혜	4.40	4.25
(사회적)책임	4.52	4.26	정의	4.17	4.20
예의	4.53	4.56	시민성	4.27	4.15

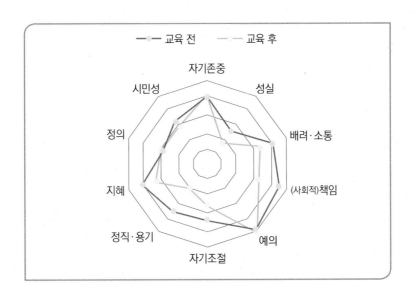

더불어 프로그램과 수업에 대한 만족도 검사를 시행했다. 10개의 만족도 문항을 5점 리커트 척도로 분석한 결과는 아래와 같다. 5점 만점에 평균 4.50점을 받아 결과적으로 학생들에게 이 프로그램은 유익한 것으로 분석되었다.

번호	설문항목	평균
1	수업내용 구성이 좋았다.	4
2	수업은 계획서대로 진행되었다.	5
3	수업 자료가 적절했다.	4
4	수업시간은 충분하게 잘 활용되었다.	4
5	수업을 위한 정보 수집이 적절하다.	4
6	나는 적극적으로 수업에 참여하였다.	5

7	나는 수업이 만족스럽다.	5
8	나는 이 수업이 전체적으로 우수하다고 생각한다.	4
9	나는 이 수업을 다른 사람에게 추천하고 싶다.	5
10	나는 이 수업을 통해 많은 지식을 얻었다.	5
만족도 점수		**4.50**

(2) 학생 과정종료 후 인터뷰 내용

프로그램에 대한 설문지를 활용한 만족도 조사 및 자유롭게 기술한 만족도 내용도 함께 수집했으며 대표적인 내용은 아래와 같다. 학생들의 대답은 이 프로그램이 기존 수업과 다른 다양한 활동 위주라 재미있었으며, 왜 이 수업을 했는지에 대한 해석을 해줘서 도움이 됐다는 내용이 대부분이었다.

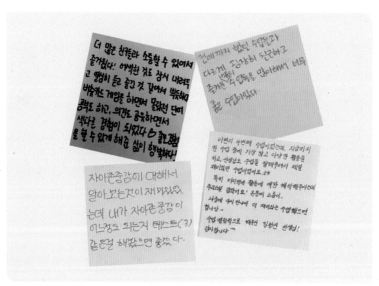

- 더 많은 친구와 소통할 기회가 있어서 좋았다는 의견

- 친근하고 즐거운 수업이라 좋았으며 전과 다른 수업 진행이라 좋았다는 의견

- 자신의 자아존중감에 대해 알아보는 것이 재미있었고 관련 테스트를 해보고 싶다는 의견으로 보아 수업 흥미도가 높았음을 알 수 있었음

- '지금까지 수업 중 가장 다양한 활동을 하고 선생님의 수업이 제일 재미있었다. 활동에 대해 해석해줄 때 좋았다. 수업을 열정적으로 해서 감사하다.' 등의 내용으로 만족도를 표현함

전문대학 국가직무능력표준NCS
실습교과 – **의료영상정보학 및 실험**

교수자
박 정 규

2010년 ~현재	대구보건대학교 방사선과 교수
2016년	- 전국 방사선 사고지원단 우수상 수상(한국원자력 안전기술원장)
	- 전국 미소친절대회 은상 수상(대구광역시장)
	- 전국 교수학습연구대회 협의회상 수상(예비 방사선사를 위한 맞춤식 Flipped Learning 교수학습 모형개발 및 적용)
2017년	- 세계적 수준의 전문대학 육성사업(WCC) 위원
	- 보건통합교육 TFT 위원

　　전문대에서 의료영상정보학 및 실험 교과목은 대부분 1학년 1학기에 개설된다. 전공기초 과목임에도 불구하고 신입생들의 학업 몰입도가 낮아 그동안 수업을 운영하는데 애로사항이 많았다. 수업 방식도 기존의 이론 위주의 강의식 수업이 주를 이루었다. 이러한 방식의 수업은 교육 효과가 상대적으로 낮아 자구책을 모색하던 중 최근 완전학습모델인 Flipped Learning으로 본 교과를 재설계하게 되었다.

　　본 교과 설계 시 가장 신경 썼던 부분은 일방적인 주입식 교육에서 벗어나 팀 중심의 문제해결 방식으로 In-class 운영을 강화하여 이론과 실습을 병행하고자 노력한 것이었다. 구체적으로 학습자들이 직면할 수 있는 어려운 부분의 교과내용은 현실적인 맥락 중심의 문제를 개발하는 방법으로 시도하였으며, 본 교과목 특성상 병원에서 실제 상황과 연계된 실습으로 학습자들이 어려워하는 부분을 해결하였다. 그러나 학습자 중심으로 수업을 운영하기 위해서는 In-class에서의 시간이 절대적으로 부족한데 이를 보완하기 위해 강의를 수행해야 했던 시간을 Pre-class를 통해 사전예습을 완수하게 하고 In-class에 참여하게 했다. 학기 초에는 학습자가 예습하지 않아 어려움을 겪었지만, In-class에서 수업을 따라가려다 보니 자연스럽게 예습을 완수했다. 더불어 교육환경도 점검하였는데 기존의 교수자와 학습자들이 마주 보는 강의실 형태가 아닌, 학습자와 학습자가 마주 보는 강의실을 제공하여 활발한 토론수업과 협력 수업이 가능하게 했다.

기존 교육방식에서는 학습자의 실무역량을 높이는 데 다소 어려움이 있었다. 하지만 Flipped Learning을 적용한 교과목에서는 현장학습과 산업체 방문, 외부 전문가 특강 등, 다양한 방식으로 교육과정을 운영할 수 있었다. 그 결과 실무를 이해하고 더불어 학습자와 교수자 간 활발한 소통의 기회가 마련되었다는 것에 매우 고무적으로 생각한다.

02 Flipped Learning 적용 과정 안내

직무능력 강화를 위하여 방사선과 1학년 학습자를 대상으로 여러 가지 교수·학습 과정을 수행하였다. 본 교과목을 구조화할 수 있도록 맞춤식 Flipped Learning PARTNER 교수·학습모형을 적용하여 수업을 설계하고 실행하였다.

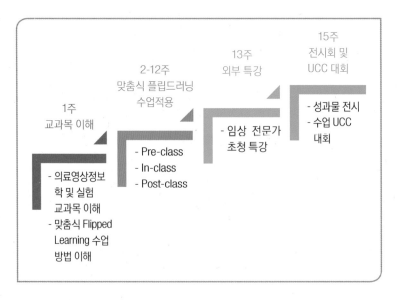

📖 분석

(1) 요구분석

교육 수요자들이 교과목에 기대하는 요구를 분석하기 위해 학습자, 산업체, 졸업생에 대한 계층별 요구분석을 수행하였다.

교육 수요자 요구분석

대상	주요 분석내용	교과목 개발 시 반영할 사항
학습자	- 예습이 가능한 매체 활용으로 실무 동영상 강의 의견 도출 - 유머 있는 강의와 실물재료를 이용한 강의 - 실습시간이 길었으면 한다는 의견 도출 - 학생들의 인격을 존중하고 상호작용할 수 있는 의견 도출 - 과제 부과의 적절성과 현장학습, 토론학습의 교육과정이 필요하다는 의견 도출	- 강의 동영상 자료 탑재(Pre-class) - 실생활과 연계된 비유, 실물 도구를 보여 주는 수업 - 1:1 실습 위주 - 학생들과 상호작용할 수 있는 방법을 모색 - 전공과목과 관련한 현장학습과 토론 학습을 위한 학습 도구와 자료 개발
산업체	- 방사선사 직무 환경변화에 따른 환자와 직원 간의 의사소통 능력 향상, 직원 간의 협동 능력, 직무의 책임감, 문제해결능력 향상, 창의적 사고 능력요구	- 직무능력과 더불어 방사선사로서 실무에 근무하게 될 때 필요한 직업기초능력(의사소통 능력, 협동 능력, 책임감, 문제해결 능력, 창의적 사고) 배양을 위한 완전한 교수·학습 모형이 필요함
졸업생	- 본 교과목에 대한 인식, 교육에 대한 요구도	- 본 교과목에서 습득할 수 있는 지식, 기술을 체계화하고 인성 교육과 현장 방문 교육 필요

(2) 교수·학습자 분석

학습자들의 특성을 고려하여 교수설계 및 개발을 실행하기 위해 아래와 같이 교수·학습자 분석을 수행하였다.

교수학습자 분석

학습자 특성 분석	교수자 특성 분석
■ 방사선과 특성상 의료분야의 병원 영역으로 취업하는 경우가 대부분이므로 병원영역으로 관심 있으며, 방사선사 역할인지는 약간 높은 편임. ■ 실제 졸업생의 취업률이 높은 것을 감안할 때 병원영역 영상의학과에 관심을 가질 수 있도록 수업이 진행되어야 함 ■ VAK 검사결과 시각, 청각형 학습자의 빈도가 높아 영상학습과 지식구조화 활동을 할 수 있는 수업이 진행되어야 함	■ 학생들 개개인에 대한 애정을 가지고 교수자가 아닌 동반자로서의 교육 철학을 가지고 있음 ■ 본 대학에서 의료영상정보학 및 실험 교과목을 10년간 강의해 왔으며, 대학병원 영상의학과 실무경력이 있음 ■ 본 교과목으로 교수학습지침서 개발, 전공직무능력 향상을 위한 LOVE 절차 교수·학습모형을 개발한 경력이 있음 ■ 매 학기 강의 평가가 상위 10% 안에 있음

(3) 환경분석

학습자들이 본 교과에 능동적으로 참여할 수 있도록 환경 분석을 위해 사회적 환경 분석, 방사선과 현황 분석 및 학습 환경 분석을 수행하였다.

교수 · 학습 환경 분석

환경 분석	분석 결과
사회적 환경 분석	■ 정부의 보건/의료 재정 증가로 노동참여와 취업률 증가에 긍정적인 전망 ■ 국민의 연간 진단용 방사선 건수가 5년간 35% 증가 ■ 의료분야에 방사선 분야의 확대로 전문적인 직무능력함양과 효율적인 장비운용 관리를 위한 방사선사 요구 증가
방사선(학)과 현황분석	■ 현재 방사선과 증설로 인하여 4년제 22개교, 3년제 24개교가 의료영상정보학 및 실험 과목을 수업하고 있음 ■ 타 45개교는 의료영상정보학 및 실험을 1학년 1학기 과목으로 2시간 또는 3시간 수업으로 진행하며 2학점 수업임 ■ 본교는 1학년 1학기 과목으로 3시간 2학점 수업임 ■ 본 교과목이 전공실습 과목임에도 불구하고 이론만으로 수업하는 경우가 60%임
물리적 환경 분석	■ 조별 학습이 가능한 별도의 강의실과 병원 X선 촬영실을 그대로 재현한 실습실을 확보하고 있음 ■ 멀티미디어 수업이 가능하고, 동영상 수업이 가능한 시스템을 교수 학습 지원센터에서 지원하고 있음

이론 강의실	실습 강의실

컴퓨터 & 빔 시스템

실습교구

실습 재료

🍎 설계

(1) 전체 수업자료 개발 계획서(Course Development)

주차	학습 주제	Pre-class				In-class
		수업자료원		내용		수업 활동내용 및 자료
		시간 (분:초)	출처			
1	교과목 이해	12'	교수자 강의 동영상	■ 교과목과 Flipped Learning 의 연계 ■ 교과목에 Flipped Learning 적용 ■ 학습자 설문 조사 분석		■ 의료영상정보학 및 실험이란? 교과목이해 ■ 교과목과 Flipped Learning 의 연계 이해 ■ 교과목에 Flipped Learning 적용 이해
2	엑스선관 구조 이해하기	18'	교수자 강의 동영상	의료영상의 종류 방사선 관리구역 지식 구조화 활동		■ 조별 실습(3개 조로 운영) ■ 조별 지식구조화 활동 ■ 나도 한 마디!를 통한 성찰
3²	엑스선관 구조 이해하기	15'	교수자 강의 동영상	방사선의 개념 X선의 발생원리 지식 구조화 활동		■ 조별 실습(3개 조로 운영) ■ 조별 지식구조화 활동 ■ 나도 한 마디!를 통한 성찰
4	의료영상기기의 이해	20'	교수자 강의 동영상	■ 스포츠 의료융합 및 의료기기 미니 잡페어 ■ 대학병원 임상 견학		■ 3개 조로 나누어 일반촬영실,CT실, MRI실 견학하고 현장보고서 작성
5	의료영상기기의 이해	15'	교수자 강의 동영상	의료영상기기의 X선 발생과 control box 지식 구조화 활동		■ 조별 실습(3개 조로 운영) ■ 조별 지식구조화 활동 ■ 나도 한 마디!를 통한 성찰

---

2 주차별 강의계획서에서 상세한 수업절차를 기술함

6	의료영상기기의 이해	18'	교수자 강의 동영상	필름과 증감지의 구조, 납 가운 지식구조화 활동	■ 조별 실습(3개 조로 운영) ■ 조별 지식구조화 활동 ■ 나도 한 마디!를 통한 성찰
7				직무능력 1차 평가	
8	의료영상기기의 이해	20'	교수자 강의 동영상	암실과 자동현상기 지식구조화 활동	■ 조별 실습(3개 조로 운영) ■ 조별 지식구조화 활동 ■ 나도 한 마디!를 통한 성찰
9	의료영상기기의 이해	13'	교수자 강의 동영상	산란선과 격자에 대한 지식구조화 활동	■ 조별 실습(3개 조로 운영) ■ 조별 지식구조화 활동 ■ 나도 한 마디!를 통한 성찰
10	영상의 이해	25'	교수자 강의 동영상	농도측정	■ 조별 실습(3개 조로 운영) ■ 조별 지식구조화 활동 ■ 나도 한 마디!를 통한 성찰
11	영상의 이해	23'	교수자 강의 동영상	X선 발생장치의 사용과 선예도 지식구조화 활동	■ 조별 실습(3개 조로 운영) ■ 조별 지식구조화 활동 ■ 나도 한 마디!를 통한 성찰
12	영상의 이해	17'	교수자 강의 동영상	자동현상기의 내부구조와 각 차트의 지식구조화 활동	■ 조별 실습(3개 조로 운영) ■ 조별 지식구조화 활동 ■ 나도 한 마디!를 통한 성찰
13	최신 영상과 현재 의료 영상 발전		-		현장 실무 영상소개, 방사선사 업무 소개
14				직무능력 2차 평가	
15	의료영상정보학 및 실험 이야기라는 주제로 UCC를 제작, 감상하며 한 학기를 성찰				[프레젠테이션 및 UCC 경진대회 시상식] 지식구조화 활동 성과물 전시 및 UCC 감상. 소감발표

(2) 주차별 강의계획서(Course Design)

		3주차	
학습 주제와 목표		방사선의 개념과 X선의 발생 원리에 대하여 지식구조화하고 설명할 수 있다.	
	과정	**교수자**	**학습자**
Pre-class	☑ P 영상 학습 (15분)	온라인으로 방사선의 개념을 이해하고, 이로운 면과 해로운 면, X선의 발생 원리를 설명한다. 	온라인으로 방사선의 개념을 이해하고, 이로운 면과 해로운 면, X선의 발생 원리를 이해한다.
	☑ A	사전학습 평가활동 별도 제시하지 않음. 대신 협력학습에서 퀴즈 진행	
In-class	☑ R 연계 평가 (30분)	- 교수자와 학습자 간 상호 인사 - 출석체크 - 수업 전 학습에 대한 퀴즈문제 배부 금주의 토론주제 : 방사선이란 무엇이며 이로운 예와 해로운 예를 들어보자.(3주차) 1. 방사선이란? 2. 방사선의 이로운 예, 해로운 예	- 교수자와 학습자 간 상호 인사 - 출석확인 - 퀴즈 문제에 대해 5분간 생각해서 작성 - 2명이 지식 공유(Teaching others) - 조별로 지식 공유 - 교수자와 의문점 공유

	☑ **T** 협력 학습 (20분)	- 사전학습과 연계된 방사선이 개념 및 발생원리에 대하여 게임 형태로 풀이와 설명	- TGT(팀 게임 토너먼트) - 조별 퀴즈에 대한 개별 및 팀 시상

휴식 (10분)

In-class	☑ **T** 협력 학습 (70분)	- 방사선의 이로운 예, 해로운 예, 후쿠시마 원전 사고 및 방사선 종류에 대하여 지식 구조화 활동 제안 - 조별 실습 시행(실습실) 	- 방사선의 이로운 예, 해로운 예, 후쿠시마 원전사고 및 방사선 종류에 대하여 지식구조화 활동(강의실) - X선 촬영실 견학, X선관 눈으로 확인하기(실습실)
	☑ **N** 핵심 요약 (30분)	- 조별 실습을 시행한 후 이론 정립 - 방사선의 이로운 예, 해로운 예, 후쿠시마 원전사고 및 방사선 종류에 대하여 포인트 강의	- 조별 실습을 시행한 후 이론 정립 이해와 설명할 수 있다. - 방사선의 이로운 예, 해로운 예, 후쿠시마 원전사고 및 방사선의 종류에 대하여 포인트 강의 경청
Post-class	☑ **E** 평가	- 지식구조화 활동에 대한 교수자 평가	- 지식구조화 활동에 대한 동료 평가
	☑ **R** 성찰	- 다음 수업 준비 - Pre-class 확인 - 다음 수업 소개 - 지식구조화 활동 구상 소개	- 영상학습 시청 - 다음 지식구조화 활동관련사진 출력해오기 - 지식구조화 활동 작업 구상 - 지식구조화 활동에 나도 한마디를 통한 성찰

🍎 개발

맞춤식 Flipped Learning 교수 · 학습 모형에서는 Pre-class → In-class → Post-class 단계로 구분하여 학습 도구와 평가도구를 개발하였으며 티칭 포트폴리오와 조별 학습 포트폴리오의 개발이 이루어졌다.

(1) 학습 도구 개발

1. Pre-class 도구 개발

① 졸업생, 산업체, 학습자 설문지 개발

- 졸업생, 산업체, 학습자의 수요도를 분석하였고, 문헌을 참조하여 설문지를 개발하였다.

② 시각Visual, 청각Auditory, 운동Kinesthetic감각 평가지 개발

- 의료영상정보학 및 실험 교과목에 맞춤식 Flipped Learning을 적용하여 학습자들에게 익숙한 학습도구를 제공하기 위해 최정빈 교수2015의 학습도구를 본 교과목에 적합하도록 수정하여 적용하였다.

③ 조원 소개와 학업 계획서 개발

- 각 조원의 장단점을 파악하고 훌륭한 조원이 되기 위한 노력, 이번 학기 교과목 목표 성적, 각오를 작성할 수 있도록 하여 목표를 명확히 하고자 개발하였다.

④ Pre-class 영상학습 탑재

■ 동영상 강의로 된 Pre-class는 학습개념의 이해를 돕는 역할뿐만
아니라, In-class에서 학습자들이 적극적으로 참여할 수 있도록
돕는 수단으로서 디딤돌 역할을 한다.

■ 본 연구에서는 교수자가 실습 장소에서 직접 기기를 작동하거
나 의문점을 제시하는 형태로 2주차부터 12주차 수업까지 짧게
는 12분, 길게는 25분 정도의 영상을 학습자들에게 제공하였다.

2. In-class 도구 개발

① 지식구조화 활동

- **Pre-class**와 연계하여 학습 여부 진단, 학습자의 역동적인 수업진행, 형성평가를 관리하고자 지식구조화 활동 보드를 개발하였다.

조정상자(Control Box)란?
관전압, 관전류, 조사시간에 대하여 설명하시오?

조정상자에 대하여 나도한마디..

지식구조화 활동 주제

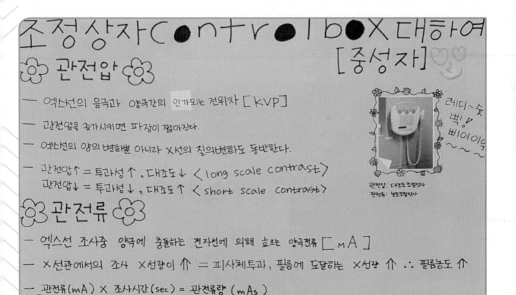

지식구조화 활동 작업완료

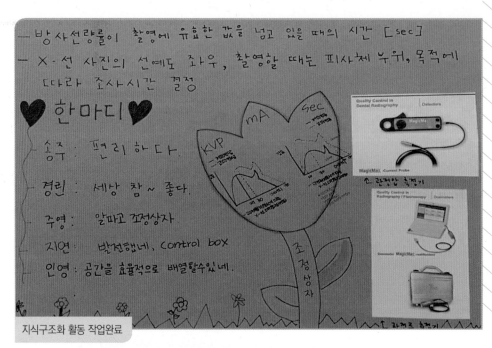

지식구조화 활동 작업완료

지식구조화 활동발표

교수자가 발표 보완

② 토론 보고서

■ 개발된 교수학습지도안과 매체 등을 활용하는데 토론 보고서를 개발하였으며 실제 수업을 전개하며 학습목표 달성을 위해 교수 · 학습 활동이 역동적인 방향으로 이루어지도록 개발하였다.

토론 주제 PPT

금주의 토론주제 : X선의 발생원리와 X선의 종류는? 그리고 내가 가장 잘 부르는 노래는? 뢴트겐은 누구?(4주차)

1. X선의 발생원리?

2. X선의 종류?

토론 보고서

1. 스스로 5분간 생각해서 작성
2. 2명이 1팀으로 서로 지식공유(10분)
3. 질문
4. 조별발표로 도출된 의견공유
5. 포트폴리오에 첨부하기

금주의 토론주제 : X선의 발생원리와 X선의 종류는? 그리고 내가 가장 잘 부르는 노래는? 뢴트겐은 누구?(4주차)

1. X선의 발생원리?

2. X선의 종류?

토론 보고서 작성 후 발표

교수자와 학습자 간 토론

3. Post-class 도구 개발

① 의료영상정보학 및 실험 성찰일지

- In-class 후 능력단위별로 수업 성찰 일지를 작성하였다. 이 과정은 Pre-class와 In-class를 돌아보고 다음 수업전략 및 질 개선을 위한 활동이다.

② 조별 지식구조화 활동 평가서, 현장 수업 보고서

- 학생들의 학습 활동을 보다 촉진시키고, 현장체험 학습 시 적극적인 활동이 되도록 하여 조별평가와 각 조원으로부터 평가서, 보고서를 제출받았다.

③ 현장학습 1, 2차 조원 공헌도 평가지

- 조별 수업의 전개 과정에서 학생들의 학습 활동을 촉진시키고, 교수자의 수업 활동을 개선하는 조치로서 평가지를 개발하였다.

④ 지식구조화 활동, UCC 제작 조별 공헌도 및 조별 지식구조화활동 평가서

- 조별 활동으로 학생들의 토의, 협동능력, 공헌도 결과를 확인하기 위해 본 평가지를 개발하였다.

⑤ UCC 제작평가서

- 의료영상정보학 및 실험이라는 전공기초 교과목을 통하여 한 학기를 돌아보고 1학년 학생들에게 각 조원이 만든 영상이 오래도록 기억에 남을 수 있도록 하고 조원의 협동능력을 보완하기 위하여 이 평가지를 개발하였다.

⑥ 평가도구 개발

　본 수업에서는 NCS에서 제안한 평가 방법을 근거로 '직무능력평가 1차'와 '직무능력평가 2차'를 시행하고, 부가적으로 '토론 보고서', '현장학습 보고서', '지식구조화 활동 작업 및 UCC 제작', 'Pre-class 영상학습 시청'을 확인하고자 했다.

　직무능력 1차 평가에서는 수행준거별 지필평가와 토론보고서 작성했고, 현장학습 보고서 작성은 KSA Knowledge 지식, Skill 기술, Attitude 태도 평가로 시행했다. 직무능력 2차 평가에서는 수행준거별 지필평가와 지식구조화 활동, UCC 제작, Pre-class 출석여부는 KSA 평가로 실시하였다. 교수자 평가 이외에 평가의 객관성과 타당성을 높이기 위해 동료 평가와 전문가 평가를 포함하였다. 종합적으로 맞춤식 Flipped Learning 교수·학습모형을 위해 사용된 평가도구는 다음과 같다.

수업에 사용된 평가도구

평가방법		평가도구
출석	교수자 평가	■ Pre-class(사전학습) & In-class(강의실, 실습실 출석)
직무능력 1차	교수자 평가	■ 지필 평가 ■ 주차별 토론 보고서 작성에 대한 평가 ■ 현장학습 보고서 작성에 대한 평가
	동료평가	■ 매 주차별 토론 보고서 작성에 대한 동료 평가 ■ 현장학습 보고서 작성에 동료 대한 평가
직무능력 2차	교수자 평가	■ 지필평가 ■ 지식구조화 활동 성과물에 대한 평가 ■ UCC 제작에 대한 평가 ■ 조별 포트폴리오 평가
	동료 평가	■ 지식구조화 활동 성과물에 대한 동료 평가 ■ UCC 제작에 대한 동료 평가 ■ 조별 포트폴리오 동료 평가
	전문가 평가	■ 지식구조화 활동과 UCC 제작 체크리스트 ■ 지식구조화 활동과 UCC 제작 평가

(2) 포트폴리오 개발

1. 교과목(티칭) 포트폴리오 개발

■ 교수자 스스로 교육과정 결과에 대한 종합적인 관리 및 수업 성찰 기회를 마련하기 위해 교과목 포트폴리오를 개발하였다. 교과목 포트폴리오를 개발할 때에는 목적을 명확히 하는 것이 중요하다. 본 수업은 맞춤식 Flipped Learning을 시도하기 때문에 교수자가 수업 내용을 정확히 인지하고 학생들이 원하는 수업을 진행하는 데 목적을 두었다.

■ 교과목 포트폴리오가 학습 포트폴리오와 연계될 때, 보다 효율적인 교수활동이 이루어진다는 점에서 Flipped Learning 교수 · 학습모형의 교육과정이 효과적으로 운영될 수 있도록 교과목 포트폴리오와 학습 포트폴리오를 함께 개발하였다.

■ 의료영상정보학 및 실험 Flipped Learning 포트폴리오 교수 · 학습모형 개발 및 적용을 위한 교과목 포트폴리오 목차와 구성요소는 다음과 같다.

의료영상정보학 및 실험 교과목 포트폴리오

교과목 포트폴리오 목차와 구성요소

목차	구성요소		
1. 교육철학	■ 교육철학 ■ Teaching 목적 및 교수 지침 ■ 수업개선을 위한 노력 ■ 최근의 교육 이력 ■ 교육철학 점검 도구를 통한 교육학 유형 분석 ■ 강의 모습 사진		
2. 수업계획	■ 교과목 프로파일 ■ 교과목 강의계획서 ■ 주별 강의계획안 ■ 주별 강의지도안		
3. 수업자료	실습수업 자료	조별 지식구조화 활동	주차별 지식구조화 활동 보드를 이용한 전공 도식화
		조별 UCC	한 학기를 되돌아보며 만든 성찰 동영상
		학습 포트폴리오	Flipped Learning 전체 활동계획 및 결과 기록
		교과목 포트폴리오	Flipped Learning 교수법
		현장중심교육 학습모듈	지식구조화 활동의 준거
	이론수업 자료	방사선의 이해 (D020102_14)	1. 엑스선관의 구조 이해
		방사선 기기 (D020103_14)	1. 의료영상기기의 이해 2. 영상의 이해
	현장학습 수업자료	스포츠, 의료융합 의료 기기 미니 잡페어	방사선사의 취업의 기회를 확대할 수 있는 학습
		대학교 병원 영상의학과 견학	현재의 의료기기와 의료영상을 직접 체험 수 있는 현장학습
		산업체 특강	현장 전문가 특강

목차	구성요소
4. 학습성과 자료	■ 직무능력 1차·2차 평가 ■ 수업 전 학습 출석부 ■ 학습 포트폴리오 ■ 외부초청 특강 보고서 ■ 현장 학습 보고서 ■ 조별 지식구조화 활동 성과물 ■ UCC
5. 수업평가 자료	학습자 성향 및 요구도 조사(VAK 검사) 학기 중 만족도 및 요구도 조사 학기말 온라인 강의평가 결과
6. 수업실행 분석	수업계획에 따른 수업실행 분석 수업실행 및 수업평가에 따른 결과 분석 성적처리 결과 (정리된 출석부)
7. 수업평가 분석	수업평가에 따른 성찰 수업실행 분석에 따른 성찰 종합적인 성찰 및 수업 계선 계획

2. 학습 포트폴리오 개발

■ 학습 포트폴리오는 예비 방사선사들의 직무능력과 직업기초능
력을 향상하기 위한 수단으로써 학습자가 자신의 학습활동과 그
결과물을 성찰하고, 수행한 자료들을 체계적으로 모아놓도록 하
였다.

■ 본 수업에서는 영상학습 출석부, 주차별 토론 보고서, 현장학습 보고서, 조별 지식구조화 활동 평가교수자, 동료, UCC 제작 평가를 모두 포함하는 맞춤식 Flipped Learning 학습 포트폴리오를 개발하여 평가 도구로 활용하였다.

조별학습 포트폴리오

『의료영상정보학 및 실험』 미니잘페어 1차 현장학습 조원 공헌도 평가

『의료영상정보학 및 실험』 UCC 제작 평가서

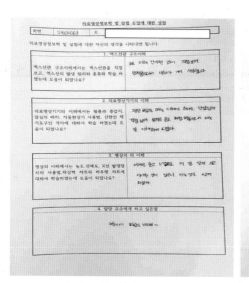

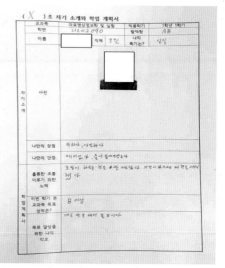

금주의 토론 주제: 의료영상이란 무엇이며 어떠한 영상들이 있는가? (2주차)

1. 의료영상이란?

제 생각은 의학을 치료를 하기 전 진단을 위해서 신체를 촬영한 영상들 말한다고 생각됩니다.

<네이버 지식백과> 일반적 애기들 특과해면 1개 내의 약화와 생태에 따라 이자, 반사 또는 투과되는 흐름을 이용하여 획득한 인체 영상.

과거는 방사선의 응용이 무엇한 의료영상이 였으나, 최근에는 초음파, 자기장, 레이저 등을 이용한다.

2. 의료영상의 종류

진단 방사선 영상 - 일반 X선, 촬영투시법, 무선 X선 조영술

X-선 : 디지털 X선 조영술
       X선 촬영 조영술

CT가속, PET (양전자 방출 단층촬영), SPECT, MRI, US (초음파), NMR, 레이저

- 맞춤식 Flipped Learning 학습 포트폴리오는 명확한 학습목표를 설정하고 학습동기 부여 및 직업기초능력을 향상하고자 하였다.
- 학습 포트폴리오의 항목이 너무 복잡하면 학생들이 부담스러워 포기하게 된다는 점을 고려하여 신입생들에게 적절한 수준의 항목으로 구성하였고, 조별로 학습 포트폴리오를 완성하도록 하였다.
- 학습자들의 직무능력과 직업기초능력을 위한 Flipped Learning 조별 학습 포트폴리오 목차와 구성요소는 다음과 같다.

학습 포트폴리오 목차와 구성요소

목 차	구성요소		
1. **자기소개와** **학업** **계획서**	■ 나의 특기는 ■ 나만의 장점 ■ 나만의 단점 ■ 훌륭한 조를 이루기 위한 노력 ■ 이번 학기 본 교과목 목표성적 ■ 목표 달성을 위한 나의 각오 ■ 나의 꿈과 목표를 이루려면 지금 나의 전공, 대학생활에서 어떤 것을 준비하여야 하는가? ■ 나의 전공과 관련하여 나의 꿈, 목표		
2. **발표 및** **과제활동**	■ 조별 이름 짓기 ■ 금주의 토론 보고서 ■ 대학병원 영상의학과 견학보고서 ■ 의료기기 미니잡페어 1차 현장 보고서 ■ 주차별 지식구조화 활동 작업 ■ 과제 발표활동 : 토론보고서 발표, 지식구조화 활동 성과물 발표 ■ UCC 제작		
3. **학습활동**	실습 수업자료	조별 지식구조화 활동	주차별 폼 보드를 이용한 전공 관련 지식 구조화 활동

3. 학습활동	실습 수업자료	조별 UCC	한 학기를 되돌아보며 만든 성찰 동영상
		학습 포트폴리오	Flipped Learning 전체 활동 계획 및 결과 기록
		교과목 포트폴리오	Flipped Learning 교수법
		현장중심교육 학습모듈	지식구조화 활동의 준거
	이론 수업자료	현장중심교육 학습 모듈	방사선의 이해 (D020102_14)
			방사선 기기 (D020103_14)
	현장학습 보고서	스포츠, 의료융합 의료기기 미니잡페어	현장학습 보고서
		대학교 병원 영상의학과 견학	
		산업체 특강	특강 보고서

🍎 실행

재학생, 졸업생, 산업체의 수요분석을 통해 맞춤식 Flipped Learning 교육을 다음과 같이 적용 · 실시한다.

분석을 반영한 맞춤식 Flipped Learning 학습별 적용

Pre-class	영상학습으로 흥미유발과 책임감 함양
In-class	조별활동(토론보고서, 지식구조화 활동, 1:1 조별실습)을 통해 의사소통능력, 협동능력, 책임감, 문제해결능력, 창의적 사고, 전공지식 함양
Post-class	성찰일지, 동료평가지, 공헌도 평가지 작성 등으로 협동능력 함양

- 현장 학습으로 최근 방사선사의 업무 동향 파악
- 외부 초청 특강으로 임상전문가와 의사소통

(1) Pre-class

방사선 기기와 관련된 생소한 용어, 의학용어, Pre-class의 핵심사항을 영상학습으로 예습하고, 필요하면 반복 학습을 할 수 있다.

Pre-class

(2) In-class

1. 토론 보고서 작성

Pre-class와 연계하여 2인 또는 조별로 작성하며, 각 조원 모두가 주차별로 작성하고 비교하게 한다.

금주의 토론 주제: 의료영상이란 무엇이며 어떠한 영상들이 있는가?(2주차)

1.의료영상이란

의료영상은 뢴트겐이 1895년 X-ray를 발견한 이래 의료영상기기는 질병의 진단과 치료에 중요한 역할을 해오고있다
의료영상 기기는 일정한 에너지를 투과하면 인체내부의 밀도나 성질에 따라 입사, 반사, 투과 등의 특징을 이용하여 인체내부의 영상을 획득한다.
최근에는 초음파, 자기장, 레이저를 이용한 다양한 의료영상 기기가 개발되고있다.

의료영상에 대한 내생각 → 의료영상기기를 사용하면 질병의 원인을 알기쉽고 치료방법이나 진단에 있어서 더 수월할수 있다고 생각한다.

2.의료영상의 종류

X-ray
CT(컴퓨터단층촬영장치)
MRI(자기공명영상촬영장치)
PET
UltraSound(초음파영상진단기술)
투시촬영장치
유방암검진기
혈관조영술

[그림 Ⅳ-3] 토론 보고서 작성(1)

1.스스로 5분간 생각해서 작성 2. 2명 1팀이 서로 지식공유(10분) 3. 질문 4. 조별발표로 도출된 의견 공유 5.포트폴리오에 첨부하기

방사선 관리구역이란?　X선 영상이란?
컴퓨터 단층촬영이란?　MRI 영상이란?

방사선 관리구역	X선 영상	컴퓨터 단층촬영 영상	MRI 영상
방사선 관리구역이란 공기중의 방사성물질의 농도 또는 방사성 물질에 오염된 물질의 표면 오염도가 원자력법에서 정한값을 초과할 우려가 있는 곳으로서 방사선의 안전관리를 위하여 사람의 출입을 관리하고 출입자에 대하여 방사선의 장해를 방지하기위한 조치가 필요한구역	X-선을 인체에 투과시켜 촬영하는 검사이다 이를 바탕으로 해서 약 50여년간 인체내부의 영상을 얻을수있는 유일한 기법으로 진단학 지표분야에 이바지	X-선 발생장치가 있는 원통의 큰 기계에 들어가서 촬영하며 단순 X-선촬영과 달리 인체를 가로로 자른 횡단면상을 획득한다. 단순 X선 촬영에 비해 구조물이 겹치는 것이 적어 구조물 및 병변을 좀더 명확하게 볼수있는 장점이 있고 미세한 이상 및 질환에서 병변이 의심되고 정밀검사를 시행해야 할 필요가 있을때 기본이 되는 검사법이다.	MRI는 인체 장기의 구조들을 영상으로 재구성하는 진단장비로써 즉 MRI는 인체를 구성하는 물질의 자기적 성질을 측정하여 컴퓨터로 재구성, 영상화 하는 기술이다.

[그림 Ⅳ-4] 토론 보고서 작성(2)

2. 토론 보고서 발표

작성한 토론 보고서를 모든 학생이 발표할 기회를 부여하고 질의 응답한다.

[그림 IV-5] 조별 토론 보고서 발표

3. 핵심요약 강의

교수자와 학습자는 발표자의 발표내용을 경청하고, 의견을 서로 교환하여 핵심적인 내용을 교과서를 통해서 정리하였다.

[그림 IV-6] 핵심요약 강의

4. 조별 지식구조화 활동

Pre-class, 토론 보고서, 핵심요약 강의와 관련하여 중요사항의 지식
구조화 작업을 조별로 수행하였다.

[그림 Ⅳ-7] 조별 토론 보고서 발표

5. 조별 실습

Pre-class, 토론 보고서, 핵심요약강의와 연관하여 중요사항을 조별
로 지식구조화 활동을 수행하는 동안 한 명씩 촬영실로 이동하여 1:1
로 기기를 작동하였다.

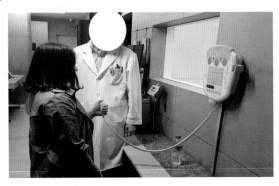

[그림 Ⅳ-8] 1:1 기기 작동

더불어 학습자 중심의 활동 전개로 소집단을 구성하여 각자 또는 전체가 될 수 있는 조별 팀워크를 바탕으로 실패 위험을 수반하는 교육현장의 실제 문제를 해결하려고 하였다.

방사선 구역 주의사항 숙지

실습 시 상호 의견 공유

실습기구 보여주기

X선 직접 조사해보기

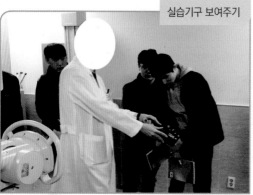

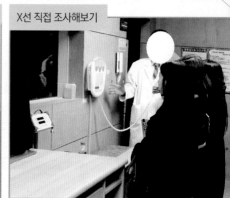

6. 조별 지식구조화 활동 성과물 발표

산업체, 졸업생, 학습자의 요구도를 적극적으로 반영하여 매 주차별로 문제점 해결을 위한 지식구조화 활동을 수행하고, 완성된 지식구조화 활동 성과물에 이름을 적고 '나도 한 마디' 란을 이용하여 성찰의 계기로 삼으며 발표를 수행한다.

[그림 Ⅳ-9] 지식구조화 활동 발표

7. 지식구조화 활동 성과물 전시 및 UCC 경진대회

학습자들의 교과목 만족도를 이끌고 성취감을 향상시키기 위해 우수작에게 시상하였다.

[그림 IV-10] 지식구조화 활동 성과물 전시 및 UCC 경진대회시상식

(3) Post-class

의료영상정보학 성찰일지와 현장학습 조원 공헌도, 조별활동 조원 공원도 평가서를 작성하고 UCC 제작 평가서와 방사선 측정 보고서를 작성하였다. 지식구조화 활동성과 전시 및 UCC 제작 조별공헌도 평가서와 Flipped Learning 강의 평가서를 작성하였다.

(4) 기타 : 효율적인 수업 운영을 위한 노력

1. 다양한 현장학습 실시

기존 수업과정으로는 맞춤식 Flipped Learning 교수 · 학습모형의 직무를 수행하기에 한계가 있어, 학생들의 직무능력을 향상하고 방사선사의 취업 확대를 기대할 수 있도록 현장학습을 도입하였다.

[그림 IV-11] 2016 스포츠 · 의료융합 의료기기 미니 잡페어 현장학습

[그림 IV-12] 대학병원 현장실습

2. 우수 전문가 초청 특강

본 수업에서 임상경력 15년 이상의 외부 전문가로부터 임상증례를 바탕으로 본 과목을 배우는 이유를 직접 듣고, 서로 질문을 주고받는 상호작용을 한 결과 방사선사 업무의 기대치를 상승시켰다.

[그림 IV-13] 대학병원 우수 전문가 초청특강

3. 소통의 장을 위한 홈페이지와 SNS 운영

학습자와 교수자 간의 원활한 소통과 수업 내용의 궁금증을 해소하는 공간으로 홈페이지를 만들어 활용하였고, SNS를 만들어 온라인에서 학생들과의 대화를 시도하였다.

[그림 IV-14] 홈페이지와 SNS를 이용한 수업진행

4. 산·학 협력체결

산업체와 MOU를 체결하여 현장학습이 원활하게 진행하도록 하였다.

[그림 IV-15] 산 · 학 협력서

🍎 교과목 평가

- Pre-class에서 전문대학 방사선과 학습자에 맞게 제공했던 강의 동영상은 안전한 방사선 기기 취급 방법과 어려운 의학용어의 습득을 용이하게 하여 학습자들의 능동적 참여를 이끌었다.
  - 학기 초에 맞춤식 Flipped Learning을 적용하기 위해 학습자들에게 VAK 검사를 시행하여 학습자의 성향이 파악되었고, 그에 따른 다양한 학습 도구와 평가도구가 개발되었다.
  - 청각형과 시각형이 대부분이었으며 영상학습 도입, 조별 토론, 지식구조화 활동, UCC 감상 등을 활용하여 학습자들의 만족도를 높였으며, 직접 기기를 만져 보게 하여 체감각적인 부분도 고려하였다.
- In-class에서 전문대학 현장중심교육으로 방사선과 학습자들에게 조별 실습을 1:1로 진행하여 실습시간을 늘림으로써 학습자들의 직무능력과 지식, 기술, 태도가 증가하였다.
  - 맞춤식 Flipped Learning 교수 · 학습 모형을 통하여 직무능력인 의료영상정보학 및 실험에 대한 지식이 향상되었다.
  - 본 수업모형을 적용한 분반의 경우, 기존 수업방식을 적용한 수

업집단 간의 차이를 비교해본 결과, 의료영상정보학 및 실험의 중
요성, 특성, 교육적 가치를 더 잘 이해하고 있는 것으로 나타났다.
- 결과적으로 맞춤식 Flipped Learning 교수 · 학습 모형을 통하여
직무능력인 의료영상정보학 및 실험을 위한 기술이 향상되었다.
- 맞춤식 Flipped Learning 교수 · 학습 모형을 통해 90% 이상의 학
습자들이 X선관의 구조화, 의료영상기기의 구조화, 영상의 이해
구조화 기술을 획득하였다고 응답해, 본 수업 모형이 의료영상정
보학 및 실험 기술 습득에 도움이 된 것으로 나타났다.

■ In-class에서 조별 실습과 병행된 지식 구조화 활동을 바탕으로 학
습자들의 직업기초능력인 의사소통능력, 협동능력, 문제해결능
력, 창의적 사고, 책임감, 전공지식이 증가하였다.
- 21C 지식기반 사회에서 그 필요성이 제시되고 있는 방사선사로서
의 직무를 수행하기 위한 직업기초능력은 학습자, 졸업생, 산업체,
교수자가 요구하는 부분과도 그 관계가 있었다.
- 다양한 조별 활동으로 90% 이상의 학습자들이 예비 방사선사로
서 갖추어야 할 직업기초능력이 증가하였다.
- 본 수업 모형을 적용한 결과 지식구조화 활동을 통해 90% 이상의
학습자들이 발표내용 전달, 질의에 대한 응답 정도의사소통능력, 지식
구조화 활동 구성문제해결능력, 협동능력, 창의성, 노력 정도책임감, 전공지식
이 함양되었다고 응답하여 직업기초능력함양에 도움이 된 것으
로 나타났다.

■ Post-class에서 성찰일지, 평가일지, 조별 공헌도 작성 등으로 방
사선사 역할에 대한 인지, 방사선 취업분야에 대한 관심도가 증
가 되었다.

- 본 수업 모형을 적용한 수업집단과 기존 수업방식을 적용한 수업
  집단 간의 차이를 비교해 본 결과, Flipped Learning 수업집단이
  방사선사로서 효능감이 더 높았으며, 방사선사의 전문성을 더 잘
  인식하고 있는 것으로 나타났다.

■ 맞춤식 Flipped Learning 교수 · 학습 모형을 적용하여 교육만족
  도와 강의만족도가 증가하였다.

- 맞춤식 Flipped Learning을 본 교과목에 적용한 In-class에서 실습
  시 촬영실로 이동하여 실제 병원 방사선과의 상황에 맞는 1:1 실
  습과 병행되어 이루어졌던 지식구조화 활동은 학습자들에게 전공
  지식의 이해를 높였다.

- 지식구조화 활동 성과물의 전시 및 의료영상정보학 및 실험 이야
  기라는 주제로 제작한 UCC 경진대회의 시상 만족도는 높았다.

- 10년간 의료영상정보학 및 실험을 강의하면서 2016년 1학기에 맞
  춤식 Flipped Learning 교수 · 학습 모형을 적용한 결과 학생들의
  강의만족도는 가장 높게 나타났다.

■ 교수자 성찰에도 긍정적인 결과가 도출되었다.

- 본 수업모형을 적용한 교수자의 성찰에서도 예비 방사선사의 능
  동적인 참여를 이끌었다는데 긍정적인 성과가 있는 것으로 나타
  났다. 이는 교수자 또한 본 수업 모형의 긍정적인 효과를 인식하
  였음을 의미한다.

- 전공지식보다 오히려 직업기초능력을 향상하기 위한 흥미 있는
  활동을 하게 되면 전공지식은 습득이 용이함을 밝혀냈다는 점에
  서 맞춤식 Flipped Learning의 교수 · 학습모형의 필요성과 타당
  성을 입증하는데 기여하였다.

일반대학교 이론중심교과
교육심리학

교수자
최 정 빈 _ 교육학 박사

　이번 수업사례는 앞서 소개한 두 개의 교육과정과 달리 실제 교과목을 운영하고 난 이후의 교육의 질 관리를 위해 개발된 'Flipped Learning 교과목 포트폴리오'를 바탕으로한 수업사례를 공유한다. Flipped Learning을 운영하기 위해 사전에 여러 가지 준비작업들이 있지만 수업이 완료되고 난 이후에도 점검할 요소들이 많다. 한 학기 동안 우여곡절 끝에 교과운영을 마무리하면 수업진행 과정에서 분명 개선할 사항들이 생겨난다. 힘들게 공들여서 개발한 Flipped Learning을 한 학기만 운영하는 것은 비효율적이다. 그러므로 개선사항이 발견되면 다음 학기를 위해 적극적으로 수정보완해서 다시 운영해볼 것을 권한다. 처음이 어렵지 두 번째부터는 구력이 생겨 교수자의 생산성이 높아질 것이다. Flipped Learning 개발에서 운영 후 개선사항 도출에 이르기까지 한 눈에 알아볼 수 있도록 다음 장에 제시되는 교수자용 FL 교과목 포트폴리오 구성을 참고하여 최대한 시행착오를 줄이기 바란다.

Flipped Learning 교과목 포트폴리오 점검표

번호	항목		세부내용(예시)	
1	교과목 개요		☑ Flipped Learning 교과목 개요 및 교육 내용	
2	강의 계획서		☑ Curriculum Design(전체 학기 강의계획서)	
			☑ Course Development(전체 수업자료개발 계획서)	
			☑ Course Design(주차별 강의계획서)	
3	강의 자료	Pre-class	☑ Flipped Learning 학생가이드(안내 동영상 탑재)	
			☑ 수업동영상 자료(자체제작, OER: MOOCs, K-MOOC, youtube 등)	
			☑ 기타 사전 수업 자료(hwp, ppt, pdf, article 등)	
			☑ 사전평가지(출석, 퀴즈, 문제은행, 수업계획서, work sheet 등)	
		In-class	☑ 토론 및 협력(동료)학습 활동지	
			☑ 형성평가 자료	
		Post-class	☐ 주차별 과제물	In-class에서 과제까지 수행, 별도의 과제는 제시하지 않음
			☑ 사후성찰 일지	
4	시험 자료	중간시험	☑ 문제지	본 학기에서는 학습자 부담을 최소화하기 위해 중간고사를 시행하지 않고 형성평가로 대체
			☐ 학생답안지	
		기말시험	☑ 문제지	
			☑ 학생답안지	
5	보고서(과제물)		☑ 과제 보고서	Pre-class 과제물 해당, Post-class에서는 과제 부여를 하지 않는 것이 본 교과운영의 전략임
			☑ 과제 결과물 샘플	
6	설문 조사	사전/사후 설문	☑ 동형 검사문항 설문분석	
		학습자 인터뷰	☑ FGI(포커스 그룹 인터뷰)	
7	출석부		☑ 출석부 사본	
8	CQI 보고서		☑ Flipped Learning 교과목 평가 분석	
			☑ 학습자 성적 분석	
			☑ 교수자 사후 자가진단	
			☑ 향후 교과목 운영 개선 계획(교수자 수업성찰)	

※ Flipped Learning은 교과목의 특성에 맞는 유연한 포트폴리오 운영이 필요함. 교과목의 특성에 따라 위 항목을 모두 수렴하기에 다소 적합하지 않을 수 있기에 부분 수정하여 활용할 수 있음. 그러나 가급적이면 수업의 질 관리를 위해 위 기준사항을 준수하길 권유함.

(1) 교과목 개요

1. Flipped Learning 교과목 개요 및 교육 내용

① Flipped Learning 교과목 개요

교과목 명 : 교육심리학Educational Psychology

■ 교과목 개요

- 교육심리학은 학습자가 태어날 때부터, 또는 이전 학습을 통해 가지게 된 여러 요인이 현재 학습자의 학습 과정과 결과에 어떤 영향을 미치는지를 탐구하며, 학습 과정에 문제가 있는지를 진단하고 해결 방법을 찾아 적용하기 위한 이론적 기초를 제시하는 학문이다.

■ 교육목표

- 교육심리학의 본질과 구체적인 내용 영역을 검토하고, 교육현장에서의 적용점을 파악할 수 있다.
- 교육과 관련된 이론에서 실제에 이르기까지의 구체적인 문제 해결 과정을 찾을 수 있다.
- 발달 단계와 발달 영역을 설명하고, 단계별로 어떤 교육적 노력이 필요한지 논할 수 있다.
- 교육현장에서 일어나는 다양한 심리적 현상들에 대한 이해를 기초하여 학습에 기재하는 원리를 탐구하고 설명할 수 있다.
- 학습자의 특성 · 발달 · 학습에 대한 평가 등을 이해하여 학습과 학습자에 도움을 주는 능력을 습득할 수 있다.
- 더 잘 가르치고, 더 잘 배우기 위한 방법과 원리들을 적용하여 실제 수업에 활용할 수 있다.

② Flipped Learning 교육 내용

- 교육심리학의 기본 전제는 '학습자 이해하기'이므로 본 교육과정
  에서는 행동주의, 인지주의, 구성주의, 정신분석학 등 심리학의
  기본 이론을 배우고 이를 토대로 학습자의 인지적, 정서적, 신체
  운동적 요인 등 기초 능력과 학습에 임하는 학습자의 심리 상황,
  학습 시 학습자 외부 환경 등 다양한 요인을 파악하여 학습자의
  특성을 이해하는 것을 중시한다.
- 그러나 교육심리학은 학습자가 성공적으로 학습을 이루게 한다
  는 목적도 기본적으로 지니며, 일반 심리학의 '대상 이해' 수준을
  뛰어넘어 학습자가 처한 문제를 진단하고 해결법을 처방하는 처
  방적인 성격 또한 가진다.
- 때문에 교육심리학은 심리학처럼 객관성과 과학적 연구방법론
  이 중요하나, 동시에 '교육의 가치'가 무엇인가를 정의하고 그 가
  치를 이루기 위한 옳은 교육방법을 처방해야 한다는 가치 판단
  적 특성이 있는 과목이다.

③ Flipped Learning 교수방법

구분	교수 학습법	수업구조 Flipped Learning
사전 학습	▷ 교수자 직강(온라인 콘텐츠 동영상) 및 K-OCW, Youtube, 기타 OCW, OER 자료원을 다양하게 활용함. ▷ 사전학습을 이해했는가에 대하여 퀴즈 또는 난도가 얕은 지식, 이해수준의 인지적 영역단계를 확인할 수 있는 선택형, 서답형 문항을 주로 활용하여 평가함. ▷ 선택형 문항 - 진위형(O, X) - 배합형(골라내어 묶기, 분류하기 등) - 선다형(모두 고르기) ▷ 서답형 문항 - 단답형(Short answer type) - 완성형(진술문의 일부분을 비워두어 채우기)	Pre-class
본차시 학습	▷ Active Learning - learning by doing - peer to peer instruction - HAVRUTA discussion - Role playing - GBS(Goal Based Learning) - Jigsaw 1,2 - Action Learning - Problem Based Learning - Project Based Learning	In-class
사후 학습	▷ 매시간 학습 성찰 사이버 캠퍼스(LMS) 업로드 ▷ Flipped Learning은 학습자의 자기주도적 시간 관리와 목표 관리가 매우 중요한 교수학습 모형이므로, 필요 이상의 과제물을 지시하지 않고, 성찰로써 한 차시를 마무리 할 수 있도록 함. ▷ 과제를 수행하지 않게 하려면 본 차시 학습에서 심화학습까지 유도해야 함. 그러기 위해서는 교수자의 교수설계 능력이 매우 중요함.	Post-class

(2) 강의계획서

1. Curriculum Design(전체 강의계획서)

교과목 명	교육심리학		교수 명	최정빈
강의 형태	Pre-class(온라인)(1시간) / In-class(오프라인)(2시간)			
과목 개요	교육심리학은 학습자가 태어날 때부터, 또는 이전 학습을 통해 가지게 된 여러 요인들이 현재 학습자의 학습 과정과 결과에 어떤 영향을 미치는지를 탐구하는 학문이다. 또 학습 과정에 문제가 있는지를 진단하고 해결 방법을 찾아 적용하기 위한 이론적 기초를 제시하는 학문이다.			
교육 목표	교육현장에서 일어나는 다양한 심리적 현상들에 대한 이해를 기초로 학습에 기재하는 원리를 탐구하고 설명할 수 있다.			
교재 정보	주교재	교육심리학(허승희, 이영만, 김정섭 공저, 학지사 2015)		
	참고교재	교육심리학(임정훈, 한기순, 이지연 공저, 양서원 2014) / 교육심리학의 이론과 실제(권대훈, 학지사 2015)		

주요 강의 활동 계획		
Pre-class ⇩	**In-class ⇩**	**Post-class ⇩**
•기초이론은 Flipped Learning 의 Pre-class를 통하여 사전에 교수가 제공한 강의 콘텐츠로 학생들이 선수 학습함	•In-class에서는 학생들이 흥미를 느낄만한 매체를 활용 (스마트폰 앱 등) •다양한 협력학습을 수행 •'하브루타'로 토론의 기초근력을 쌓음	•In-class에서의 집중을 위해서 과도한 과제나 팀 활동을 전개하지 않음

Pre-class ⇓	In-class ⇓	Post-class ⇓
대표 강의 자료	**Pre-class 와의 연계활동**	**과제 및 학습성찰**
• 주차별로 이미 촬영된 강의 동영상과 PPT, PDF 강의노트를 제공함 • 동기부여 동영상을 제공함으로써 대학생이 갖추어야 할 도전과 긍정 마인드를 고취시킴	• Pre-class의 내용이 본 차시와 어떤 연관이 있는지 학습목표를 제시하면서 안내함 • Pre-class의 내용에 대하여 학생들의 궁금증을 해소하기 위한 자유토론(Q&A)을 시행함 • Pre-class에서 도출된 질문을 토대로 본 차시 학습에서 내용을 심화하고 이해도를 향상시키기 위하여 주제토론과 개별 지도를 시행함	• LMS 학습성찰 게시판에 차시마다 배.느.실.(배운 점, 느낀 점, 실천할 점)을 기재하게 하고 태도 점수 반영
전략	**전략**	**전략**
• LMS를 통해 학생들의 강의 동영상 수강 여부(수강 시간 포함)를 명확히 확인할 수 있음을 공지하고 평가 • 본 차시를 포함하여 3주 내의 사전 학습자료를 탑재 • 사전학습을 잘 수행했는가에 대한 퀴즈와 과제수행계획서 또는 요약정리 노트를 작성해 오도록 지시(SAM 학습지)	• 상호 동료평가를 통해 보다 적극적인 토론과 수업 참여를 유도 • 'Symflow' 활용을 통해 실시간으로 학습자들의 질문을 공유하고 질문을 선별하여 교수자 또는 동료 학습자가 응답하여 사회학습으로 연계시킴	• 학습 성찰 댓글에 교수자의 성의 있는 피드백을 전하면서 학습자와의 래퍼 형성

학습자 평가 설계 [총 100%]

Pre-class 평가 [20%]	In-class 평가 [40%]	Post-class 평가 [10%]	총괄평가 [30%]
• Pre-class 출석점수 (10%) • Pre-class 퀴즈점수 (10%)	• In-class 출석점수 (10%) • 형성(수행)평가 : 개별학습활동 및 토론 (20%) • 팀 평가 : 프로젝트 수행(10%)	• 학습 성찰 태도 점수 (10%)	• 기말고사(30%)

2. Course Development (수업자료 개발계획서)

| 주차 | 학습주제 | Pre-class | | | In-class |
| | | 수업자료원 | | | |
		시간(분:초)	출처	내용	수업 활동내용 및 자료
1	O/T 및 교육심리학 소개	10'	교수자	intro : 교육심리학 교과목 소개	■ A4(네임텐트 만들기) 30장 ■ Ground Rule 제작 (전지, 포스트잇, 펜) ■ V.A.K. 진단도구 양식
		10'	Youtube	사회학습(동료 학습자와의 관계)	
		15'	교수자	F/L(사이버학습)활용 안내 동영상	
2	1장 교육심리학의 이해	20'	교수자	교육심리학과 교사의 전문성	■ Pre-class 확인 퀴즈(구문테스트) ■ 형성평가(1-2점) 회전목마기법 Teaching others(2인1조 파트너에게 설명하고 가르치기) ■ 사전학습 과제(연역적 방법과 귀납적 방법의 차이)
		25'		교육심리학의 이해와 연구방법	
3	2장 학습자의 인지 발달-1	25'	교수자 & K-MOOC	피아제의 인지발달 이론	■ 1:1 하브루타 토론 양식(피아제와 비고츠키 비교) ■ 형성평가(2-2점) 피아제와 비고츠키 이론 정리하기
		25'		비고츠키의 사회문화적 인지이론	
4	학습자의 인지 발달-2	30'	교수자	피아제 인지발달n이론 re-view	■ 프로젝트 평가(10점) 피아제 인지발달 단계 동영상 제작 후 LMS 탑재(Re-Flip)
5	3장 학습자성격 및 사회성 발달	30'	교수자	학습자의 성격 및 사회성 발달	■ 강의와 질문 교수법 ■ GI(Group Inquiry)집단탐구
		15'	MOOC	Maslow 욕구단계설	
		40'	Youtube	무의식의 힘	

주차	학습 주제	Pre-class			In-class
		수업자료원		내용	수업 활동내용 및 자료
		시간 (분:초)	출처		
5	3장 학습자성격 및 사회성 발달	30'	교수자	학습자의 성격 및 사회성 발달	▪ 강의와 질문 교수법 ▪ GI(Group Inquiry)집단탐구
		15'	MOOC	Maslow 욕구단계설	
		20'	Youtube	무의식의 힘	
6	4장 지능	30'	교수자	지능의 개념과 종류	▪ 다양한 지능의 개념이해를 위해 GI(Group Inquiry)집단탐구 ▪ 다중지능 진단도구 양식(자신의 강점지능과 약점지능 확인) ▪ 형성평가(3-2점) 다중지능이론에 대한 정리와 자신의 프로파일 그리기
		20'	Youtube	다중지능(MI)	
7	5장 창의	20'	교수자	창의	▪ 창의성 검사도구 테스트 ▪ 9분할 회화법 ▪ 3인1조로 돌아가며 발표
		30'	Youtube	창의가 경쟁력인 시대	
8				중간고사	
9	6장 정서 지능	25'	교수자	정서지능 개념과 구성요소	▪ 강제연상법 : 디딤돌 ▪ 팀단위 문제해결 및 개별단위 수행계획서 작성
		25'		정서지능 경험적 연구결과 및 측정	
10	7장 자기조절 학습	20'	교수자	자기조절학습 개념과 구성요소	▪ 개별 과제 수행 후 팀 내 토론 ◆ 마인드 맵 ◆ 코넬 노트 ◆ 3P 바인더 모델링
		20'		자기조절학습 전략 및 학업성취	
		10	Youtube	메타인지	

주 차	학습 주제	Pre-class			In-class
		수업자료원		내용	수업 활동내용 및 자료
		시간 (분:초)	출처		
11	8장 학습 동기	15'	교수자	동기이론	■ NLP Coaching 8가지 질문 ■ 형성평가(4-2점) 자기주도학기 현황과 개선사항 도출 ■ 개별평가(10점) 하브루타 토론
		15'		내적동기와 외적동기	
		15'		자기결정 동기	
12	9장 인지양식과 학습양식	20'	교수자	인지양식	■ V.A.K. 학습양식 진단 후 peer to peer discussion ■ 모둠 재설정 후, 채널별 학습 전략 세우기
		25'		학습양식	
13	10장 교육 평가	10'	교수자	교육평가의 이해	■ Peer Instruction & 평가설계 (동료 학습자에게 가르쳐주기) ■ 형성평가(5-2점) 규준지향 vs 준거지향평가 각각에 대하여 토론자료 준비, 블룸의 인지 적 영역 구분 후 각 단계별 행 위동사를 표로 정리해오기
		20'		교육평가의 유형 및 검사와 문항	
		20'		평가도구의 양호도	
14	11장 학습기저 이론	20'	K-OCW (서울대)	행동주의	■ JIGSAW-1 협동학습 양식(행 동주의, 인지주의, 구성주의 학습이 론에 대하여 전문가그룹 형성 후 퀴 즈평가)
		20'		인지주의	
		20'		구성주의	
		15'	교수자	학습기저이론 총론	
15	보강 주간				
16	기말고사				

3. Course Design(주차별 강의계획서) - 예시

교과목 명	교육심리학	교수 명	최정빈	AI(조교)	별도없음 (과대)
단원(차시)	Chapter-1	단원주제	교육심리학 개요	강의날짜	2016. 09.07.

학습목표	■ 학습자가 교육의 주체가 되어야 하는 이유에 대하여 근거를 제시하여 논리적으로 설명할 수 있다. ■ 교육심리학의 연구방법들을 비교할 수 있다. ■ 유능한 교수자의 요건에 대하여 나열할 수 있다.

Flipped Learning 단계선택 ☑		학습 내용	교수/학습 활동	시간	비고
Pre-class (사전학습)	☑ P	■ Chapter1 PPT ■ 교육심리학 수업동영상 (교수자)	■ 사전에 제시된 다양한 수업 자료원은 학습자가 100% 예습을 완수해야 함	45분	개별 선수 학습
In-class (강의실)	☑ A	■ 교육심리학의 의의 ■ 교육패러다임의 변화를 인식하고 설명하기	■ SAM 자료 공유 ■ 파트너가 준비한 문항에 대해 1:1 peer to peer instruction (서로 설명하고 가르쳐주기)	20분	-
	☑ R	■ 본 차시 교육목표 제시 ■ 교직과정에서 교육심리학을 학습해야 하는 근원적 이유에 대한 설명	■ 교수자의 경험담과 교육현장의 교사들의 인터뷰를 시청	10분	
	☑ T	■ 교육심리학의 연구 영역에 대하여 탐색	■ '회전목마' 토의기법 활용 ■ 바깥 원은 강의내용 설명하기 VS 안쪽 원은 파트너의 설명 듣고 요약	40분	
	☑ N	■ 유능한 교수자의 역량 중 외재적 조건과 내재적 조건을 비교하여 설명	■ 교수자 요약 강의(교수역량요소를 비교 설명함)	10분	공통 질문 답하기 포함
	☑ E	■ 연역, 귀납 방법 차이	■ 토론을 통한 형성평가(1)	-	-
Post-class (사후 활동)	☑ R	■ 학습 성찰	■ 배.느.실. LMS에서 작성하기(배운 점/느낀 점/실행할 점)	10분	동료 학습자 피드백 권유

본 차시 교수전략	Attention (주의집중)	수업시작 20분 이후, 주의집중 및 환기를 위한 브레인 짐 활동으로 뇌 활성화
	Relevance (관련성)	교육 현장에서의 교사들이 경험하는 교육심리학의 의미를 선배 교사들의 인터뷰를 통해 확인함
	Confidence (자신감)	학기 초이기 때문에 학습자들의 부담을 덜어주기 위해 별도의 평가를 시행하지 않지만, 동료 학습자들 간 서로 경청하고 인정하는 훈련을 시킴으로써 자존감을 높여줌. 또한, 쉬운 문제(진위형)에서 어려운 문제(완결형 및 메타포)를 단계적으로 제시하여 학습의 자신감을 느끼도록 함
	Satisfaction (만족감)	수업에 활발하게 참여할 때 '엄지 척! & Yell~!'을 외쳐주어 자긍심을 갖도록 언어적 강화를 제공함
평가전략	Pre-class	사전학습 수강완료 여부에 대한 평가
	In-class	두 원(Circle)을 형성 후, 회전목마 기법을 활용하여 짧은 시간 핵심적으로 '연역적 방법과 귀납적 방법의 차이'를 즐겁게 학습할 수 있음

(3) Pre-class

1. Flipped Learning 학생가이드

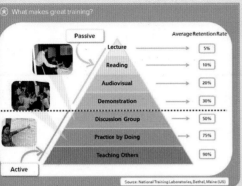

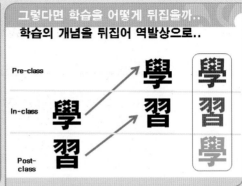

그렇다면 학습을 어떻게 뒤집을까..

학습의 개념을 뒤집어 역발상으로..

Pre-class → 學

In-class 學 → 習 習

Post-class 習 → 學

Flipped Learning

" 학습자가 수업 전 자기주도적 학습으로 지식이나 정보를 습득하고, 교실수업에서는 교수자의 코칭 및 동료학습자들과의 협업제제를 기반으로 문제해결학습을 통하여 인성과 창의성을 길러내는 교수학습방법이다. "

최정빈(2014)

"선행지식을 확인한 다음 그에 근거해서 가르치라"

- 선행지식은 교육심리학의 중요 요인이다.
- 최적의 학습을 촉진하려면 선행지식의 내용과 구조를 확인해야 한다.
- 학습장면은 선행지식에 부합될수록 바람직하다.

Ausubel(1968)

Flipped Learning을 위한 노력-교수자

I. Pre-class 를 준비하자!
POINT 1〉학생 스스로 공부할 수 있게 동영상 및 수업자료로 미리 제공

II. In-class를 협력학습 구조로 변화
POINT 2〉학생이 수업을 미리 듣고 올 수 있도록 하는 전략이 필요
예: 사전학습 퀴즈를 평가에 반영/ 수업요약 노트 작성 해오기

III. Post-class는 학습성찰!
POINT 3〉교과에 맞는 협력학습 재구조화(토의 및 동료교수법 필수)
POINT 4〉부담을 줄여주기 (성찰 위주)

Flipped Learning을 위한 노력-학습자

I. 자기주도학습을 체화시키자!
POINT 1〉수업 자료원을 중요하게 생각하기
POINT 2〉공부 전략이 필요 (목표관리, 시간관리, 성취경험하기!)

II. 공부하지 말고 가르치는 연습하자!
POINT 3〉준비가 완료되면 수업시간이 즐겁다. 무조건 말하기!

III. 학습성찰을 꼭 하자!
POINT 4〉내가 알고 모르는것을 확인하기 (메타인지 학습 증대)

날이 갈수록,
복잡하고 다변화 되어가는 세상
서로 연결되어 있는 세상

"미래사회, 자기주도적 평생 학습 능력자(Saladent : 공부하는 직장인)만이 멋진 인생을 누릴 수 있는 기회가 주어집니다.

방관할 것인가, 수용할 것인가.. 그것이 문제로다!"

-Jeongbin-

2. Pre-class 수업동영상 자료

회차	회차명	📅 시작일	📅 종료일	공개	시간	버튼
1 주차 (학습기간 : 2016.09.01 ~ 2016.12.31)						➕ 추가 ✖ 삭제
1 회	플립 러닝 안내 동영상	2016.09.01	2016.12.31	☐	18 분	
2 주차 (학습기간 : 2016.09.08 ~ 2016.12.31)						➕ 추가 ✖ 삭제
1 회	교육심리학 이해	2016.09.08	2016.12.31	☐	40 분	
2 회	교육심리학이란	2016.09.08	2016.09.22	☐	5 분	
3 주차 (학습기간 : 2016.09.15 ~ 2016.12.31)						➕ 추가 ✖ 삭제
1 회	학습자의 인지발달-피아제	2016.09.15	2016.12.31	☐	100 분	
2 회	학습자의 인지발달-비고츠키	2016.09.15	2016.09.29	☐	100 분	
4 주차 (학습기간 : 2016.09.22 ~ 2016.12.31)						➕ 추가 ✖ 삭제
1 회	학습자의 성격 및 사회성 발달	2016.09.22	2016.12.31	☐	30 분	
2 회	Maslow 욕구단계설	2016.09.22	2016.11.30	☐	15 분	
3 회	무의식의 힘	2016.09.22	2016.12.31	☐	40 분	
5 주차 (학습기간 : 2016.09.29 ~ 2016.12.31)						➕ 추가 ✖ 삭제
1 회	지능	2016.09.29	2016.12.31	☐	30 분	
2 회	다중지능	2016.09.29	2016.10.13	☐	40 분	
6 주차 (학습기간 : 2016.10.06 ~ 2016.12.31)						➕ 추가 ✖ 삭제
1 회	창의-1	2016.10.06	2016.12.31	☐	15 분	
2 회	창의-2	2016.10.06	2016.12.31	☐	5 분	
3 회	'창의'가 경쟁력인 시대	2016.10.06	2016.10.20	☐	45 분	
7 주차 (학습기간 : 2016.10.13 ~ 2016.12.31)						➕ 추가 ✖ 삭제
1 회	정서지능	2016.10.13	2016.12.31	☐	40 분	
2 회	정서지능-salovey교수	2016.10.13	2016.10.27	☐	5 분	
3 회	정서지능-공부의왕도/ 정서가 학습을 지배한다	2016.10.13	2016.10.27	☐	7 분	
8 주차 (학습기간 : 2016.10.17 ~ 2016.10.21)						➕ 추가 ✖ 삭제
1 회	자기조절학습	2016.10.17	2016.10.21	☐	30 분	
2 회	메타인지	2016.10.17	2016.10.21	☐	10 분	
9 주차 (학습기간 : 2016.10.20 ~ 2016.11.03)						➕ 추가 ✖ 삭제
1 회	학습동기	2016.10.20	2016.11.03	☐	50 분	
10 주차 (학습기간 : 2016.10.27 ~ 2016.12.31)						➕ 추가 ✖ 삭제
1 회	인지양식과 학습양식	2016.10.27	2016.12.31	☐	40 분	
11 주차 (학습기간 : 2016.11.03 ~ 2016.12.31)						➕ 추가 ✖ 삭제
1 회	교육평가	2016.11.03	2016.12.31	☐	40 분	
12 주차 (학습기간 : 2016.11.10 ~ 2016.12.31)						➕ 추가 ✖ 삭제
1 회	학습의 기저이론	2016.11.10	2016.12.31	☐	15 분	
2 회	행동주의	2016.11.10	2016.11.24	☐	20 분	
3 회	인지주의	2016.11.10	2016.11.24	☐	30 분	
4 회	구성주의(1)	2016.11.10	2016.11.24	☐	15 분	

3. Pre-class 사전 수업자료원

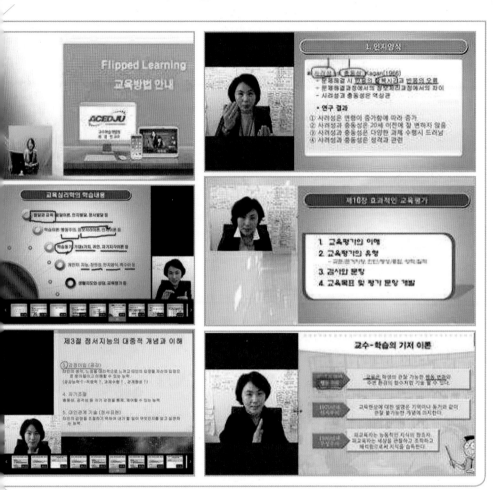

전 교육내용 관련 PPT 원본

LMS(사이버러닝시스템)에 탑재 - 11 Chapter 분량

· 강의홀	**과목명** | 교육심리 (02반)	
· ⊙공지사항		
· ▶강의등록		
· ▶ 학습자료실		제목 ▼ [ ] [검색]
· ▶ 주차별 토론출제		
· ▶ 학습성찰 게시판		

번호	제목	파일	작성자	등록일	조회수
15	제10장-교육평가	1	최정빈	2016.11.29	50
14	제9장-단6단(V.A.K 학습자분석 도구)	1	최정빈	2016.11.22	41
13	제9장-인지양식과 학습양식	1	최정빈	2016.11.22	25
12	제8장-학습동기	1	최정빈	2016.11.15	14
11	제7장. SRL 전략 특강자료	1	최정빈	2016.11.09	21
10	제7장. 자기조절학습(메타인지 높이기-하브루타)	1	최정빈	2016.11.08	16
9	제7장. 자기조절학습	1	최정빈	2016.11.08	18
8	제6장-정서지능	2	최정빈	2016.11.01	41
7	제5장. 창의성 검사도구	1	최정빈	2016.10.26	16
6	제5장. 창의성	1	최정빈	2016.10.26	13
5	제4장. 지능 (1)	1	최정빈	2016.10.07	47
4	제4장. 지능_다중지능 검사도구	1	최정빈	2016.10.07	31
3	제3장. 학습자의 성격 및 사회성의 발달	1	최정빈	2016.10.04	10
2	제2장. 학습자의 인지발달	1	최정빈	2016.09.25	19
1	제1장. 교육심리학 이해	1	최정빈	2016.09.25	16

(사이드 메뉴) · ⊙개인 과제출제/채점 · ▷팀 프로젝트출제/채점 · ▷ 학습Q&A · 시험출제/채점 · 설문관리 · 설문문항관리 · 수강생관리 · 성적관리 · 수강생모드보기 · 조교관리 · 강의계획서

4. Pre-class 사전평가 - 출석

(4) In-class

1. 토론 및 협력(동료)학습 활동지

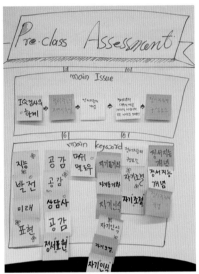

활동지 ①

활동지 ②

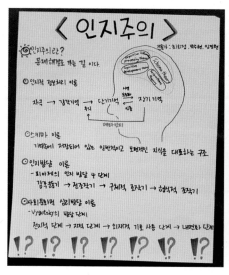

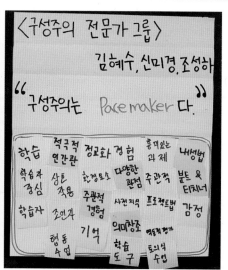

03 일반대학교 이론중심교과 - 교육심리학 /327

2. 형성평가 자료

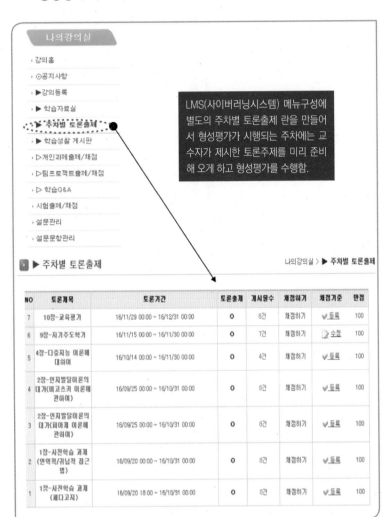

LMS(사이버러닝시스템) 메뉴구성에 별도의 주차별 토론출제 란을 만들어서 형성평가가 시행되는 주차에는 교수자가 제시한 토론주제를 미리 준비해 오게 하고 형성평가를 수행함.

나의강의실 > ▶ 주차별 토론출제

▶ 주차별 토론출제

NO	토론제목	토론기간	토론출제	게시물수	채점하기	채점기준	만점
7	10장-교육평가	16/11/29 00:00 ~ 16/12/31 00:00	O	8건	채점하기	✔등록	100
6	9장-자기주도학기	16/11/15 00:00 ~ 16/11/30 00:00	O	7건	채점하기	📝수정	100
5	4장-다중지능 이론에 대하여	16/10/14 00:00 ~ 16/11/30 00:00	O	4건	채점하기	✔등록	100
4	2장-인지발달이론의 대가(비고츠키 이론에 관하여)	16/09/25 00:00 ~ 16/10/31 00:00	O	8건	채점하기	✔등록	100
3	2장-인지발달이론의 대가(피아제 이론에 관하여)	16/09/25 00:00 ~ 16/10/31 00:00	O	8건	채점하기	✔등록	100
2	1장-사전학습 과제 (연역적/귀납적 접근법)	16/09/20 00:00 ~ 16/10/31 00:00	O	8건	채점하기	✔등록	100
1	1장-사전학습 과제 (레디고지)	16/09/20 18:00 ~ 16/10/31 00:00	O	8건	채점하기	✔등록	100

(5) Post-class

1. 사후 성찰 일지

	나의강의실	
▷ 강의홈		
▷ 공지사항		
▶ 강의등록		
▶ 학습자료실		
▶ 주차별 토론출제		
▶ 학습성찰 게시판		
▷ 개인과제출제/채점		
▷ 팀프로젝트출제/채점		
▷ 학습Q&A		
▷ 시험출제/채점		
▷ 설문관리		
▷ 설문문항관리		
▷ 수강생관리		
▷ 성적관리		
▷ 수강생모드보기		
▷ 조교관리		
▷ 강의계획서		
▷ 강의실메뉴관리		

과목명 교육심리 (02반)

제목 ▼ [   ] [검색]

번호	제목	파일	작성자	등록일	조회수
53	11월 16일 학습성찰 (1)	0	송지연	2016.11.21	4
52	11월16일 학습성찰 (1)	0	김혜수	2016.11.21	6
51	11월 16일 학습성찰 (1)	0	황경서	2016.11.20	7
50	11. 16 학습성찰 (1)	0	신미경	2016.11.19	11
49	11.16 학습성찰 (1)	0	최희정	2016.11.18	6
48	11.06 학습성찰 (1)	0	최희정	2016.11.18	1
47	11월 8일 학습성찰 (1)	0	황경서	2016.11.16	6
46	11월 8일 학습성찰 (1)	0	박수현	2016.11.15	5
45	11.08 학습성찰 (1)	0	송지연	2016.11.15	10
44	11월 8일 학습성찰 (1)	0	김혜수	2016.11.15	4

처음 1 2 3 4 5 다음 맨끝   ▶ 출계시물: 73개

[게시물 등록]

💬 **학습성찰** 이번 시간에는 자기조절학습과 메타인지에 대해 배웠다. 자기조절학습이란 학습자가 학습 과정에서 자신의 학습을 계획, 조절, 통제하면서 학습과제에 적극적으로 참여하는 학습 과정을 일컫는다. 또한, 메타인지란 인지함을 인지하는 것, 또는 알고 있음을 아는 것이라고 정의할 수 있다. 다시 말해 자신이 수행 중인 인지 과정 자체를 인지하는 사이의 인지 과정이다. 예를 들어 내가 A를 학습할 때 B를 학습할 때보다 더 어려움을 느낀다는 걸 알아챈다거나, C를 사실로 받아들이기 전에 다시 한 번 확인해 봐야겠다는 생각이 번뜩 떠오른다면, 바로 그때 나는 메타인지에 맞닥뜨리는 것이다.

💬 **학습성찰** 이번 수업 시간에는 오랜만에 강의식 수업방식으로 수업을 해보았다. 항상 여유롭게 자유롭게 하는 분위기였다가 오랜만에 강의식 수업을 하니 반가운 느낌이 들었다. 그리고 교수님께서는 자기조절에 대해 직접 학생들에게 물어보았다. 그 물음에 쉽게 답을 하지는 못했지만 다른 학생들이 답하고 교수님이 말씀해주시는 것을 들었을 때 아, 그런 게 있었지 싶었고 이해가 쉽게 되었던 것 같다. 그리고 메타인지에 대해서도 자세히 설명을 해주셨는데 정확히 그 뜻을 100% 이해하지는 못했지만 학습성찰을 하면서 다시 한 번 보게 되어 머릿속으로 좀 더 들어온 듯한 느낌을 받았다. 그리고 자기조절을 하며 공부하고 생활하는 법을 터득해야겠다는 생각이 들었다.

💬 **학습성찰** 이번 수업시간에는 학습자가 자신의 학습요구를 스스로 파악하고 학습 목표를 달성하기 위하여 자신의 학습 과정을 스스로 통제하며, 자신에게 적합한 학습 과정, 절차, 전략 등을 활용하는 자기조절학습의 개념과, 자기조절학습전략 중 주요전략과 하위요소 등에 대해 학습 하였습니다. 또 인지적 조절을 위한 전략들을 구체적으로 알아보며 학습과 연관시켜 표로 만들어 정리하면서 동시에 이해할 수 있었습니다. 평소에 자기조절학습의 개념을 간단하게만 알고 있었는데, 이것에 주요전략과 하위요소를 배워 자기조절 학습과 학업성취와의 관련성을 알아볼 수 있어서 재미있었습니다. 또한, 주요전략을 통해 저의 학업에 연관시킬 수 있어서 유익하고, 좋은 시간이었습니다. 감사합니다.

(6) 시험자료

1. 중간고사 : 형성평가로 대체

2. 기말고사

대진대학교 2016학년도 제 2학기 [교육심리학] 기말시험 문제지

출제자 : 최정민 2016.12.21.

전 공	패션디자인 비지니스 학과	학 번		이 름	

1. 교육심리학 이론을 기반으로 다양한 기제1)를 활용하여 해당전공 교과목의 한 주차 분량의 강의안을 설계하시오. (부제: As If, 마치 당신이 교사라고 생각하고 강의계획안을 작성하시오.)

주제별 강의 계획서

단원	패션디자인 반	과목명	패턴	분반	이	담당교수	망정면
학습시간	1h	단원주제	스커트	단원	지도자	날짜	누구차

학습목표
- 바디를 활용해 스커트 구조를 설명할 수 있다.
- 바디를 활용해 스커트 원형제도를 그리고 스커트 원형 패턴을 만들 수 있다.
- 바디를 활용하여 스커트를 만들 수 있다.

교수학습 방법	이론강의	실습	발표	토론	개인과제	팀과제	기타
	○	○			○		

교육장소	일반강의실	전통의상실	컴퓨터 실습실	의류구조시설	기타
	○	○			

교재 : 기초 패턴 디자인

	학습 내용	교수/학습 활동	시간
pre-class (사전학습)	수업 동영상 (교자)	명칭을 보고 선행학습 해야함	10M
in-class (강의실)	바디를 활용한 스커트 구조 설명	활동 활용한 설명	10M
	바디를 활용한 스커트 원형 제도 설명	바디를 활용해 제도 방법 설명	20M
	바디를 활용한 스커트 원형 패턴 만들기	마름질에 패턴 제작	30M
	마름질로 만든 스커트 원형 패턴을 활용하여 스커트 만들기	천으로 스커트 제작 (반품안) (라제)	1h
평가방법	pre-class	수업중 Q&A로 확인	☐
	in-class	스커트 원형 제도 완성을 확인 / 스커트 원형 패턴 완성을 확인. / 스커트 완성을 확인	☐ ☐ ☐

기제(매체1) 이가의 행동에 영향을 미치는 심리의 작용이나 원리/ 구체적 방법이나 전략 포함

기말고사

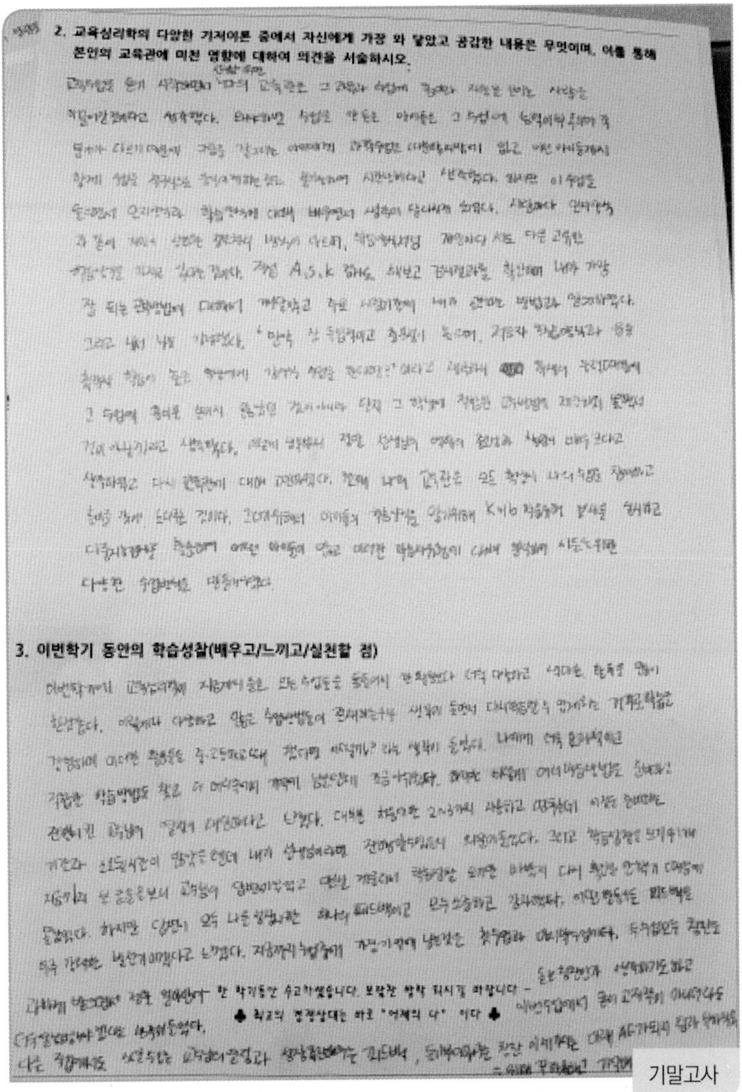
2. 교육심리학의 다양한 기저이론 중에서 자신에게 가장 와 닿았고 공감한 내용은 무엇이며, 이를 통해 본인의 교육관에 미친 영향에 대하여 의견을 서술하시오.

3. 이번학기 동안의 학습성찰(배우고/느끼고/실천할 점)

한 학기동안 수고하셨습니다. 보람찬 방학 되시길 바랍니다 -

♣ 최고의 경쟁상대는 바로 "어제의 나" 이다 ♣

기말고사

(7) 보고서 과제물

1. 과제보고서

LMS(사이버 러닝시스템) 메뉴구성에 별도의 주차별 토론 출제란을 만들어서 형성평가가
시행되는 주차에는 교수자가 제시한 토론주제를 미리 준비해 오게 하고 형성평가를 수행함.

2. 과제결과물

💬 **과제안내** 하워드 가드너의 다중지능에 대하여 알아보고 자신의 다중지
능 프로파일을 작성하기

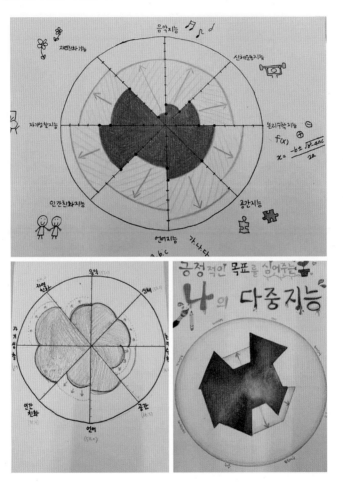

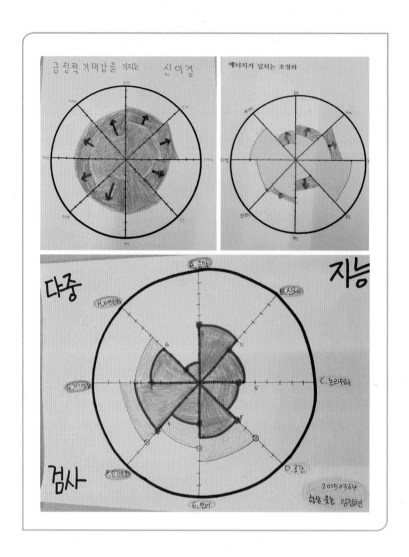

(8) 설문조사

1. 사전/사후 동형검사 설문 분석

Flipped Learning 사전 설문조사(학생용)	
A. 객관식 문항(5점 척도)	
사전 설문 문항	**사후 설문 문항**
1	Flipped Learning이 본 교과목을 학습하는 데 효과적일 것이라고 생각합니까?	Flipped Learning은 본 교과목을 학습하는 데 효과적인 교수학습방법이었다고 생각합니까?
2	Flipped Learning이 주차별 강의주제(학습목표)를 이해하는 데 도움이 될 것이라고 생각합니까?	Flipped Learning은 주차별 강의주제를 이해하는 데 도움이 되었다고 생각합니까?
3	Flipped Learning이 자기주도적으로 학습하는 데 도움이 될 것으로 생각합니까?	Flipped Learning은 학생이 자기주도적으로 학습하는 데 도움이 되었다고 생각합니까?
4	교수자가 강의만하는 방법과 비교할 때 Flipped Learning이 효과적일 것으로 생각합니까?	교수자가 강의만 하는 방법과 비교할 때 Flipped Learning은 효과적이었다고 생각합니까?
5	학생중심 Active Learning(협동학습)이 본 교과목을 교육목표를 달성하는 데 도움이 될 것이라고 생각합니까?	학생중심 Active Learning(협동학습)이 본 교과목을 교육목표를 달성하는 데 도움이 되었다고 생각합니까?

A. 객관식 문항 분석					
A. 객관식 문항 분석 ↓ 대응표본t 검증	**대응차 (Paired differences)**		**t**	**자유도 df**	**유의확률 (양쪽) sig.(2-tailed)**
	평균(Mean)	**표준편차 (Std Deviation)**			
Pair 사전	3.5	.490	-4.13	8	.003
사후	4.4	445			

사전검사의 평균은 3.5, 표준편차는 .490이며, 사후검사의 평균은 4.4, 표준편차는 .445이다. 사전검사와 사후검사의 차이에 대한 통계적 유의성을 검정한 결과, t통계값은 4.13, 유의확률은 .003이다. 결과적으로 Flipped Learning을 수행하기 전과 후를 비교해 볼 때, 수업의 효과성이 검증되었다고 해석할 수 있다.

B. 서술식 문항

	사전 설문 문항	사후 설문 문항
6	사이버 교육시스템(교내 이러닝 홈페이지)을 자주 활용하는 편입니까?	사이버 교육시스템(교내 이러닝 홈페이지)을 사용하며 불편한 점이 있었나요?
7	학생이 원하는 교육방법은 무엇인가요?	다음 학기에 학생이 원하는 교육방법은 무엇인가요?
8	학생이 원하는 협동학습 평가방법은 무엇인가요?	다음 학기에 학생이 원하는 협동학습 평가방법은 무엇인가요?
9	해당 교과목을 예습(선수학습)하는데 몇 시간을 할애할 예상인가요?	해당 교과목을 예습(선수학습)하는데 평균 몇 시간을 할애하였나요?
10	기타, 한 학기 동안 교수님께 바라는 점을 자유롭게 적어주세요	한 학기 동안 Flipped Learning 교과목으로 수업을 진행하며 느낀 점을 자유롭게 적어주세요.

B. 서술식 문항 분석 → 사후 설문

문항	응답내용
사이버 교육시스템(교내 e-러닝 홈페이지)을 사용하며 불편한 점	강의가 안 뜨고 소리도 잘 안 났던 적이 많았다 / 랙 걸릴 때 답답했다 / 핸드폰으로 동영상 재생 시 오류 / 가끔 사이버시스템 다운현상 / 강의를 배속으로 보면 시청 시간이 안 맞아서 강의완료가 안뜸
다음 학기에 학생이 원하는 교육방법은 무엇인가요?	현행유지 / 지금 수업방법이 너무 좋아요 / 지금과 같은 수업 / 이와 같은 방식으로 해도 될 것 같다 / 서로 가르치기, 하브루타, 포스트잇 사용, 한 단어로 정리해보기 / 수업자료 미리 정리해오기 / 다양한 활동을 통한 교육방법 / 이렇게 중간고사 시험 부담 적고 내가 무엇을 배웠는지 알 수 있도록 생각을 갖게 하는 교육방법 / 지금도 좋다
다음 학기에 학생이 원하는 협동학습 평가방법은 무엇인가요?	지금도 좋다 / 학습목표 자가달성 여부 / 동료평가 / 교육심리학 기저이론 중 가장 공감하는 내용 시술 / 팀 평가 / 개별성취도 평가
해당 교과목을 예습(선수학습)하는데 몇 시간을 할애했나요?	50분 / 1~2시간 / 30분~1시간 / 2시간 / 1시간~30분 / 30분~1시간 / 1시간 / 1시간~1시간 반 / 최대 300분
한 학기동안 Flipped Learning 교과목으로 수업을 진행하며 느낀 점	많은 도움이 되었다 / 처음에는 강의 전에 들어야한다는 것이 부담스럽게 다가왔는데 강의실에서는 좀 더 다양한 수업을 할 수 있어 좋았다 / 기억에 오래 남아서 좋았다 / 영상으로 보면 집중이 잘 안 될 때가 있지만 수업 듣기 전 예습으로는 좋다 / 미리 학습할 수 있어서 좋았다 / 흥미롭고 색달랐다 / Flipped Learning 을 통해 본 수업에 임하기 전 내용을 미리 알아 수업을 더 깊이 공부할 수 있었다 / Flipped Learning 덕분에 본 차시에서 학생 활동이 많아져 재미있고 유익했다 / 다양한 활동 경험으로 수업보다는 하나의 교사가 되기 위한 연구를 한 것 같다

2. 학습자 인터뷰(Focus Group Interview)

💬 중간인터뷰

수업운영방식에 대하여 자유롭게 의견을 말해주세요

박수현 (20141043)

플립 러닝에 대해서는 처음에는 거부감이 있었다. 왜냐하면 여태껏 해보지 못했던 학습방법이었으며 이렇게 예습을 하는 것이 어색해서이기 때문이다. 교수는 강의하는 사람이고 학습자는 그것을 능동적으로만 받아들이는 것이 익숙하고 또한 고정관념이었던 내 생각을 무너뜨린 교육방법이었다. 그리고 이게 과연 효과가 있을지에 대해서도 의문이 들었다. 처음에는 적응하기가 힘들었지만 지금은 오히려 준비를 하지 않고 강의실에 가면 뭔가 불안하고 초조한 마음이 든다. 먼저 예습을 하고 가기 때문에 집중도 더 잘 되고 교수님이 말하실때 캐치속도가 더 빨라진것 같다. 또한 좀 더 생각하고 강의에 가기 때문에 더 구체적이고 깊은 사고가 가능해진것 같다.

송지연 (20141049)

다양한 활동하면서 신선한방법으로 수업시간에 효율적인 것같다.

신미경 (20142234)

수업 전에 미리 강의를 듣고 과제를 준비하고 수업시간에 강의에 대한 보충설명을 듣고 여러 활동을 하면서 확실히 그 날 배운것에 대한 기억은 오래간다. 하지만 기존의 일반 수업과는 달리 수업시간 전에 강의를 듣기 위한 시간을 따로 내야 한다는 게 아쉽다.

조성하 (20142259)

수업전에 강의를 듣고 수업을 들으니 이해가 잘 된다. 하지만 수업전에 강의를 듣고 과제를 해야하는 것은 부담감이 있다.

김혜수 (20150340)

동영상에 기간이 정해져있어 동영상을 보고 공부를 하기보다 기간을 맞추는데 의미가 바뀐 것 같아 아쉽다. 이러한 단점을 보완만 한다면 학생들에게 좋은 학습자료가 될 것 같다.

신미경 (20142234)

수업시간 전에 강의를 듣고 과제를 위해 여러가지 자료를 찾아보고 수업시간에 강의에 대한 보충설명을 듣고 여러가지 활동을 통해 그 날 무엇을 배워야 하는지 기억은 확실히 오래간다. 하지만 일반 다른 수업과는 다르게 수업시간 전에 미리 강의를 듣기 위한 시간을 따로 마련해야한다는 점이 아쉽긴 하다.

최희정 (20132109)

학습자의 마음 가짐이나 적극도에 따라 학습 목적 달성 여부가 달라질 것 같으나

김혜수 (20150340)

수업에 관한 내용을 수업시간에 한 번 듣는 것 보다 동영상으로 복습을 지속적으로 할 수 있어 좋다는 장점이 있지만

최희정 (20132109)

플립드러닝의 시간이 적절할 경우 학습이 보다 더 잘 이루어지고
강의 시간을 학생 위주의 활동 시간으로 활용할 수 있어 좋다.
학생 활동으로 수업을 진행했을 때 학습 습득 속도가 빠르고
더 오래 그 내용을 기억할 수 있다.

황경서 (20150373)

미리미리 공부한다는 점은 좋지만 이것 저것 할게 많으면 머리속에 생각이 많아지고 그러다보면 집중력이 떨어지게되고 과제라는 부담감이 생기는것 같습니다. 그래도 최대한 집중을 해서 듣게 되면 수업에 많은 도움이 됩니다.

(9) 출석부

1. 출석부 사본(인쇄본, 전자출결 자료 등)

NO	학과	학번	학생명	2016-09-07	2016-09-14	2016-09-21	2016-09-28	2016-10-05	2016-10-12	2016-10-19	2016-10-26	2016-11-02	2016-11-09	2016-11-16	2016-11-23	2016-11-30	2016-12-07	2016-12-21	출석일수	결석일수
1	패션디자인 비즈니스학과	20150837	김은정	출석	출석	출석	출석	결석	출석	출석	결석	출석	출석	출석	출석	출석	출석	출석	13	2
2	패션디자인 비즈니스학과	20150340	김혜수	출석	출석	출석	출석	출석	출석	출석	출석	출석	출석	출석	출석	출석	출석	출석	15	0
3	산업광고심리학과	20141043	박수현	출석	출석	출석	출석	출석	출석	출석	출석	출석	출석	출석	출석	출석	출석	출석	15	0
4	산업광고심리학과	20141049	송지연	출석	출석	출석	출석	출석	출석	출석	출석	출석	출석	출석	출석	출석	출석	출석	13	0
5	식품영양학과	20142234	신미경	출석	출석	출석	출석	출석	출석	출석	출석	출석	출석	출석	출석	출석	출석	출석	15	0
6	패션디자인 비즈니스학과	20150864	임정현	출석	출석	출석	출석	출석	출석	출석	출석	출석	출석	출석	출석	출석	출석	출석	13	0
7	식품영양학과	20142259	조성하	출석	출석	출석	출석	출석	출석	출석	출석	출석	출석	출석	출석	출석	출석	출석	15	0
8	뷰티건강관리학과	20132109	최희정	출석	출석	출석	출석	출석	출석	출석	출석	출석	출석	출석	출석	출석	출석	출석	15	0
9	패션디자인 비즈니스학과	20150173	황경서	출석	출석	출석	출석	출석	출석	출석	출석	출석	출석	출석	출석	출석	출석	출석	15	0

(10) CQI 보고서

1. Flipped Learning 교과목 평가 분석 - 교수자 자가분석

A. 교과목 정보 및 핵심역량			
교과목 명	교육심리학	개설학기	2016년 2학기
담당 교수	최정빈	이수구분/학점	교직선택 / 2학점
수강 학년	2, 3, 4 혼합	수강인원	09명

핵심 역량 반영 비율	00대 7대 핵심역량						
	과학적 사고	인문적 사고	의사 소통	글로벌	자기 주도	협동	전문
	0%	20%	10%	0%	30%	10%	30%

B. 교과목 운영 평가

항목	문항	전혀 그렇지 않다		↔		매우 그렇다
수업목표	1. 교과목 핵심역량을 고려하여 수업 목표를 수립하였는가?	①	②	③	④	⑤
수업목표	2. 교과목 수업목표는 80% 이상 달성되었는가?	①	②	③	④	⑤
교과내용	3. 강의계획서에 제시된 교과목 내용을 모두 다루었는가?	①	②	③	④	⑤
교과내용	4. 교과내용은 수강생 특성과 수준을 고려하여 선정하였는가?	①	②	③	④	⑤
수업방법	5. 수업방법은 수업목표를 달성시키기에 적합한 방법으로 적용되었는가?	①	②	③	④	⑤
수업방법	6. Flipped Learning 효과를 최대화하기 위한 협동 수업방법을 적용하였는가?	①	②	③	④	⑤
평가방법	7. 수업목표 달성을 위한 적절한 평가방법이 선정되었는가?	①	②	③	④	⑤
평가방법	8. 평가과제에 타당하고 구체적인 채점기준을 제공하였는가?	①	②	③	④	⑤
종합분석의견	Flipped Learning 의 효과를 극대화하기 위해 매 주차 토론을 기본으로 다양한 협력학습을 수행하였는데 초반부에 학습자들이 부담을 느끼며 일부 소극적 자세를 취했으나, 학기 말에는 오히려 강의식 수업이 가장 힘들었다는 의견을 제시하여 학습자들의 협력학습 근력 강화에 대한 중요성을 재인식하게 되었음					

C. 교과목 성과 평가

항목	문항	전혀 그렇지 않다		↔		매우 그렇다
내용 이해도	1. 학생들은 전반적으로 교과 내용을 이해하였는가?	①	②	③	④	⑤
	2. Flipped Learning이 학습내용을 이해하는 데 효과적이었는가?	①	②	③	④	⑤
학업 성취도	3. Flipped Learning은 교육목표를 달성하는 데 효과적이었는가?	①	②	③	④	⑤
	4. Flipped Learning은 학습자 변화(지식, 기술, 태도)에 효과적이었는가?	①	②	③	④	⑤
성적 평가	5. 학생들은 본 교과목 성적 평가방식에 만족하였는가?	①	②	③	④	⑤
	6. 타 교과목에 비해, 성적 평가결과에 대한 학생들의 이의제기가 감소하였는가?	①	②	③	④	⑤
수업 만족도	7. 학생들은 Flipped Learning 운영방식에 만족하였는가?	①	②	③	④	⑤
	8. 수업의 중간 시점에 비해 학기말 시점에 학생들의 수업만족도가 향상되었는가?	①	②	③	④	⑤
종합 분석 의견	본 교과는 소규모 학습자 그룹으로 운영되어 절대평가가 가능하였으나 상대평가로 운영 시, 대다수의 학습자의 높은 참여도를 고려하여 기말고사 등, 지필고사에 배점을 높여 객관성을 확보하는 것이 필요함					

2. 학습자 성적 분석

수강생 종합 성적 분석										
총괄 평가 등급	A+	A0	B+	B0	C+	C0	D+	D0	F	계
인원수	8	1	-	-	-	-	-	-	-	9명
비율(%)	89%	11%	0%	0%	0%	0%	0%	0%	0%	100%

A. 사전학습(Pre-class) 출석점수 분석 → 10%										
Pre-class 출석 점수	10~9	9~8	8~7	7~6	6~5	5~4	4~3	3~2	2~1	계
인원수	9	-	-	-	-	-	-	-	-	9명
비율(%)	100%	0%	0%	0%	0%	0%	0%	0%	0%	100%

B. 사전학습(Pre-class) 과제점수 분석 → 10%										
Pre-class 출석 점수	10~9	9~8	8~7	7~6	6~5	5~4	4~3	3~2	2~1	계
인원수	7	1	1	-	-	-	-	-	-	9명
비율(%)	78%	11%	11%	0%	0%	0%	0%	0%	0%	100%

C. 본 차시학습(In-class) 출석 분석 → 10%										
In-class 출석 점수	10~9	9~8	8~7	7~6	6~5	5~4	4~3	3~2	2~1	계
인원수	8	1	-	-	-	-	-	-	-	9명
비율(%)	89%	11%	0%	0%	0%	0%	0%	0%	0%	100%

D. 수업참여(In-class) 토론 및 프로젝트 수행 - 형성평가 분석 → 40%

수업참여 점수	40~36	36~32	32~28	28~24	24~20	20~16	16~12	12~8	8~1	계
인원수	7	1	1	-	-	-	-	-	-	9명
비율(%)	78%	11%	11%	0%	0%	0%	0%	0%	0%	100%

E. 학습성찰(Post-class) 평가 분석 → 10%

학습성찰 점수	10~9	9~8	8~7	7~6	6~5	5~4	4~3	3~2	2~1	계
인원수	8	1	-	-	-	-	-	-	-	9명
비율(%)	89%	11%	0%	0%	0%	0%	0%	0%	0%	100%

F. 총괄평가(기말고사) 평가 분석 → 20%

기말고사 점수	A+ 20~18	A0 18~16	B+ 16~14	B0 14~12	C+ 12~10	C0 10~8	D+ 8~6	D0 6~4	F 4~1	계
인원수	8	1	-	-	-	-	-	-	-	9명
비율(%)	89%	11%	0%	0%	0%	0%	0%	0%	0%	100%

3. 교수자 강의평가 분석(해당 대학 양식)

구분	설문내용	배점	매우 그렇다 (10)	그렇다 (8)	보통 이다 (6)	그렇지 않다 (4)	전혀 그렇지 않다 (2)
강의 준비	1. 강의계획서는 목표, 교육내용, 평가방법이 명확하게 제시되었다.	10점	O				
	2. 교수님은 강의준비를 철저하게 하였다.	10점	O				
강의 방법 및 내용	3. 수업은 규정된 시간(강의 시간, 16주 강의, 시험기간, office hour 등)을 준수하였다.	10점		O			
	4. 교수님은 강의계획서에 따라 강의 내용을 명료하게 전달하였다.	10점	O				
	5. 강의는 이해하기 쉽게 진행되었고, 학습능력 향상에 도움이 되었다.	10점		O			
	6. 강의는 학생들이 능동적으로 참여할 수 있도록 상호작용(질의응답, 수업참여유도 등)이 이루어졌다.	10점	O				
	7. 수업에 사용된 교재나 자료는 적절히 활용되었으며 학습에 도움이 되었다.	10점	O				
과제 및 평가 방법	8. 과제와 시험은 수업을 정리하고 심화하는데 도움이 되었다.	10점	O				
	9. 성적평가 기준은 객관적이고 시험 및 과제에 대한 평가결과 등의 피드백을 신속히 제공하였다.	10점	O				
만족도	10. 나는 이 강의에 전반적으로 만족한다.	10점	O				

4. 교수자 사후 자가진단

항목	문항	전혀 그렇지 않다	↔	매우 그렇다		
타당성	1. 본 교과목을 운영하기에 Flipped Learning 이 적합했는가?	①	②	③	④	⑤
효과성	2. Flipped Learning은 학업성취도에 효과가 있었다고 생각하는가?	①	②	③	④	⑤
효용성	3. Flipped Learning을 통해 학습자와의 소통은 원활해졌는가?	①	②	③	④	⑤
적용가능성	4. 다른 교과목에도 Flipped Learning을 적용할 의사가 있는가?	①	②	③	④	⑤
	5. 다른 교수자에게 Flipped Learning 수업 운영방식을 추천하겠는가?	①	②	③	④	⑤

6. Flipped Learning 운영 시, 가장 중요한 부분은 무엇인가?

☞ 학습자 분석
☞ 교과목 분석
☞ 강의 동영상 제작
☞ 교실 수업 협동학습 전개 방법 및 수업 코칭
☞ Flipped Learning 관련 연수 및 교과목 재설계 컨설팅

7. Flipped Learning의 장점은 무엇인가?

☞ Flipped Learning은 교수자와 학습자의 소통을 강화할 수 있다.
☞ 바쁜 학습자들의 시간 관리, 목표관리 등 자기주도적 학습에 도움을 준다. 매주 예습을 하기 때문에 학업을 미루지 않게 된다.
☞ 학업 성취도가 낮은 이른바 '학업포기자' 학생들의 자존감 회복에 도움을 줄 수 있다.
☞ 학생들의 개별화 맞춤 학습이 가능하여 학업 성취도 향상에 도움을 줄 수 있다. 특히 중하위권 학생들의 학업성취도 향상에 효과적이다.

☞ 동영상 강의와 다양한 수업자료원을 통해 반복 학습이 가능하다.

☞ 강의 시간 내, 다양한 응용문제를 다루고 해결하는 과정을 통해 실천학습이 쉬워진다.

☞ 수업의 주도권이 교수자에게서 학습자에게로 바뀌기 때문에 학습참여가 활발해진다.

☞ 일반적인 보고 듣는 수업을 넘어서 쓰고 행동하고 질문하는 능동적 학습으로 강의실 분위기가 바뀐다. 졸거나 다른 활동을 최소화할 수 있다.

☞ 개별 학습을 기반으로 팀 학습으로 문제를 해결하기 때문에 학습자들 간 소통이 원활해지고 인성에도 긍정적인 영향을 미친다.

☞ 교수자의 생산성이 높아지고 교수역량이 향상된다.

8. Flipped Learning의 단점은 무엇인가?

☞ 학습자들이 예습하는 습관이 들어있지 않아 사전학습 자체가 큰 부담으로 작용한다. 특히 사전학습에 많은 시간을 소비하게 된다.

☞ 사전학습을 수행한 이후, 본 차시 학습을 위한 평가(퀴즈)에 대한 부담감을 호소한다. 자칫 자기주도학습과 협력학습으로 인해 지식의 깊이를 충분히 경험할 수 없어 지식에 대한 심층적 이해가 부족할 수 있다.

☞ 사전학습을 하는 동안 교수자에게 실시간으로 질문할 수 없어 자기주도학습이 어려울 때가 있다.

☞ 팀원이 사전학습을 이행하지 않았을 경우, 팀 내 기여도가 낮아져 팀 협력에 부정적 영향을 미칠 수 있다. 또한, 다소 수동적이고 소극적 성향인 학생의 경우 적응하기 어려울 수 있다. 협력학습으로 바로 수업이 전개되기 때문에 기초 학습 근력(설명하기, 토론 skill 등)이 부족하면 모두가 혼란스러운 수업구조가 될 가능성이 있다. 사전학습을 원활하게 운영할 수 있는 유연한 LMS(학습관리시스템)가 필요하며 초기 구축비용과 유지비용 등 주기적으로 관리해야 하는 부담이 있다.

☞ 팀 구성이 가능한 교실 배치(PBL식)가 쉽지 않으면 수업에 불편하다. 결국, 교실 환경과 학생 인원수 제한이 따른다.

9. Flipped Learning class를 운영하면서 가장 큰 변화는 무엇인가?

☞ 학습자들의 자기주도적 학습 태도 변화 : 강의 프리뷰와 오리엔테이션을 통해 본 학기의 운영 방식에 대한 충분한 이해를 시켰다고 생각했었는데 학기 초, 학습자들의 반응은 그다지 긍정적이지 않았음. 그도 그럴 것이 예습에 대한 중요성과 사전학습 경험이 부족했기 때문에 자신들의 시간을 별도로 할애해서 수업을 준비해야 한다는 부담감이 컸던 것으로 생각됨. 그러나 수업 중반부에 이르렀을 때부터 동료 학습자들과의 협업을 통해 학습의 흥미와 몰입감을 경험하고 매 주차 시행했던 학습성찰을 통해 자신을 객관화할 수 있어 Flipped Learning에 대한 인식이 변하고 학습자들 역시 자기주도력이 향상되었다고 판단하고 학업성취도에도 영향을 미쳤음

10. 자신만의 Flipped Learning 성공 전략이 있다면 무엇인가?

P.L.A.Y 전략

☞ Play 단계 : 학습자들과의 다양한 Ice Breaking(짐 브레인, 인지테스트 등)을 통해 수업의 탄력과 흥미를 도모함
☞ Layout 단계 : 매 수업 시작 도입부에서 강의계획서를 함께 공유하면서 학습 목표와 교수법 진행 사항 등을 공유함
☞ Agrement 단계 : 학습자들과 계약(동의)관계를 맺고 상호 신뢰를 바탕으로 각자의 역할에 충실함(tip 패널티 & 어드밴티지)
☞ Yell : 한 학기 동안 교수자와 학습자 간의 긍정모드를 형성하기 위해 칭찬과 격려를 아끼지 않았으며 항시 경청과 엄지 척!을 표현하는 등 구체적인 행동을 수행함으로써 학습자들의 자존감을 높이기 위해 노력함

5. 향후 교과목 운영 개선 계획(교수자 수업성찰)

　Flipped Learning은 대표적인 학습자 중심의 교수학습 모형이다. 그렇다보니 학습에 관련되는 사항 대부분은 학생 스스로 방법을 선택하고 학습을 주도하게 된다. 수동적으로 학습 내용을 받아들이는 학생보다 능동적으로 학습 주체가 되어 공부하는 학생의 경우에 교육적 효과가 크다는 것은 자명하다. 그러한 맥락에서 Flipped Learning은 자기주도적 성향이 강한 학습체계이기 때문에 교육 효과가 큰 강점이 있다. 또한, 이러한 자기주도적 학습 과정에서 학생들은 스스로 배움에 책임감을 가진다. Pre-class와 In-class에서의 협력학습을 통해 과제 해결은 모두 학생이 중심이 되어 능동적으로 학습하기 때문이다. 또한, Pre-class를 완수해 가지 않으면 자신으로 인해 팀 활동이 어렵게 되며 협력학습이 원활하지 않을 수 있으므로 더욱 학습에 대한 책임감을 가진다.

　여러모로 볼 때 Flipped Learning은 학습자의 지적능력 향상과 태도와 인성 측면에서도 효과적인 방법임에 분명하다. 그러나 실제 수업에 임하는 학생들의 수업 피로도와 학업 부담감이 상당히 큰 수업모델이므로 평소 학습자들의 상태를 점검하는 것이 매우 중요하다. Flipped Learning이 성공적으로 수행되기 위해서는 학습자의 자기주도학습이 절대적으로 필요한데, 사실 대다수의 학습자가 적극적이지 않은 것이 현실이다. 학업성취도는 학습동기와 밀접한 관계를 맺고 있는데 학습자들의 내재된 동기를 이끌어내는 것이 사실상 Flipped Learning의 성패를 좌우한다 해도 과언이 아니다. 이를 바탕으로 교수자 입장에서 스스로 지난 한 학기를 반추해 보건데, 수업을 설계하고 실행하며 평가하는 전략에만 관심을 쏟았다. 그렇다보니 학습자들의 중간 강의평가 결과는 그다지 만족스럽지 않았다. 그 이유에 대해 심각하게 제고하고 몇 학생들과 집단심층면접FGI : Focus Group Interview을 실시한 결과 '강의 동영상만 보고 공부하는데 졸려요', '매주 토론을 준비하는 게 힘들어요', '강의식 수업이 편해요'라는 의견을 들을 수 있었다. 아무리 좋은 방법론이라고 해도 학습자들이 만족스럽지 못한 방법이라면 중도개선이 필요하다. 인터뷰 이후 학습자들의 의견을 수용하고 그들이 어려움을 겪고 있다는 점을 충분히 감안하여 중간고사 기간 이후부터는 강의 동영상을 보다 역동적으로 촬영하고자 노력했으며 형성평가를 반으로 줄여나갔다.

또한, 몇 주차는 강의식으로만 수업을 진행하였는데 기말고사 이후 알게 된 사실이지만, 이제 강의식 수업은 불편하다는 것이 학생들의 의견이었다. 그 이유인 즉, In-class의 수행력을 줄이고 흥미위주의 간소화된 협력학습을 경험한 학생들이 오히려 '강의식 수업이 더 힘들다'는 역설적 반응을 보이기도 했다. 결국 전화위복으로 수업의 80% 이상이 Active Learning으로 진행되었다. 더불어 본 교수자는 학습자 개개인의 이야기를 들을 기회를 마련하여 수업운영에 대한 요구사항을 경청하고 수용하는 자세를 보여줌으로써 학생들의 신뢰를 얻었다. 학기말에 이르러서 형성평가 및 기말고사의 결과는 대단히 만족스러웠으며 학습자들에게 '자신의 능력을 뛰어넘게 만드는 믿고 들을 수 있는 최고의 강의 1순위'로 후배들에게 추천하겠다는 찬사를 받기도 했다.

결과적으로 수행도가 높은 Flipped Learning의 성패는 학습자들과의 상호작용과 맞춤형 교육 서비스가 관건인 것으로 판단된다. 특히 학습자들의 동기유발을 위해서 다음 학기에는 보다 적극적으로 개별 수업코칭을 진행하여 학습자들에게 당면한 문제점을 함께 고민하고 해결점을 찾아가기 위한 노력을 기하고자 한다.

Flipped

PART
05

Flipped Learning
학생가이드

PART

Flipped Learning 학생가이드

Flipped Learning
학습 Tip

이번 장에서는 학생들이 Flipped Learning을 경험하는데 도움이 될 만한 몇 가지 핵심 사항들을 실사례와 함께 제시한다.

(1) Flipped Learning 사전활동

1. Pre-class 청강

Flipped Learning에서 가장 중요한 것은 Pre-class, 즉 예습이다. 최적의 학습을 촉진하려면 사전지식의 내용과 구조를 미리 파악하여 학습장면을 연상시키는 것이 바람직하다. 학생들이 Pre-class를 해야 하는 또 다른 이유는 Flipped Learning에서 가장 중요한 부분인 In-class의 협동학습에 효율적으로 참여하기 위함이다. 강의실 수업에서 절대적으로 부족한 시수를 확보하기 위해서는 먼저 학습자가 학교에 오기 전에 따로 학습을 실행해야 한다. 이러한 점을 고려하여 학습자에게 다음에 제시된 사항들을 잘 숙지시켜 Flipped Learning의 교육적 효과를 최대치로 높이길 바란다.

- ◆ 교수자가 제공하는 강의 요약 노트 한글 파일(.hwp), PDF 파일 등을 프린트하여 제2의 교과서로 활용하자!
- ◆ 교수자의 평가 요소를 꼭 확인하자!
  - # Pre-class 이수율에 대한 출석평가
  - # Pre-class에 따른 퀴즈 및 형성평가
  - # In-class에 활용할 워크시트(Worksheet) 및 정리자료 평가
  - # 수업 동영상 중 돌발 퀴즈 평가
- ◆ **Pre-class 동영상은 스마트폰에서 연동되므로 언제 어디서나 동영상 강의를 반복하여 듣자!**
- ◆ **Pre-class를 완수하지 못하면 In-class에서 다양한 협력학습에 적응할 수 없으므로 필수로 Pre-class를 학습하자!**

2. Pre-class 정리

Flipped Learning에서 두 번째로 중요한 것은 Pre-class 내용에 대한 완전한 이해이다. 대체로 Pre-class는 이러닝으로 청강하기 때문에 집중력이 떨어지고 상호작용이 원활하지 않아 불편함을 겪을 수 있다. 그러나 In-class에서 교수자에게 충분히 질문할 시간이 있으므로 이해가 부족한 학습 내용이 있다면 In-class에서 꼭 확인하기 바란다.

◆ **Pre-class 내용을 요약정리하는 습관을 들이자!**

　# In-class에서 교수자는 반드시 학습자가 예습한 내용을 확인시킨다.

　# In-class에서 동료학습자들과 서로 가르쳐주는 방법이 주로 활용되므로 Pre-class를 환기하기 위해서는 간단하게나마 포스트잇으로 메모를 해둔다.

◆ **다양한 형태로 내용을 정리해 둔다!**

　# 마인드맵을 활용하면 복잡한 수업내용을 한눈에 확인할 수 있다.

　# 강의의 핵심내용을 스마트폰으로 간단하게 녹음해 두어 Pre-class 내용을 환기할 경우 재빨리 녹음파일을 확인하고 기억을 재생시킨다.

　# 노트 정리는 기본 중에 기본! 필수 조건이다.

① 포스트잇 활용하기

　학습 시 어떠한 개념이나 특정 상황을 외울 때 포스트잇을 활용하면 매우 효과적이다. 많은 양의 학습 내용을 머릿속에 모두 입력한다는 것은 어려운 일이다. 그래서 효과적인 방법들을 찾아 자신마다 공부전략을 수립해 두어야 한다. 이에, 이 책에서는 '일명 공신공부의신'들이 활용하는 '명목 집단법NGT: Nominal Group Technic'이라 불리는 '포스트잇 활용법'에 대한 유용한 팁을 공유한다.

　Flipped Learning에서는 Pre-class가 매우 중요한데 사전에 제공되는 교수자의 강의 동영상을 청강함과 동시에 핵심 키워드를 포스트잇 한 장에 하나씩 작성해 나간다. 한 단원이 끝나면 작성해둔 포스트잇을 나열하여 한눈에 전체가 들어올 수 있도록 한다. 그다음 각각의 개념들에 대해 기억해 내어 혼잣말로 설명해나가면서 각 포스트잇을 재배열하고 강의의 맥락을 다시 되짚어 본다. 이러한 방법으로 청강 후 강의를 요약하다 보면 반복 학습의 효과와 함께 장기기억의 도움이 된다. 이렇게 Pre-class를 정리한 포스트잇은 노트에 잘 부착하여 In-class, 즉 학교 강의시간에 다시 펼쳐보자. 그러면 Pre-class를 환기하는 데 매우 훌륭한 학습자료가 된다. 결과적으로 위와 같은 방법은 단기학습을 할 때 중요한 부분을 빼놓지 않게 되고 공부하는 시간도 단축할 수 있다.

포스트잇 활용 공부법

첫째, 다양한 색의 포스트잇을 준비하고 Pre-class 동영상을 청강한다.

둘째, 청강하면서 기억해야 할 학습 내용(개념)이라고 생각하는 부분에서 포스트잇에 내용을 핵심단어 위주로 한 장에 하나씩 적어둔다.

셋째, 포스트잇은 중요도에 따라 색을 구분한다. 예를 들어, 중요한 개념은 붉은색 포스트잇에, 알아두어야 하는 개념은 파란색 포스트잇에, 일반적 개념은 노란색 포스트잇에 따로 내용을 적는다. 그 이유는 반복 학습 시 색깔구분에 따른 학습 내용을 그때그때 환기하기 위함이다. 시간이 없을 때는 붉은색만, 내용은 다시 이해해야 할 때는 파란색과 노란색 위주로 복습하면 된다.

넷째, 학습하며 잘 이해가 되지 않는 부분은 또 다른 색의 포스트잇에 작성한다. 그리고 In-class에서 꼭 교수자에게 질문해서 답을 얻도록 한다.

다섯째, 시험 기간에 종합적으로 공부할 때는 중요한 부분을 적어놓은 빨간색 포스트잇만을 핵심적으로 본다.

② 노트정리를 잘하는 법

인간의 기억을 연구했던 독일의 심리학자 에빙하우스Ebbinghaus, 1855~1919의 실험에 따르면, 사람들은 학습 후 10분 후부터 망각이 시작되며 1시간 뒤에는 50%, 하루 뒤에는 70%, 한 달 뒤에는 80%를 망각한다고 밝혔다. 그래서 학생들은 학습 내용을 기억하기 위해 메모하고 노트를 정리하는 습관을 길러야 한다. 한 학기 동안 이루어지는 수업에서 배우는 양은 상당히 많다. 노트 필기를 제대로 하지 않으면 강의 핵심을 잊어버리거나 놓칠 수 있다. 반대로 너무 많은 노트 필기는 핵심적인 내용에 접근하지 못하게 할 수 있다. 따라서 효과적으로 노트를 필기하기 위해서는 몇 가지 주의사항이 필요하다.

첫째, 노트 필기를 할 때 여백 없이 빡빡하게 필기하는 것은 좋지 않다. 내용을 전체적으로 파악할 수 있도록 콘셉트 맵이나 마인드 맵을 활용하여 구조화하고, 주제별로 필기했을 때 주제 사이에 충분한 여백을 남겨둔다.

둘째, 때에 따라서 양면에 필기하는 것보다 한 면에 필기하는 것이 더 좋을 때가 있다. 여백은 보충할 내용이 있을 때 활용하거나 필요에 따라서는 수업 중에 의문이 드는 내용이나 자기 생각을 첨부하는 데 활용한다.

셋째, 교과목의 성격에 따라 모눈식 또는 코넬식 노트를 사용하면 효과적으로 노트를 작성할 수 있다.

■ 모눈노트 필기법

　모눈종이에 필기하는 방법으로, 깔끔한 필기를 원하거나, 도표를 많이 그려야 하는 과목에 적합한 필기 방법인데, 아인슈타인, 도쿄대 합격생 등 천재들이 썼다는 것이 화제가 되어 일본에서도 큰 인기를 얻은 필기법이다.

모눈노트 필기법

1. 모눈에 맞춰 여백을 두고, 글줄 머리와 단락을 줄 맞춰 쓸 수 있다.
2. 모눈 칸에 맞춰 글씨를 깔끔하게 쓸 수 있다.
3. 표나 그래프, 도형을 쉽게 그릴 수 있다.
4. 도식화를 쉽게 만들 수 있다.
5. 선을 긋고 칸을 구분 지어 사용할 수 있다.

■ 코넬식 노트 정리원칙

코넬식 노트 정리원칙

1. 기록 : 수업을 들으며 중요한 정보와 생각을 기록해 읽기 쉽도록 한다.
2. 축소 : 수업이 끝난 뒤 최대한 빠르게 중요 키워드 또는 내용을 키워드 칸과 요약 칸에 적는다.
3. 암기 : 수업 내용을 소리 내 읽어보고, 키워드에 적힌 내용만 보고 전체 내용을 떠올리며 암기한다.
4. 숙고 : 암기한 내용과 더불어 자기 생각을 더 하고, 서로 어떻게 연결되는지 생각해본다.
5. 복습 : 필기 후 최대한 빨리 복습하고, 여러 번 보면 쉽게 암기할 수 있다.

창의노트(코넬식)와 각 부분 명칭 및 용도

	과목		년 월 일 ( )

강의주제

→ 1. 강의주제 작성란
  수업 혹은 공부 내용의 학습 목표 작성

Key Word　　　　　**Note**

→ 2. 내용 작성란
  수업내용을 기록하거나 공부한 내용 작성

→ 3. 키워드 작성란
  핵심어, 주요개념, 질문 등 단서 작성

Summary

→ 4. 요약 작성란
  2에서 작성된 내용을 자유형식으로 요약, 학습성찰 기록

과목	전쟁사	2017 년 5 월 1 일 (월)

강의주제 **포에니 전쟁**

시간 : PM 7:00
장소 : 늦숲 카페

Key Word

Q. 로마 vs 카르타고 사이의 3차에 걸쳐 3200년간의 전투로 페니키아인들과의 전쟁은 무엇인가?

포에니 전쟁

Q. 대규모 회전에서 패배한 로마군은 적극적 전투에서 전투를 회피하는 소모 전략으로 전략 변경한 것은?

파비우스 전략

Note

● 포에니 전쟁은 로마 vs 카르타고 사이의 3차에 걸쳐 3200년간의 전투로 페니키아인들과의 전쟁을 말한다.

● 1차 포에니 전쟁은 시칠리아 섬에서의 도시국가 간 분쟁이 발단이 됨(사라쿠사는 카르타고에서, 북부의 레쬬는 로마에게 도움요청)

- 로마는 비동맹관계를 이유로 참전을 꺼리나 만회의 결정으로 참전하여 육전에서는 무적이었으나, 해전에서는 카르타고가 우세했다.

- 해전의 열세를 상쇄하고자 돛대에 코르부르(까마귀부리)를 장착하여 해전을 육전화함으로써 해전에서의 열세를 만회하고 점차 주도권↑

● 2차 포에니 전쟁은 기원전 218년으로부터 202년까지 카르타고의 한니발이 로마와 전쟁을 말하며 ★한니발전쟁★으로 부름

- 파비우스 전략 : 대규모 회전에서 패배한 로마군은 적극적 전투에서 전투를 회피하는 소모 전략으로 전략을 변경함

- 자마전투 : 자마지역에서 맞선 두 명장의 전투는 마치 한니발이 로마를 격멸했던 방법을 적용하여 한니발을 패배시키고 한니발은 그리스로 망명하게 된다.

Summary

단어와 개념의 정의를 알아보기 쉽게 정리하여 이해하기 쉽게 정리되었다. 특히 키워드는 [   ] 칸을 쳐서 페이지를 넘기거나 단어를 찾을 때 한눈에 알아보기 쉽게 한 것은 정말 잘했다.

창의노트 예시 ①

과목	전쟁사	2017년 5월 15일 (월)

강의주제 프랑스 혁명과 나폴레옹

시간 : pm 6시 30분
장소 : 학생회관 사무실

Key Word

- '대불동맹' 형성
- 섬멸전
- 산병전
- 초토화전술, 회피전술

Q. 프랑스를 제외한 전 유럽이
왕정복구를 강요하면서 무엇
을 형성하였는가?
대불동맹

Q. 러시아군의 '초토화전술'과
'회피전술'에 의해 처절한
패배를 맞은 원정은?
러시아원정

Note

- 프랑스 대혁명은 권력이 왕권에서 시민으로 전이됨으로써 프랑스를 제외한 전 유럽은 위기감을 가지게 되고 이에 왕정복구를 강요하면서 '대불동맹'을 형성

- 프랑스 대혁명은 상비군이 해치되고, 시민군으로 징병제를 실시하고, 제한전쟁은 '섬멸전' 형태로 전환된다. 상비군의 해체는 선형대형을 외면하고 '산병전'이 전투에서 그 효용성을 입증 받는다.

- 롬바르디아 원정 : 이탈리아 북부지역으로 원정을 실시하여 나폴레옹은 오스티아군과 피에트몬트군을 양분시켜 승리한다.

- 이집트 원정을 성공하나 영국의 넬슨 제독의 지중해 재해권으로 탈출하여 프랑스로 복귀하여 쿠테타호 제1통령으로 대불동맹을 형성한 유럽 연합군과 전쟁을 지속한다.

- 마렝고 전투 : 이탈리아 북부지역인 마렝고 전투를 위해 알프스 산맥을 횡단하여 오스트리아의 멜라스군의 퇴로를 차단하여 항복을 받아낸다.

- 러시아 원정 : 유럽의 주도권에 도전하는 러시아에 45만을 동원하여 원정하였으나 러시아군의 ★초토화전술★과 ★회피전술★에 의해 처절한 패배를 맞는다.

Summary

중요 단어에 ★을 표시하여 한 줄의 긴 글에도 그 글의 Point가 무엇인지 잘 알아볼 수 있게 하였고, 혁명으로 주제를 하였기 때문에 원정, 전투가 많았을 것인데 한두 줄로 깔끔하게 정리하여 '이것은 무엇이다'는 것을 빠르게 이해할 수 있다. 특히 ☐☐☐☐☐☐ 칸을 친 것과 중요도에 따라 별의 개수로 표시해 놓은 것은 스스로 아주 칭찬한다. 열심히 하는 모습이 아주 예뻐요. 칭찬X100

(2) Flipped Learning 수업참여 활동

1. In-class 주인공 되기

일반적으로 학생들은 다음과 같은 수업을 원한다.

☑ 학생들은 강의식 수업을 원하지 않는다!

☑ 학생들은 존중받고, 신뢰받으며 그들의 의견이 가치 있게 여겨지길 원한다!

☑ 학생들은 그들의 관심과 흥미를 개발하길 원한다!

☑ 학생들은 도구(디지털 도구)를 사용하여 창의적인 일을 하는 시간을 원한다!

☑ 학생들은 자신의 학습을 스스로 결정하고 컨트롤하길 원한다!

☑ 학생들은 교실 안팎에서 자신들의 또래 집단과 의견을 교환하고 상호작용하길 원한다!

☑ 학생들은 그들의 삶과 단지 관련이 있는 것이 아니라, 바로 현실에 적용 가능한 실제적인 것을 배우길 원한다!

☑ 학생들은 자신의 비전에 어떻게 해당 교과목이 영향을 미치는지에 대한 연계성을 원한다.

위 학생들 여론에서 알 수 있듯이 대다수 학습자는 수동적인 수업보다 능동적인 수업 형태를 선호한다. 그런데 바로 Flipped Learning의 구조가 학습자들이 주인공이 되어 학습경험을 주도적으로 행사할 수 있는 교수학습모형이다. 따라서 성공적인 Flipped Learning을 위해서는 학습자 스스로 꼭 수행해야 할 학습의 책무, 즉 'Pre-class 이행', 'In-class에서의 참여활동', '사후 평가 및 학습 성찰'을 이행해야 한다. 그리고 학생들은 자신들이 완수해야 할 사항들에 대해 인지하고 적극적으로 교수자의 안내에 따라야 한다.

2. In-class 동료학습 효과

스터디 그룹과 관련된 조사 결과에 따르면, 학생들이 개별적으로 공부하는 것과 더불어 그룹 공부를 보완한 학생들의 경우에 성적이 더 많이 향상된다고 한다. 각 학문 영역에 따라 학습 내용의 본질적 특성과 구조가 달라서 스터디 그룹은 매우 다양한 형태로 운영될 수 있다. 예를 들면, 수학이나 과학 과목에서는 학생들과 함께 지난 시험문제들을 비롯한 다양한 예제들을 풀어보는 문제풀이 모임 형태를 띠기도 하고, 또 다른 과목은 강의시간에 새롭게 소개된 개념들에 대해 깊이 있게 토의해 보기도 한다. 혹은 강의시간에 부여된 과제를 동료들과 함께 해결하기 위한 스터디 그룹을 운영할 수도 있다. 교과목별, 공부 목적별로 다양한 유형의 스터디 그룹을 운영할 수 있다.

■ 스터디 그룹 효율적으로 활동하기

스터디 그룹 운영을 위한 학습일지					
교과목 명				**해당 주차**	
스터디 그룹 목적					
모임일시 및 장소		일시 :			
		장소 :			
구성원 확인	역할자 구분	역할1	역할2	역할3	역할4
		이름	이름	이름	이름
	수행업무				
학습진행	목표 및 산출결과물	목표			
		기대 결과물			
	개별학습 확인	팀원1			
		팀원2			
		팀원3			
		팀원4			
	팀 학습 결과 (중요 사항 도출)	이슈1.			
		이슈2.			
		이슈3.			
향후계획	세부 활동 진행계획	일시 :			
		장소 :			
평가	개별학습 자가진단 (학습 성찰)	팀원1			
		팀원2			
		팀원3			
		팀원4			
	그라운드 룰 체크 (시간 및 역할 엄수)	팀원1			
		팀원2			
		팀원3			
		팀원4			

3. In-class 토론 참여 기술(Skill)

'구슬이 서 말이라도 꿰어야 보배'라는 말이 있다. 아무리 좋은 것이 많아도 그것을 쓸모 있게 만들어야 가치가 있다는 뜻을 담고 있는 말이다. 좋은 보배를 만들고 싶으면 재료인 구슬이 중요한 법이다. 이처럼 토론에서 가장 중요한 것은 토론에 관련된 배경지식과 의견이 들어간 자료원고일 것이다. Flipped Learning에서는 토론이 빈번히 발생하므로 다음과 같은 방법으로 토론자료를 준비해보자.

① 토론에 들어가기 전에 철저히 준비된 원고는 필수이다.

　일반적으로 토론 형태는 주제에 대하여 찬반으로 나뉜다. 자신이 찬성 측에서 주장할지 반대 측에서 주장할지 모르는 상황에서 토론이 진행되니 철저한 준비는 필수이다.

② 찬반 양측의 의견을 모두 정리해 토론에 들어가는 것이 좋은 방법이다.

　주제가 선정되었으면 관련된 내용을 책이나 인터넷에서 찾아보고 관련 기사 몇 개는 찾아 읽어봐야 한다. 특히 요사이 이루어지는 토론의 형태는 찬반 양측의 의견을 대변하는 형식이 주를 이루기 때문에 찬반 양측의견을 균형 있게 생각해야 한다.

③ 원고를 작성할 때도 주장만 나열하지 말고 예상되는 주장과 그에 대한 반박을 적는다.

　어차피 사람들의 생각들은 비슷하다. 자신의 주장을 상대 측에서 반박할 것이고, 그에 대해 자신 또한 반박할 것이다. 그래서 예상되는 주장에 대해 미리 적어 놓을 필요가 있다. 원고까지 작성하고 나면 토론에 필요한 재료는 갖춰진 셈이다. 어느 정도 구슬이 준비됐으니 이제 이 구슬을 잘 꿰어야 한다. 하지만 사람들은 '토론'이라는 단어가 주는 압박감에 힘들어한다. 그러나 준비가 완료되면 토론이 분명 기다려질 것이다.

④ 원고 숙지는 기본! 타인의 시선을 의식하지 말고 토론 자체를 즐기자!

발표에 대한 부담감을 떨쳐내기 위해 개인적으로 미리 작성한 원고를 토대로 내용을 완벽히 숙지하고 타인의 시선에 민감해 하지 말자. 토론이란 방법 자체가 학습하는 하나의 과정이므로 굳이 100% 정답을 도출하지 않아도 된다. 과도한 불안감은 떨쳐버리고 자신만의 주장을 충분히 설파하여 토론 자체의 즐거움을 만끽하자. 토론에서 가장 중요한 것은 바로 자신감이다.

⑤ 상대방의 이야기에 경청하는 태도도 중요하다.

상대방 이야기를 잘 듣지 않고 무조건 반론하고 반문하는 것보다는 상대방의 이야기를 잘 들어보고 곰곰이 생각한 후 반박을 하는 것이 좋다. 또한, 자신의 주장에 반론을 제기한다면 적극적으로 반격하는 것도 바람직하다. 또한, 상대방이 수치화된 자료나 통계자료를 제시한다면 어디서 제시된 자료이며 신뢰할 수 있는 자료인지 꼭 확인해봐야 한다.

4. In-class 학습결과 발표 기술

Flipped Learning은 협력학습을 수행하기 때문에 그룹 활동을 통한 결과를 필수로 발표해야 한다. 발표를 잘하는 방법에 대해 몇 가지 전략을 공개한다.

효과적으로 발표하기

① 발표 내용의 핵심이 초기에 전달되도록 index를 제시하고 단계별로 세부
  사항을 발표한다.
  - 주요 개념에 대해서 1차로 설명하고 주제별, 실제 사례를 제시한다.
② 발표는 최소 3번 연습한다.
  - 첫 번째 연습 : 전달해야 할 내용을 정리한다.
  - 두 번째 연습 : 발표전략을 세워본다.
  - 세 번째 연습 : 자신감이 붙는다.
③ 발표할 때 받게 될 예상 질문을 예측하고 미리 나올만한 질문들을 예측
  해서 대답을 준비한다.
  - 발표자가 대답해 줄 수 없는 경우1 : 대답할 수 있는 범위 안에서만 답
    변한다.
  - 발표자가 대답해 줄 수 없는 경우2 : 청중에게 양해를 구하고 적절한
    대답을 할 수 있는 팀원이 대신 답한다.
④ 제한 시간을 지킨다.
  - 내용의 주제를 넓히거나 좁혀서 발표 시간을 적절하게 조절한다.
  - 발표시간 준수도 평가 요소임을 명심하자.
⑤ 발표 영역의 불필요한 부분까지 발표하지 않는다.
  - 발표 시간 안에 전달될 수 있는 지식이나 정보를 다룬다.

02

자기주도
학습법 Tip

(1) 목표관리

Flipped Learning은 다른 교수학습방법과 달리 자기주도 학습 능력에 따라 학업성취 수준이 결정된다. 그 이유는 Flipped Learning은 강의실에서 수행하게 될 학습 내용을 미리 예습하는 과정이 필수이기 때문이다. 따라서 평소 학습자가 스스로 학습 과정을 운영하기 위해서는 자신만의 학습전략을 수립해야 한다. 그 첫 번째 전략으로 목표관리에 대한 이야기를 전개하겠다.

Vision 실현을 위한 자기주도적 학습 관리

학생들이 학업에 몰입하고 흥미를 느끼는 것은 학습 내용이 자신의 목표와 직접적으로 연관될 때 극대화된다. 또한 학생들이 요구하고 기대하는 실제적 결과들이 제시될 때 학생들은 교과에 흥미를 갖게 된다.

목표를 수립할 때는 작은 것부터 접근하는 방법과 전체적인 그림을 먼저 그리며 접근하는 방법이 있는데 이 두 가지 접근은 결과물에서 확연한 차이가 난다. 학습 목표 수립에서도 너무 작은 부분에서부터 목표를 수립하게 되면 큰 목적을 이루기 위한 방향설정이 잘못되는 경우가 발생한다. 그래서 자신이 원하는 학습 목적지를 확실하게 하고 세부적인 사항은 뒤이어 설계하는 것이 좋다.

또한, 학습은 내적 동기와 밀접한 연관을 짓고 있으므로 자신들이 원하는 목표를 마음속에 그리고 그것을 이루기 위해 지금의 학습에서 수행해야 하는 일들을 하나씩 정리해나가는 것이 바람직하다. 자기주도 학습 관리 차원에서 학습 동기를 고취하기 위한 방안으로 비전맵Vision map과 역량진단표를 작성해보기를 추천한다.

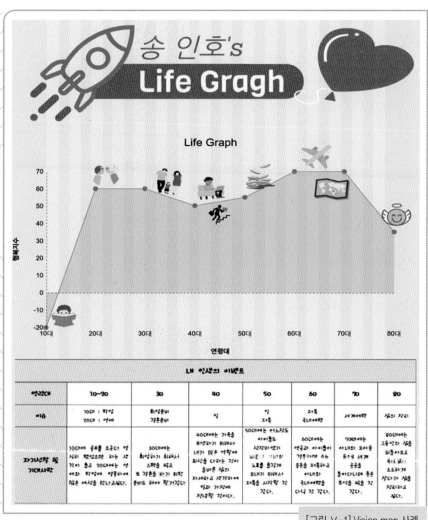

[그림 V-1] Vision map 사례

① Vision map-인생 곡선

내 인생의 곡선 그리기

	10세	15세	20세	25세	30세	40세	50세	60세	70세	80세	그 이상
기쁨(10)											
기쁨(9)											
기쁨(8)											
기쁨(7)											
기쁨(6)											
기쁨(5)											
기쁨(4)											
기쁨(3)											
기쁨(2)											
기쁨(1)											
슬픔(1)											
슬픔(2)											
슬픔(3)											
슬픔(4)											
슬픔(5)											
슬픔(6)											
슬픔(7)											
슬픔(8)											
슬픔(9)											
슬픔(10)											

내 인생의 이벤트

연령대				
이슈				
자기성찰 및 기대사항				

작성방법 : 20대부터 100대까지 자신의 목표를 실현하기 위한 노력을 100점 만점으로 평가하여 점으로 찍어 그래프를 만든다. 학습은 꿈과 목표를 잡고 그것이 실현되고 있는지 확인하는 과정이 필요하다. 10대부터 20대까지 점수가 낮다면 반성하며 자신을 돌아보는 시간이 필요하다.

② Vision map-나의 꿈, 목표

연령대	20대	30대	40대	50대
목표(비전)				
이루었거나 이루어 나가야 할 것들 (결과물)				

작성방법 : 장기적인 관점에서 자신의 목표를 선언해 보자. 목표이기 때문에 확연하지 않은 것은 당연하다. 그럼에도 구체적인 미래모습을 떠올려 상상력을 펼쳐보자. 이때 마음 깊숙이 막연한 불안감이 엄습해올지라도 지금의 방해요소들은 개의치 말고 원대하고 긍정적으로 자신의 비전, 목표를 설정해보자. 덧붙여 현대는 100세 시대라고 한다. 위 표에 칸을 추가하여 100세까지 자신의 인생을 먼 시점으로 확대까지 객관적으로 목표를 작성해보도록 하자.

③ Vision map-학교생활 점검

학교생활 Vision	

세부 목표	1. 2. 3.

세부내용 / 학기구분	항목1	항목2	항목3	항목4	자기성찰
1학년 1학기					
1학년 2학기					
2학년 1학기					
2학년 2학기					
3학년 1학기					
3학년 2학기					
4학년 1학기					
4학년 2학기					

세부내용 / 학기구분	항목1 토익	항목2 성적	항목3 비교과 활동	항목4 교외 봉사 활동	자기성찰
예시) 2학년 2학기	목표: 800 달성: 750	목표: 4.5 달성: 4.2	협동역량, 비판적 사고역량 강화	지역아동 센터 학습 도우미	토익 점수는 목표를 달성하지 못했지만 다양한 비교과활동을 통해 다양한 역량을 개발할 수 있었다. 다음 학기에는 시간 관리를 잘해서 토익점수를 향상시키겠다.

작성방법 : 예시처럼 학기별 이루고자 하는 목표에 맞는 사항을 적어서 충족된 부분은 색연필이나 형광펜으로 색칠하고 달성하지 못한 부분은 X로 표시한다. 그리고 반성에 달성하지 못한 이유를 적어 다음 학기 목표에 반영한다.

(2) 시간 관리

Flipped Learning 수업에서 학습자가 갖추어야 하는 역량 중 가장 중요한 부분이 바로 시간 관리이다. 교수자가 제공하는 수업자료와 동영상은 대개 시간이 한정되어 있다. 이는 Pre-class에 대한 이수율을 평가하기 위함인데, 학습자가 Pre-class를 미루다 보면 동영상 열람 기한을 놓치는 경우가 발생한다. 따라서 항시 시간 관리에 민감하게 대처하여 불이익을 받는 일이 없도록 해야 한다. 대학에서는 수동적인 학습보다 자신의 관심과 욕구에 따른 능동적인 학습이 중요하다. 스스로 학습 계획을 세우고 실행하는데 영향을 주는 여러 가지 요소들이 있지만, 그 가운데 시간 관리 Time management 에 대한 전략을 세우는 것이 중요하다. 다음에 제시되는 몇 가지 시간 전략을 통해 효율적인 시간 관리가 이뤄지길 바란다.

시간 관리 전략

① 집중력이 최대치인 시간대 찾기

사람마다 자신이 몰입할 수 있는 시간대는 모두 다를 것이다. 누구는 아침에, 누구는 저녁, 누구는 자정이 넘은 시간에 이르기까지 다양하다. 몇 년 전 일본에서부터 유행을 타고 전해진 '아침형, 새벽형 인간'의 신드롬을 기억할 것이다. 그러나 모든 사람이 아침 시간을 효율적으로 쓰지는 않는다. 특히 요즘 대학생들은 프로젝트 과제를 수행하거나 각종 비교과 프로그램에 참여하거나 일부는 아르바이트를 하므로 늦은 밤에 잠을 청하는 경우가 많다. 그래서 모두가 이른 아침 시간대를 활용한다는 것은 말처럼 쉽지 않다. 그렇지만 필자가 권하건데, 공부하기 가장 적기인 시간대는 바로 아침, 새벽 시간이라고 말하고 싶다. 보통 사람은 잠을 통해 하루 동안 이뤄졌던 뇌의 방대한 정보처리들을 수면을 통해 정리하는 시간을 가진다. 그리고 아침이 되어 눈을 뜨게 되면 우리 머릿속은 리셋이 된 상태이기 때문에 뇌에 정보를 입력하고 기억하기에 적기의 시간대는 바로 아침 또는 새벽 시간대이다. 그러나 무조건적으로 시간 관리에서 아침 시간대를 활용하라는 말이 아니다. 앞서 이야기한 것처럼 사람은 모두 다른 성향과 양식을 가지고 있기 때문에 자신이 처한 환경을 잘 고려하여 비록 짧지만 몰입할 수 있는 최적의 시간대를 정하고 정기적으로 학습하는 습관을 갖도록 하자.

② 한 주 시간표 활용

자신이 선호하는 학습 습관을 고려하여, 한 주를 계획하는 시간표를 만들고 이를 활용한다. 시험과 리포트 제출 날짜가 모두 기록되어 있는 해당 학기 달력과 일주일 시간표도 작성하여 책상 위에 붙여둔다. 이때 각 수강 과목별 시간대를 표시하는 형식을 이용해도 좋고, 단순히 그 주에 '해야 할' 학습 과제를 약 1시간 분량으로 나누어서 기재하는 형식을 이용해도 좋다. 메모지에 그날그날 해야 할 일을 목록으로 만들어 적어둘 수도 있다. 가장 나중에는 다음 날의 목록을 만든다.

③ 자투리 시간 활용

통학 버스나 지하철을 타고 있을 때는 비교적 쉬운 책을 읽거나 스마트폰으로 강의 동영상을 들을 수 있다. 아르바이트하는 동안에 생긴 휴식 시간에는 개념중심의 단순 암기 학습 내용들을 공부하면 효과적이다. 그리고 하루에 적어도 단편지식을 몇 개씩 외우고 습득하겠다는 마음을 조절할 수 있다면 진정한 자기주도 학습자가 될 것이다.

④ 어렵거나 지루한 과목 먼저 공부하기

예를 들어 화학, 물리 등 기초학문 관련 교과를 보고 잠이 오는 학생이라면 맑은 정신일 때 그 공부를 먼저 해보자. 사람들은 자기가 좋아하는 것을 먼저 하는 경향이 있다. 하지만 가장 어렵다고 느끼는 과목일수록 가장 창조적인 에너지가 필요하다. 제일 어려운 과목의 숙제를 제일 먼저 하고 좋아하는 과목은 아껴두었다가 나중에 하는 것도 학습동기부여 전략이 될 수 있다.

사전학습(Pre-class) 수행시간표

교과목명		학기 정보	년도	교수명		
			학기			

일자		학습내용	핵심키워드	Pre-class 수행 여부(O,X)	이해도		
주차	시간				상	중	하
1	pm. 7~9 (2h)	인적자원개발의 개념과 역사	HRD, HRM, 핵심요 소,ATD, HRD 변천과 정,McLagan 인력자 원조직도	O	O		
2							
3							
4							
5							
6							
7							
8	중간고사						
9							
10							
11							
12							
13							
14							
15							
16	기말고사						

Flipped
Learning

V.A.K. 진단지

■ V.A.K. 진단지

뇌기반학습이론에 따른 영어지도 및 학습방법연구
경성대학교 교육대학원 2014.12. 강미나

학습 스타일 진단지

각 문항에서 자신을 잘 묘사하는 것을 선택 하십시오. 필요한 경우 2가지를 선택하셔도 됩니다.

	점수		점수		점수	
내방 분위기는	정리가 잘 된 깨끗한 방이다.	☐	음악이 흐르는 조용한 방이다.	☐	자유로운 느낌의 편안한 방이다.	☐
내가 주로 즐기는 문화생활은	사진전, 미술전 등 전시회에 간다.	☐	음악회나 콘서트에 간다.	☐	연극이나 운동경기에 간다.	☐
나는 공부할 때	교재 등 출력물에 직접 필기하며 공부한다.	☐	카세트나 MP3를 이용해서 공부한다.	☐	노트에 별도로 정리하고 적으면서 공부한다.	☐
나는 다른 친구들에게 설명할 때	자료를 제시한다.	☐	자세하게 설명해준다.	☐	직접 해보도록 한다.	☐
나는 쉴 때	자세와 상관없이 주위를 여기저기 돌아본다.	☐	허리를 펴고 앉아 조용히 쉰다.	☐	일단 자리에 눕는다. 또는 주변을 돌아다닌다.	☐
나의 옷차림은	옷의 색상을 맞추거나 최신 유행 하는 옷을 입는다.	☐	집에 있는 옷들 중에서 내 스타일대로 입는다.	☐	남의 시선보다 편안한 옷을 주로 입는다.	☐
내가 평상시 의자에 앉을 때	의자 등받이에 기댄다.	☐	허리를 꼿꼿이 세운다.	☐	의자보다는 책상에 온몸을 기댄다.	☐
내가 평상시 서있을 때	허리를 펴고 어깨를 뒤로 젖힌 자세이다.	☐	허리를 편 똑바른 자세이다.	☐	허리가 앞을 구부정하게 굽은 자세이다.	☐
내가 발표할 때 목소리는	약간 빠르고 정신없다.	☐	음량 등을 잘 조절한다.	☐	천천히 힘있게 말한다.	☐
나의 생활 패턴은	좀 빠르게 움직인다. (빠릿빠릿하다)	☐	자신의 스케줄 대로 움직인다.	☐	좀 천천히 편안하게 움직인다.	☐
나는 다른 사람과 만날 때	일정한 간격을 유지한다.	☐	이야기 자체에 집중한다.	☐	최대한 가까이 앉는다.	☐
학교 다닐 때 나는	일단 무조건 도전하는 리더였다.	☐	이야기를 잘 들어주는 상담가였다.	☐	조용히 자기 생활을 하는 구경꾼이었다.	☐
내가 사용하는 손짓은	동작이 크고 빠르다.	☐	적당한 공간에서 사용한다.	☐	주로 움직이지 않는다.	☐
최근 물건을 구입할 때	모양이나 디자인을 보고	☐	다른 사람의 추천으로	☐	직접 사용하거나 체험해 보고	☐
내가 스스로 잘했다고 생각될 때	성적표나 장학금 등 결과물을 보고	☐	주위의 칭찬이나 평가를 듣고	☐	스스로 만족감을 느끼고	☐
총점	**[V]**	☐	**[A]**	☐	**[K]**	☐

Flipped Learning 참고문헌

- Barrows, H.S.(1985). How to design a problem based curriculum for the preclinical years. New York : Springer Publishing Co.
- Dangler M. (2008), Classroom active learnning complemented by on online discussion forum to teach susstainability. Journal of geography in higher Education, 32(3), 491-494.
- Davies, R. S., Dean, D. L., & Ball, N. (2013), Flipping the classroom and instructional technology integration in a college-level information systems spreadsheet course. Educational Technology Research and Development, 61, 563-583.
- Dianna, L. N., Kenneth, A. C., Meghan, M. D, & Jessica, M. L. (2013), Flipping STEM Learing : Impact on Students' Process of Learning and Faculty Instructional Activities, Promoting Active Learning through the Flipped Classroom Model, IGI Global, 113-131
- Dunn, R., Dunn, K., & price, G.E.(1979). Identifying individual styles. In National Association of secondary School principals(u.s.), Student learning styles : Aiagnosing and prescribing programs. Reston, VA : NASSP.
- Enfield, J .(2013), Looking at the impact of the flipped classroom model of instruction on undergraduate multimedia students at CSUN. TechTrends, 57(6), 14-27. Retrieved December 31.
- Gecer, A., & Dag, F. (2012), A blended learning experience. Educational Sciences: Theory and Practice, 12(1), 438-442.
- Keller, J.M.(1987). The systematic process of motivational design, New York : Nichols.
- Louis Deslauriers, Ellen Schelew, Carl Wieman(2011). "Improved Learning in a Large-Enrollment Physics Class", Science, VOL 332.
- Papadopoulos, C., & Roman A. S. (2010), Implementing an inverted classroom model in engineering statistics: Initial results. American Society for Engineering Statistics. Proceedings of the 40th ASEE/IEEE Frontiers in Education Conference, Washington, DC, October 2010. Retrieved from http://dx.doi.org/10.1109/FIE.2010.5673198

- Seels, B., & Richey, R. (1994). Instructional technology: The definition and domain of field. Washington D.C.: Association for Educational Communications and Technology.
- Strayer, J. F. (2012), How learning in an inverted classroom influences cooperation, innovation and task orientation. Learning Environment Research, 15, 171-193.
- UNESCO, 'Learning : The Treasure within', 1996, Report from the International Commission on Education in the Twenty-First Century.
- University of Queensland Teaching and Educational Development Institute. (n.d.) How do I get started? retrieved December 17, 2014. from https://www.uq.edu.au/tediteach/flipped-classroom/how-to-start.html#staff-support
- University of texas at Austin Center for Teaching & Learning. (n.d.) What is the Flipped Learning? retrieved December 27, 2014. from https://facultyinnovate.utexas.edu/flipped-classroom
- Warter-Perez, N., & Dong, J. (2012), Flipping the classroom: How to embed inquiry and design projects into a digital engineering lecture. Proceedings of the 2012 American Society for Engineering Education-Pacific South West Section Conference, USA.
- 김대현, 김석우(2011). 교육과정 및 교육평가. 학지사.
- 김진자, 헤츠키 아리엘리(2015). 탈무드 히브루다 러닝. 국제인재개발센터.
- 노혜란, 박선희, 최미나(2012). 교육방법 및 교육공학. 교육과학사.
- 대전대학교 교수학습개발원(2014). 학생주도 창의적 학습. 대전대학교 교수학습개발센터.
- 이신동, 최병연, 고영남(2015). 최신 교육 심리학. 학지사.
- 정문성(2013). 토의토론 수업방법 56. 교육과학사.
- 조성태, 서우철, 정문성(2010). 함께해서 즐거운 협동학습. 즐거운학교.
- 찰스파델, 마야 비알릭, 버니 트릴링. 이미소 옮김(2016). 4차원 교육, 4차원 미래역량. 새로온 봄.
- 최정빈, 강승찬(2016). 성공적인 Flipped Learning을 위한 수업컨설팅 요소 및 절차 연구. 한국공학교육학회.
- 최정빈, 김은경(2015). 공과대학의 Flipped Learning 교수학습모형 개발 및 교과운영사례. 한국공학교육학회.

FLIPPED LEARNING

배 움 을 바 로 잡 다

**플립드
러 닝**

교수설계와 수업전략

FLIPPED LEARNING

배움을바로잡다

플립드
러 닝

교수설계와 수업전략